W022888A

bsr

Als bei einem Zoobesuch ein Dreijähriger in das Gorillagehege fiel, war das Entsetzen unter den Zoobesuchern entsprechend. Als sich zum Schrecken der hilflosen Zuschauer dann auch noch das rund 80 Kilo schwere Gorillaweibchen Binti dem ohnmächtigen Jungen näherte, glaubte eigentlich niemand mehr daran, ihn jemals lebend wiederzusehen. Zur Verblüffung aller nahm Binti aber das Kind sanft in den Arm, verteidigte es gegen seine neugierigen Artgenossen und trug es dann nach einer Weile zu den wartenden Tierpflegern. Damit rettete Binti nicht nur das Leben des Jungen, sondern wurde damit gleichzeitig zum Liebling der Medien.

Mitfühlendes und selbstloses Handeln unter Tieren ist an sich nichts Ungewöhnliches. Daß es aber auch über die Grenzen der eigenen Art hinaus, oft unter Einsatz des eigenen Lebens, auftritt, ist eher selten und unbekannt. Kristin von Kreisler hat viele verschiedene Beispiele solchen Verhaltens in ihrem Buch zusammengetragen und zeichnet damit ein ebenso einfühlsames wie spannendes Portrait einer weithin unbekannten und unterschätzten Seite tierischen Verhaltens.

Kristin von Kreisler schreibt für verschiedene Magazine und Zeitschriften in den USA.

Kristin von Kreisler

Beherzte Tiere

Wahre Geschichten von selbstlosen Tieren

Aus dem Englischen von
Norbert Jakober

Verlag C.H. Beck

Titel der Originalausgabe:
The compassion of animals. True stories of animal courage
and kindness
Copyright © 1997 by Kristin von Kreisler
by arrangement with Prima Publishing, Rocklin (CA 95765, USA)
Alle Rechte vorbehalten

Für John,
dessen Liebe und Unterstützung
mir seit vielen Jahren
Rückhalt geben

Die Deutsche Bibliothek – CIP-Einheitsaufnahme

Kreisler, Kristin von:
Beherzte Tiere : wahre Geschichten von selbstlosen
Tieren / Kristin von Kreisler. – Aus dem Engl. von
Norbert Jakober. – München : Beck, 1999
　(Beck'sche Reihe ; 1336)
　Einheitssacht.: The compassion of animals <dt.>
　ISBN 3 406 42136 9

Deutsche Erstausgabe
ISBN 3 406 42136 9

Umschlagentwurf: + malsy, Bremen
Für die deutschsprachige Ausgabe:
© C. H. Beck'sche Verlagsbuchhandlung (Oscar Beck), München 1999
Gesamtherstellung: C. H. Beck'sche Buchdruckerei, Nördlingen
Gedruckt auf säurefreiem, alterungsbeständigem Papier
(hergestellt aus chlorfrei gebleichtem Zellstoff)
Printed in Germany

Inhalt

Vorwort

„Es gibt nur drei Dinge, die im Leben wichtig sind.
Das erste ist Güte. Das zweite ist Güte.
Und das dritte ist Güte."

(Henry James)

Noch vor kurzer Zeit war es so, daß jemand, der ein Buch über Emotionen bei Tieren gesucht hat, jede Menge Literatur über die sogenannten negativen Emotionen gefunden haben dürfte – d. h. Bücher über Aggression, Schmerz und Angst. Dagegen war Literatur über das, was wir die höheren Emotionen nennen – also Liebe und Mitgefühl – lange Zeit kaum oder überhaupt nicht vertreten. Mittlerweile jedoch zeigen vor allem junge Tierverhaltensforscher ein verstärktes Interesse an diesem Thema. So hat sich etwa Fran de Waals in seiner kürzlich veröffentlichten Arbeit mit dem Titel *Good Natured* mit Freundschaft und gegenseitiger Hilfe unter Schimpansen beschäftigt. Doch das Thema Mitgefühl ist – vor allem, wenn das Phänomen zwischen Vertretern verschiedener Arten auftritt – immer noch tabu.

Jahrhundertelang wurde weithin die Ansicht vertreten, daß kein anderes Lebewesen außer dem Menschen wirkliches Mitgefühl für einen Artgenossen aufbringen könne, geschweige denn für einen Vertreter einer anderen Spezies. Und doch gibt es immer mehr Berichte und Anekdoten über Tiere, die ein Verhalten an den Tag legen, das tatsächlich von echtem Mitgefühl geprägt zu sein scheint. Das vorliegende Buch stellt eine der ersten Sammlungen solcher Berichte und Geschichten dar. Eine der wenigen Geschichten, die mir zu Ohren gekommen sind und die nicht in diesem Buch Erwähnung finden, stammt von einem zufällig gedrehten Videofilm, auf dem ein Flußpferd zu sehen ist, das eine junge Gazelle vor einem Nil-Krokodil in Schutz nahm. Als die verletzte Gazelle versuchte, wieder auf die Beine zu kommen, stellte sich das Flußpferd schützend über das junge Tier und öffnete sein riesiges Maul, um der Gazelle mit seinem warmen Atem sozusagen Kraft und neuen Lebensgeist einzuhauchen. Das

Flußpferd tat dies jedoch nicht *einmal*, sondern gleich fünfmal, ehe es schließlich aufgab. Die Tierverhaltensforscher, die dieses Video sahen, staunten nicht schlecht. Das Verhalten des Flußpferdes war nach den herkömmlichen wissenschaftlichen Kategorien nicht zu erklären. Wie konnte ein Flußpferd sich selbst in Gefahr begeben, um ein Tier einer anderen Spezies zu retten? Ein derart uneigennütziges Verhalten schien in keiner Weise dem eigenen Überleben bzw. dem der eigenen Art zu dienen. Daß das Flußpferd offensichtlich nicht Aufwand und Nutzen gegeneinander abwog, sondern aus bloßem Mitgefühl mit dem anderen Tier zu handeln schien, ließ sich so ganz und gar nicht mit herkömmlichen wissenschaftlichen Auffassungen in Einklang bringen.

Erst kürzlich ging der Bericht über einen außergewöhnlichen Vorfall um die Welt, der auch in diesem Buch geschildert wird. Ein dreijähriger Junge fiel mehr als fünf Meter tief auf den Betonboden eines Gorillageheges im Zoo von Brookfield, Illinois. Binti, ein siebenjähriges weibliches Tier mit einem Gorillababy auf dem Rücken, hob den Kleinen hoch, wiegte ihn in den Armen und legte ihn vor die Tür, wo die Wärter ihn sozusagen abholen konnten. Das Kind überlebte und trug auch keine bleibenden Schäden davon. Warum waren die Bilder von diesem Ereignis, die weltweit Aufsehen erregten, so berührend? Warum sind sie vielen Menschen so nahegegangen?

Ein anderer Vorfall, der in diesem Buch geschildert wird, ereignete sich im Dezember 1995, als eine Hauskatze durch ein Loch in der Einzäunung des Wildtierzentrums von Grants Pass, Oregon, schlüpfte und so in ein Gehege gelangte, in dem sich ein über 300 Kilo schwerer Bär befand. Die Katze näherte sich dem Bären, der gerade sein Futter in einem 20-Liter-Eimer erhalten hatte. Sie war so hungrig, daß sie direkt zu dem Bären hinlief und ihn sozusagen um Nahrung bat. Dave Siddons, der Begründer des Tierzentrums, dachte, daß der Bär das Kätzchen töten würde. Doch statt dessen nahm er ein Stück Hühnerfleisch aus dem Eimer und legte es neben seine Vorderpfote. Dann sah er der Katze zu, wie sie herbeigeeilt kam, um das Fleisch zu verzehren. Nach diesem Vorfall blieben die Katze und der Bär zusammen; sie teilten auch weiterhin ihre Mahlzeiten und durchstreiften gemeinsam das Gehege – mit einem Wort: die beiden wurden unzertrennlich. Heute kommen jährlich Tausende von Besuchern, um die beiden Freunde zu sehen.

Derartige Berichte sind längst keine Seltenheit mehr – und sie kommen mittlerweile aus aller Welt. Heißt das, daß solche Fälle von Mitgefühl und Zuneigung heute im Tierreich häufiger vorkommen als früher? Mir scheint eher, daß wir Menschen uns nach und nach mit dem Gedanken anfreunden, daß auch andere Lebewesen zu Gefühlen fähig sind, die wir bisher allein dem Menschen zubilligten. Und die vielen Berichte zeigen auch, daß der Mensch diese Tatsache mit großer Freude zur Kenntnis zu nehmen scheint. Kristin von Kreisler erzählt in diesem Buch von Tieren, die sich um andere Lebewesen gekümmert haben. Beim Nachdenken über all diese wundervollen Geschichten kam mir der Gedanke, daß Mitgefühl und fürsorgliches Verhalten bei geselligen Lebewesen auch im Hinblick auf das Zusammenleben innerhalb der Art von Bedeutung sein könnten. Tiere, die als Einzelgänger leben, wie etwa Katzen, müssen kein Mitgefühl entwickeln, um überleben zu können – und tatsächlich sind Fälle von Mitgefühl zwischen Großkatzen eher selten (was nicht heißen soll, daß sie gar nicht vorkommen). Allerdings sind Hauskatzen – wie einige der Geschichten in diesem Buch beweisen – wieder ein ganz anderes Kapitel. Und ohne Zweifel müssen Menschen und in einer Gemeinschaft lebende Tiere lernen, miteinander auszukommen, um überleben zu können. Der englische Dichter W. H. Auden schrieb einmal: „Wir müssen einander lieben oder untergehen."

Es ist schon eigenartig, daß es weitaus mehr und auch bessere Untersuchungen über Fälle von *mangelndem* als von vorhandenem Mitgefühl gibt. Wir wissen sehr viel über Situationen, in denen Menschen keinerlei Mitgefühl an den Tag legten, und nur wenig über die Voraussetzungen, die nötig sind, damit Mitgefühl entstehen kann. Und tatsächlich kommt es oft genug vor, daß Menschen einander gleichgültig gegenüberstehen und nicht daran denken, einander zu helfen. Aber wenn uns einmal zu Ohren kommt, daß jemand auf herausragende Weise Mitgefühl und Selbstlosigkeit gezeigt hat, dann weigern wir uns fast, es zu glauben. Anscheinend verstehen wir positive Emotionen viel weniger als die negativen.

Tiere, die innerhalb einer Gemeinschaft leben, lernen, daß es sinnvoll ist, ihren Artgenossen zu helfen. Wie sich in Versuchen gezeigt hat, sind Ratten weitaus weniger bereit, zum Erlangen von Nahrung einen Hebel zu drücken, wenn dadurch ein Artgenosse einen elektrischen Schlag erhält. Stehen ihnen mehrere Hebel zur Auswahl, drücken sie in jedem Fall denjenigen Hebel, durch den der Artgenosse *keinen* Schlag abbekommt. Manche Ratten verzichten sogar lieber auf jegliche Nahrung, bevor sie einem Artgenossen Schmerzen verursachen. Das ist auch der Grund, warum Ratten gute Gefährten sind und warum die Wanderratte Kindern gegenüber so zutraulich sein kann. Diese Experimente mit Ratten haben unter den Wissenschaftlern, die sie durchführten, einige Verwirrung hervorgerufen. Man rechnete ganz einfach nicht damit, so etwas wie Mitgefühl unter Nagetieren vorzufinden.

Große Bekanntheit hat jenes erschütternde Experiment des amerikanischen Sozialpsychologen Stanley Milgram erlangt, in dem er Anfang der sechziger Jahre Studenten an der Yale-Universität anwies, bestimmten Personen, die auf die ihnen gestellten Fragen falsche Antworten gaben, Stromstöße zu verabreichen, die unter Umständen tödlich hätten sein können. Dabei waren rund zwei Drittel der Versuchspersonen ohne zu zögern bereit, diese „Höchststrafe" zu verabreichen, wenn jemand, den sie als Autorität betrachteten, sie dazu anwies. Die Frage ist, woher es kommt, daß die Bereitschaft zum Gehorsam größer zu sein scheint als menschliches Mitgefühl? Haben wir uns bereits weiter von unserer natürlichen Neigung zu helfen entfernt, als für unsere Art gut ist – oder folgen wir bloß der uns vorgegebenen natürlichen Entwicklung?

Die Debatte um Erbanlage und Umwelteinfluß kann eine enorme Bereicherung erfahren, wenn wir mehr darüber wissen, inwieweit auch unsere Verwandten in der Evolution zu Mitgefühl fähig sind. Bislang war es schwer, die Berichte über derartige Fälle gesammelt zu betrachten. Genau darin liegt der Wert von Kristin von Kreislers Buch. Es zeigt uns, daß wir Menschen einiges von anderen Lebewesen lernen könnten und sollten. Das Buch ist auch ein großes Leseerlebnis mit seinen unzähligen Geschichten über Tiere, die zum Teil ihr eigenes Leben aufs Spiel setzten, um anderen Lebewesen zu helfen; diese Hilfe galt ihren Artgenossen ebenso wie anderen Tieren, aber auch uns Menschen – darunter sogar solchen, die den helfenden Tieren völlig fremd waren. Und ich bin mir sicher, daß der Leser, wenn er am Ende des Buches angelangt ist, von sehr unterschiedlichen Gefühlen bewegt sein wird; er wird einerseits große Traurigkeit empfinden über die unvorstellbare Grausamkeit, die Menschen immer noch allzuoft gegenüber Tieren walten lassen, er wird aber auch zutiefst berührt sein von dem mutigen, mitfühlenden Verhalten, das Hunde, Katzen, Pferde und viele andere Tiere immer wieder an den Tag legen.

Als ich dieses Buch zu Ende gelesen hatte, wurde mir bewußt, wie wenig wir eigentlich über Tiere wissen, mit denen wir Menschen seit Tausenden von Jahren zusammenleben. Es wird Zeit, daß wir endlich damit aufhören, uns mit Tieren zu vergleichen – in der Hoffnung, selbst als „Krone der Schöpfung" aus diesem Vergleich hervorzugehen – und daß wir statt dessen ganz einfach mit Ehrfurcht all diesen Geschichten lauschen, die uns daran erinnern, daß wir selbst nur eine Lebensform unter anderen sind. Dieses Buch lädt uns aber auch dazu ein, uns an die eigene Kindheit zurückzuerinnern und an die Tiere, die uns damals nahestanden; Tiere, die wir als Gefährten betrachteten und für die wir Gefühle hegten, wie wir sie ansonsten nur bestimmten Mitmenschen entgegenbringen. Um diese Gefühle geht es in diesem Buch.

Dr. Jeffrey Moussaieff Masson,
Autor von *Hunde lügen nicht* und
Co-Autor von *Wie Tiere fühlen*

Danksagung

Ich hätte dieses Buch nicht schreiben können ohne die Hilfe und Unterstützung all jener Menschen, die mir Auskunft über ihre Tiere gaben oder die mir Geschichten über Tiere zutrugen, welche sich durch außerordentliches Mitgefühl auszeichneten.

Mein besonderer Dank gilt Merrit Clifton, der Herausgeberin von *Animal People*, Lee Rammage von Ralston Purina Canada Inc., Jessie Vicha und Tom O'Brien von Ken-L Ration Dog Foods, Carol Moulton und Betty A. Lewis von der American Humane Association, Linda Hines und Leo Bustad von der Delta Society, Janice Rooney von der Morris Animal Foundation, John Becker von der Texas Veterinary Medical Association, Richard Alampi von der New Jersey Veterinary Medical Association, Glenn Kolb von der Oregon Veterinary Association, Mary Wamsley von der Gesellschaft zur Verhinderung von Grausamkeit gegenüber Tieren (S.P.C.A.) in Los Angeles, Cheryl Conway von der Animal Care Division in Aurora, Colorado, Matt Kleinman von *Unsolved Mysteries* sowie meinen Freundinnen Kay Podolsky und Becky Cooper.

Darüber hinaus danke ich meinem Agenten Julian Bach für sein Interesse und seine Anteilnahme sowie Susan Silva und Jennifer Fox, die auf Verlagsseite für die Betreuung dieses Buches zuständig waren.

Ich danke auch all meinen wunderbaren Freunden, die zu diesem Buch beitrugen, indem sie mich zum Schreiben ermunterten oder einfach für mich da waren. Martha Hannon war mir – wie immer – eine einfühlsame Mentorin und Ratgeberin; Clell Bryant stand mir mit manch wertvollem Ratschlag beim Verfassen des Textes zur Seite, und Bonnie Remsberg war mir mit ihrer Weisheit eine unerläßliche Stütze.

Einführung

Eine der angenehmsten Seiten meiner schriftstellerischen Arbeit besteht darin, daß ich von meinen Haustieren umgeben bin, wenn ich in meinem Arbeitszimmer tätig bin. Tigger, meine getigerte Katze, macht es sich zumeist auf einem Stuhl bequem, wobei sie gelegentlich Geräusche von sich gibt, die sich anhören, als würde Luft aus einem Reifen entweichen. Ludwig wiederum erinnert an einen würdigen Herrn in Gestalt eines Deutschen Schäferhundes; mit Vorliebe liegt er auf dem sonnigen Plätzchen unter dem Dachfenster und macht sich lediglich durch sein Schnarchen bemerkbar.

Und dann ist da noch Bea, meine kleine, ungeheuer lebhafte Beagle-Hündin, die ich auf der Straße in der Nähe meines Hauses aufgegabelt habe. Als ich sie später einmal genauer untersuchte, stieß ich auf eine Markierung in ihrem Ohr, die darauf hinwies, daß sie aus einem medizinischen Versuchslabor entflohen war. Manchmal streckt sie sich auf dem Perserteppich aus, wobei sie – auf dem Rücken liegend – mit den Beinen strampelt und hin und wieder aufjault. Ich stelle mir vor, daß sie in solchen Momenten von der Hasenjagd träumt. Nach vollendeter „Jagd" rollt sie sich auf die Seite, so daß sie die Form einer überdimensionalen Bohne annimmt. Die Geräusche, die sie bisweilen von sich gibt, klingen so, wie wenn man mit den Fingern über einen Luftballon streicht.

All diese Hintergrundgeräusche begleiten mich durch den Arbeitstag. Die Tiere sind genauso ein Teil meines Arbeitszimmers wie der Computer – wenngleich sie stets eine gewisse Distanz zu mir einhalten und ohnehin zumeist mit ihrem Nickerchen beschäftigt sind. Bea, Tigger und Ludwig stören mich nicht, wenn ich schreibe.

Doch an einem warmen Altweibersommertag – es war der 18. Oktober 1989 – waren sie – genauso wie auch ich selbst – ziemlich unruhig und schlecht gelaunt, was bei dem schwülen Wetter der San-Francisco-Bucht an und für sich auch kein Wunder war. Bald lagen sie träge im Zimmer herum, bald standen sie wieder auf und suchten auf den Fliesen des Badezimmers ein wenig Abkühlung. Keuchend drehte sich Ludwig auf dem Fußboden hin und her, und Bea wiederum konnte sich nicht entscheiden, ob sie drinnen oder draußen sein wollte.

Nachdem ich sie zum wiederholten Male hereingelassen hatte und an den Schreibtisch zurückgekehrt war, erbebte mit einem Mal das ganze Haus. Die Erschütterung war so heftig, daß ich vom Stuhl geschleudert wurde und gegen einen Schrank prallte. Ein Bild fiel von der Wand. Als auch noch eine Lampe krachend zu Boden fiel, wußte ich, daß ich am besten rannte, bevor es zu spät war.

Es war ein mächtiges Erdbeben, das einem das Gefühl vermittelte, auf einem Brontosaurier zu sitzen, der mit einem Artgenossen einen Ringkampf bestreitet. Meine Tiere hatten die Katastrophe offensichtlich schon im voraus gespürt. Ich eilte zur Hintertür, und sie liefen hinter mir her. Der Boden erzitterte und schleuderte uns gegen die Wand. Mit einiger Mühe gelang es mir, die Tür aufzusperren und zu öffnen.

Wir rannten um unser Leben. Tigger flüchtete sich in den Wald. Ludwig wiederum lief unverzüglich zum Gartentor, um sich möglichst weit aus dem Gefahrenbereich zu entfernen. Bea hingegen, die von uns allen die größte Angst zu haben schien, flitzte den Hügel beim Gemüsegarten hinauf und drückte sich gegen den Zaun – möglicherweise in der Hoffnung, irgendwie hindurchschlüpfen und entkommen zu können.

Meine Knie schlotterten so stark, daß ich mich zuerst einmal auf einen Baumstumpf setzte, um nicht umzukippen. Ich versuchte mich selbst zu beruhigen, während ich die schwankenden Sequoien beobachtete, die sich bedrohlich über das Haus neigten. Ich betete, daß sie nicht auf das Dach stürzen würden, um das Haus in einem Berg von Schutt unter sich zu begraben.

In San Francisco fielen tatsächlich Häuser in sich zusammen. Ein Stück der Bay Bridge stürzte ins Wasser. Das Allerschlimmste war jedoch, daß die Warnung ausgegeben wurde, mit diesem Beben der Stärke 7,1 auf der Richter-Skala sei noch nicht der Höhepunkt erreicht; und so bereiteten sich die Menschen seelisch auf noch Schlimmeres vor.

Doch ich selbst wußte davon an jenem Tag noch nichts. Das Haus war ohne Strom, und auch die Telefonverbindung war unterbrochen, so daß ich gleichsam von der Außenwelt abgeschnitten war. Mein Mann befand sich auf einer Geschäftsreise in Südkalifornien. Ich hatte keine Nachbarn in der Nähe. Mit anderen Worten: Ich hätte noch so laut schreien können – und kein Mensch hätte mich gehört. Es war nun genau das eingetreten, wovor ich mich schon als Kind am meisten gefürchtet hatte: Ich befand mich völlig allein, starr vor Angst, in einer absolut verzweifelten Situation.

Ich saß auf meinem Baumstumpf, bis die beiden Brontosaurier sich endlich wieder zu beruhigen schienen. Dann nahm ich all meinen Mut zusammen und ging ins Haus hinein. Ich füllte Wasser in die Badewanne, für den Fall, daß die Rohre durch Nachbeben beschädigt würden. Dann versuchte ich das Gas abzudrehen – wußte aber nicht, ob es mir auch gelungen war. Während ich die herabgefallenen Bücher in die Regale zurückstellte, verschaffte ich mir einen ersten Überblick über den entstandenen Schaden; wie sich zeigte, hatte sich nur ein Riß zwischen den Ziegeln des Kamins aufgetan. Meine Knie zitterten immer noch, während ich den Aufräumungsarbeiten nachging, wobei ich alle paar Minuten ins Freie lief, um mich zu vergewissern, ob noch alles in Ordnung war.

Gegen Abend versammelten sich die Tiere im Innenhof und verzehrten das Futter, das ich ihnen bereitgestellt hatte. Für mich selbst wärmte ich Tomatensuppe, die ich sicherheitshalber draußen verzehrte. Aus demselben Grund legte ich mir eine Gummimatratze und einen Schlafsack im Hof zurecht – möglichst weit von Bäumen und Mauern entfernt, die umstürzen könnten. Beas und Ludwigs Kissen legte ich gleich neben meinen Schlafplatz, ehe ich in den Schlafsack kroch – und zwar voll angekleidet, um im Notfall möglichst schnell flüchten zu können. Tigger machte es sich auf der Mauer bequem, die den Hof begrenzte, während sich die beiden Hunde auf ihre Kissen legten.

Als ich die Augen schloß, hörte ich das Rumoren der Nachbeben unter mir, doch ich sagte mir immer wieder, was für ein Glück ich doch gehabt hätte – immerhin waren die Tiere genauso wie ich selbst heil geblieben. Auch das Haus hätte in sich zusammenfallen können, was jedoch nicht geschehen war. Dennoch war ich alles andere als ruhig – im Gegenteil, ich bebte am ganzen Körper vor Angst.

In meinen Gedanken tauchten Bilder von Plünderern auf, die ohne Zweifel bereits durch die Straßen zogen und nur nach Häusern suchten, in denen sich einsame, wehrlose Frauen befanden. Sie würden die Haustür aufbrechen, meine Tiere töten, den Silberkrug meiner Großmutter mitnehmen und mir selbst furchtbare Dinge antun. Hilflos würde ich im Innenhof liegen, aus zahlreichen Wunden blutend, während die Männer in ihrem Wagen entkämen. Ich hätte nicht einmal Gelegenheit, mich von meinem Ehemann zu verabschieden, der bei seiner Rückkehr mit ansehen müßte, wie die Geier sich an mir gütlich täten.

Um diese Schreckensbilder irgendwie zu verscheuchen, öffnete ich die Augen und betrachtete den schönen blassen Mond am Himmel. Ich sagte mir, daß ich ja nicht allein war: Gott würde bei mir sein. Ich betete um Ruhe und Gelassenheit. Doch ich konnte einfach keinen Frieden finden – das schreckliche Erdbeben war immer noch zu gegenwärtig. Ich konnte mich nicht erinnern, daß ich mich jemals im Leben so allein gefühlt hätte.

Dann kam plötzlich Tigger, meine Katze, von ihrem Rastplatz zu mir herunter, schmiegte ihren Kopf an meine Wange und machte es sich schließlich in meiner Kniekehle bequem. Ludwig verließ sein Kissen und ließ sich an meinem Kopf nieder, wobei er sich schützend an mich drückte. Und Bea – die so verstört gewesen war, als ich sie bei mir aufnahm, daß ich ihr erst einmal beibringen mußte, was Liebe ist –, die gute Bea schlüpfte zu mir in den Schlafsack. Sie kuschelte sich an mich, wobei sie den Kopf an meinen Hals legte. Ihr sanfter Atem wärmte mich.

Ich war mir absolut sicher, daß meine Tiere um mich besorgt waren und mir helfen wollten. Tief in meinem Innersten wußte ich, daß sie nicht gekommen waren, um Trost zu *suchen*, sondern um *mir* Trost zu *spenden*. Sie wollten alles tun, damit es mir gutging.

Während wir so aneinandergeschmiegt dalagen, fühlte ich mich sicher. Der Trost, den meine Tiere mir gaben, unterschied sich spürbar von der Zuneigung, die sie mir sonst entgegenbrachten. Es war für mich wie eine Erleuchtung – eine jener seltenen Stunden, in der irgend etwas mit einem passiert, was einen für immer verändert. Ich stellte fest, daß jene Angst, die mich seit meiner Kindheit begleitete, ihren Schrecken verlor; solange ich Tiere um mich hatte, die sich so rührend um mich kümmerten, würde ich nie wieder allein sein – egal, was auch passieren würde. Mochten auch noch so furchtbare Schicksalsschläge eintreten, wie dieses Erdbeben ein paar Stunden zuvor – wenn meine Tiere bei mir waren, würde ich immer die Kraft haben, es zu überstehen. Der Herr hätte gar nicht mehr für mich tun können, als mir diese edlen, hochherzigen Seelen zu schicken, die sich meiner annahmen – das war mir in diesem Augenblick bewußt geworden.

Mein außerordentliches Erlebnis beschäftigte mich immer noch, als ich ein paar Tage später erfuhr, daß sich in Watsonville, einer Stadt, die etwa eine Autostunde von meinem Haus entfernt liegt, ein ähnlicher Vorfall ereignet hatte. Dort war es ein kleines Mädchen, dem ein Hund ein solches Erlebnis beschert hatte. Reeona, eine zweieinhalb Jahre alte Rottweilerhündin, war als junges Hündchen so schlecht behandelt worden, daß sie sich – als sie ein neues Zuhause erhielt – eine ganze Woche lang von niemandem berühren ließ. Als Reeona die Erschütterung spürte und Schreie aus dem Haus gegenüber hörte, stürmte sie ohne zu zögern zur Tür hinaus. Sie übersprang drei Zäune – etwas, das sie bisher nicht einmal versucht hatte – und lief in das Haus des Nachbarn hinein, wo sie die fünf Jahre alte Vivian Cooper außer sich vor Schreck in der Küche vorfand.

Reeona schob das Kind gegen einen Schrank und setzte sich mit ihren 50 Kilo Körpergewicht auf das Kind, um es ruhig zu halten. Wenige Sekunden später ließen die Erschütterungen einen schweren Mikrowellenherd vom Kühlschrank herabfallen. Der Herd krachte genau an der Stelle auf den Fußboden, wo zuvor noch die kleine Vivian gestanden war. Obwohl das Mädchen den Hund kaum kannte und immer Angst vor ihm gehabt hatte, schmiegte sie sich an Reeona, barg ihr Gesicht im Fell des Tieres und hielt sich an ihm fest, bis das Beben überstanden war. Reeona hatte die Kleine, die außer sich vor Angst gewesen war, beschützt und beruhigt.

Das schwere Erdbeben brachte mir etwas zu Bewußtsein, das ich möglicherweise schon immer gewußt, aber nie in dieser Deutlichkeit wahrgenommen hatte: Tiere sind zu großer Güte und unerhörtem Mitgefühl fähig. Sie setzen sich für uns ein, um uns zu retten, zu trösten und sich in jeder Weise um uns zu kümmern. Sie sind ein wahrer Segen für den Menschen.

Leider sind viele Menschen nicht in der Lage, Tiere auf diese Weise zu sehen. Nicht weit von meinem Zuhause entfernt unterhalten eine große Universität sowie einige Firmen Versuchslabors, wo Forscher Experimente an Tieren durchführen. Ich finde den Gedanken unerträglich, daß Lebewesen Leid zugefügt wird – noch dazu in meiner unmittelbaren Nähe. Manchmal stelle ich sie mir vor, wie sie – in Käfigen zusammengepfercht und unterernährt – irgendwelche schmerzhaften Experimente über sich ergehen lassen müssen, wie das auch bei meinem Beagle der Fall gewesen war. Es macht mich verrückt, wenn ich daran denke, wie viele Tiere auf der ganzen Welt mißhandelt werden – wo ich doch weiß, wie empfindsam Tiere sein können und wie ausgeprägt ihre Fähigkeit zu mitfühlendem Verhalten oft ist.

In den Monaten nach dem Erdbeben fragte ich mich oft, wie ich diesen Tieren helfen könnte. Und die Antwort, die mir einfiel, lautete: Ich kann darüber schreiben, wie mitfühlend und gütig Tiere sein können. Ich kann über die Tiere berichten, die mir und Vivian Cooper auf so wunderbare Weise geholfen haben, und ich kann die Geschichten anderer mitfühlender Tiere erzählen.

Ich blätterte Zeitschriften und Zeitungen durch, wandte mich an Tierschutzvereine und suchte mehrere Monate im Internet, um derartige Geschichten zusammenzutragen. Ich war überrascht, wie viele Berichte ich fand, die von Tieren erzählen, welche sich für andere Lebewesen eingesetzt hatten. Wenn ich noch länger gesucht hätte, wäre ich mit Sicherheit auf Tausende weitere Geschichten gestoßen.

Derartige Berichte, in denen Tiere Menschen aus brennenden Häusern bergen oder aus dem Wasser an Land schleppen, tauchen nicht zufällig hier und da einmal auf – nein, sie treten allem Anschein nach regelmäßig und vor allem weltweit auf. Immer und überall scheinen Tiere sich um andere Lebewesen zu kümmern. Es gibt Berichte über streunende Hunde, die plötzlich aus dem Nichts auftauchen und ihr Leben aufs Spiel setzen, um einen Menschen zu retten, der ihnen völlig fremd ist. Und genauso wird von Tieren mit einem festen Zuhause berichtet, die einem Menschen zu Hilfe eilen, den sie nie zuvor gesehen haben.

Tiere kümmern sich aber auch um andere Tiere, die oft nicht einmal der eigenen Art angehören. So las ich zum Beispiel von einer Katze, die einem Fisch das Leben rettete, von einem Hund, der junge Stachelschweine sozusagen in Pflege nahm, sowie von einer Kuh, die Hilfe für einen Hund holte, der lebendig begraben worden war. Besonders interessant ist, daß es solche mitfühlenden Geschöpfe unter allen möglichen Tierarten gibt, und nicht allein unter Katzen, Hunden oder Kühen – nein, der „Helfer" war nicht selten ein Schwein, ein Pferd, ein Bär, ein Gorilla, ein Delphin oder gar ein Leguan.

Dabei legten diese Tiere oft eine erstaunliche Geschicklichkeit an den Tag. Ohne über Hände oder die Fähigkeit der menschlichen Sprache zu verfügen, gelang es ihnen, Erste Hilfe zu leisten, Botschaften und Warnungen zu überbringen, Hilfe zu holen, Trost zu spenden und Menschen in Sicherheit zu bringen, die oft doppelt so schwer waren wie das betreffende Tier selbst. Dabei kam es nicht selten vor, daß die Helfer selbst schwer verletzt wurden. Doch sie setzten sich ein – auch wenn die Erfolgsaussicht ihrer Rettungsaktion noch so gering sein mochte. Diese Tiere schienen bereitwillig die allergrößten Mühen und Leiden auf sich zu nehmen, um ihre Mission zu erfüllen. Nicht wenige haben dabei ihr Leben gelassen.

Ich habe mich gefragt, was diese Geschöpfe gefühlt haben mochten, als sie mit solcher Hingabe und Güte handelten, und habe mich zu diesem Zweck an Evolutionsbiologen, Veterinärmediziner, Tierverhaltensforscher und Zoologen gewandt. Ich erzählte ihnen von den vielen Berichten, die ich gesammelt hatte, und fragte sie, wie sie sich das Verhalten dieser Tiere erklären würden. Die Antworten, die ich von den Experten erhielt, waren für mich genauso erstaunlich wie die große Zahl der Berichte, auf die ich stieß. Von einer einzigen Ausnahme abgesehen, behaupteten alle Wissenschaftler, die ich kontaktierte, daß Tiere nicht zu so etwas wie Mitgefühl fähig seien. Doch das Verhalten der Tiere spricht eine andere Sprache. Vielleicht sollten wir uns einmal wirklich vorurteilslos jenem Beweismaterial zuwenden, das die Tiere uns mit ihren Taten vorlegen.

Ein Schwein als Lebensretter

Als Collin Stolpes sein Zuhause in Oregon verließ, fühlte er sich so verbittert und zornig, daß er am liebsten gestorben wäre. Er hatte seine Farm und damit seine Existenzgrundlage verloren – und zwar seinem Gefühl nach durch glatten Betrug. Jetzt stand er ohne Zuhause da; alles, was er und seine Frau Deb noch besaßen, hatten sie in ihren Bus gepackt, mit dem sie sich auf den Weg machten – einschließlich Tiger, ihrem Hund.

Etwa eine Stunde nachdem sie den Staat Oregon verlassen hatten, stand Deb von ihrem Platz auf, ging nach hinten und kam mit einer Schuhschachtel wieder zurück. Collin wandte den Blick nicht von der Straße, die sie entlangfuhren, bis sie ihm die Schachtel in den Schoß legte.

Er hob den Deckel. Ein schwarz-weiß gefleckter Kopf kam zum Vorschein – mit zwei spitzen kleinen Ohren, zwei schwarzen Augen und einer kleinen rosafarbenen Schnauze.

„Wir können dieses Ferkel nicht behalten!" stieß Collin gereizt hervor.

„Wieso sollten wir jetzt noch einmal umkehren und es zurückbringen?" warf Deb fast flehend ein. Sie liebte das kleine Ferkel. Sie hatte überhaupt sehr viel für Tiere übrig.

Widerwillig hob Collin das Ferkel aus der Schachtel. Während er weiterfuhr, schlief das kleine Tierchen in seiner Hand ein. Es schien genauso verloren und verletzlich wie er selbst zu sein. Es war offensichtlich auf Schutz angewiesen.

Das kleine Tier gehörte zu einem Wurf Ferkel, die erst zwei Tage zuvor das Licht der Welt erblickt hatten. Während Collin packte, bat Deb ihn inständig, das Ferkel mitnehmen zu können – doch er wollte davon nichts wissen. Er meinte, er hätte im Moment wahrlich genug andere Sorgen und keine Lust, sich auch noch um ein Ferkel zu kümmern. Doch wenn er nun das Tier zurückbringen würde, so hätte das bedeutet, die Farm noch einmal sehen zu müssen. Er würde auf diese Weise nicht nur Zeit verlieren – der Anblick würde außerdem seine ohnehin schon gedrückte Stimmung weiter drücken.

„Also gut", stimmte Collin schließlich zu.

Seine Gedanken waren absolut finster. Sein ganzes Leben schien aus der Bahn geraten zu sein – und weit und breit war kein Hoffnungsschimmer in Sicht. Er mußte Oregon verlassen – es erinnerte ihn allzusehr an das, was ihm passiert war –, doch er hatte nicht die geringste Ahnung, wohin er sich wenden sollte. Schließlich fuhr er nach Süden – zusammen mit seiner Frau Deb sowie mit Tiger und dem Ferkel, das sie Snort nannten. Und während der nächsten vier Monate machten sie da und dort halt, um zu angeln oder durch die Gegend zu streifen.

Snort wuchs bald von einem kleinen Ferkel zu einem stattlichen Schweinchen von 15 Kilogramm heran, das etwa die Größe einer Bulldogge hatte. Aus dem Flaum auf ihrer schwarz-weißen Haut wurden nach und nach Borsten. Ihr Schwänzchen, mit dem sie ständig wedelte, wurde gut 15 Zentimeter lang.

Das Schweinchen war Debs erklärter Liebling; oft warf Snort sich auf den Rücken, um sich den Bauch kraulen zu lassen, dann wieder begann sie sanft an Debs Zehen zu knabbern, um ihre Aufmerksamkeit auf sich zu ziehen. Deb bemalte die Hufe des Tiers mit rosafarbenem Nagellack und schnitt zwei Löcher für die Ohren in Collins Baseballkappe, damit Snort sie tragen konnte. Deb überredete ihren Mann außerdem, eine Spezialtür in den Bus zu schneiden, damit Snort auch nachts kommen und gehen konnte, wie es ihr beliebte. Außerdem brachte er eine Rampe an, die vom Bus hinaus auf den Boden führte und die sie „Snorts Rutschbahn" nannten.

Das Schwein machte auch recht rege von seiner „Rutschbahn" Gebrauch, doch irgendwann im Oktober – sie hatten den Bus in Aurora, Colorado, vor dem Haus von Collins Schwester Claudia geparkt – war es nachts bereits so empfindlich kalt geworden, daß sie die Rampe einziehen und Snorts Türchen ebenso wie die Fenster schließen mußten.

Nachdem Snort und Tiger es sich an ihren Schlafplätzen bequem gemacht hatten, schaltete Collin noch die eingebaute Propangasheizung ein, ehe er selbst zu Bett ging. Ein kalter Wind pfiff rund um den Bus. Collin und Deb waren rasch eingeschlafen, doch Snort blieb wach. Das kleine Schwein wälzte sich auf seinem Lager hin und her, so als wäre es aus irgendeinem Grund beunruhigt. Nach ein paar Stunden hielt Snort es offenbar nicht mehr aus und rannte den Gang hinunter, wobei sie so laut grunzte, daß Deb erwachte.

Sie dachte, daß Snort austreten müsse, und ging mit ihr hinaus. An der frischen Luft beruhigte sich das Tier zwar ein wenig, verhielt sich aber dennoch höchst eigenartig: Snort lief auf dem Rasen hin und her und beschnüffelte hier und dort das Gras, machte aber keine Anstalten, ihr Geschäft zu verrichten. Deb konnte sich das Verhalten des Tieres absolut nicht erklären, trug es in den Bus zurück und legte sich wieder schlafen.

Doch die Nachtruhe währte nicht lange. Bald schon kam Snort wieder aufgeregt grunzend durch den Bus gelaufen, um die Familie zu wecken. Sie wollte sich einfach nicht beruhigen, wie sehr Deb ihr auch zuredete. Und auch draußen im Freien kam sie nicht zur Ruhe. Sie lief aufgeregt im Kreis herum, so als hätte sie irgendeine Botschaft zu vermitteln. Deb fror in der eiskalten Luft, während sie dastand und dem Tier zusah. War Snort verrückt geworden? Sie war doch immer ein so braves und fröhliches Tier gewesen. Doch jetzt benahm sie sich, als wäre sie völlig übergeschnappt. Jedenfalls schien sie keineswegs die Absicht zu haben, ihr Geschäft zu verrichten.

„Na los! Geh schon! Laß dein Wässerchen!" redete Deb ihr zu. Doch Snort dachte gar nicht daran. Frustriert trieb Deb sie in den Bus zurück.

Snort ließ sich einfach nicht mehr beruhigen. Um fünf Uhr morgens war sie völlig aus dem Häuschen. Sie rannte quietschend und schreiend im Bus auf und ab, so daß selbst Tiger sie wütend anknurrte. „Geh *du* doch einmal mit ihr hinaus", wandte sich Deb an ihren Mann.

Collin gab keine Antwort. Sie betrachtete ihn in der Dunkelheit und schüttelte ihn an der Schulter. „Collin?" Immer noch keine Reaktion. *„Collin!"*

Schließlich stieß er mühsam hervor: „Ich kann nicht mehr atmen. Ich glaube, ich habe einen Herzanfall." Ihm war furchtbar übel, und darüber hinaus fühlte er sich völlig bewegungsunfähig, so als wären seine Arme und Beine gelähmt. Und das schlimmste war, daß er sich die plötzlichen Symptome überhaupt nicht erklären konnte.

Nur Snort schien zu wissen, was vor sich ging; sie kreischte und schrie und warf sich mit ihrem stattlichen Körper gegen alles, was ihr im Weg stand. Deb sprang aus dem Bett und lief aus dem Bus und zum Haus ihrer Schwägerin hinüber. Sie versuchte, einen Krankenwagen zu rufen, doch sie konnte ihre Finger nicht bewegen, um zu telefonieren. Claudia mußte für sie anrufen.

Die beiden Frauen eilten zu Collin zurück, der mittlerweile krampfartige Zuckungen hatte. Snort rannte immer noch wie wild hin und her, so als wolle sie allen mitteilen, daß irgend etwas Schreckliches vor sich gehe. Claudia schleppte Collin nach draußen, und Deb und Tiger folgten ihr. Erst jetzt, als alle den Bus verlassen hatten, kam Snort zur Ruhe. Sie legte sich neben Collin auf den Boden und ließ ihn nicht aus den Augen, bis schließlich der Krankenwagen eintraf.

Im Krankenhaus wurde Collin zuerst einmal Sauerstoff verabreicht. Die Ärzte untersuchten auch sein Herz, während Deb vergeblich versuchte, den Aufnahmeschein auszufüllen; sie konnte ihre Finger immer noch nicht bewegen. Verwirrt und voller Sorge saß sie da und wartete.

Auch die Ärzte standen zunächst vor einem Rätsel: Collins Herztätigkeit war völlig in Ordnung. Als schließlich jemand fragte, ob er vielleicht eine Kohlenmonoxidvergiftung erlitten haben könnte, fiel Collin die Propangasheizung ein. Die Ärzte eilten sofort zu Deb, die immer noch ziemlich benebelt war und vergeblich versuchte, das Formular auszufüllen.

Nach und nach gelang es den Ärzten schließlich, zu rekonstruieren, was geschehen war. Es mußte Gas aus der Heizung ausgetreten sein. Da Deb mit Snort ins Freie gegangen war, hatte sie genügend frische Luft zu sich genommen, um relativ glimpflich davonzukommen. Snort und Tiger hatten ebenfalls weniger Kohlenmonoxid eingeatmet als Collin, weil sie auf dem Boden gelegen hatten.

Snort hatte bewiesen, daß sie eine ebenso feine Nase besaß wie ihre nach Trüffeln suchenden europäischen Artgenossen. Sie hatte das Kohlenmonoxid wahrgenommen, kaum daß die Türen des Busses geschlossen waren. Sie hatte gespürt, daß große Gefahr drohte, und ihrer Besorgnis so beharrlich Ausdruck verliehen, daß Deb sie einfach nicht ignorieren konnte. Wenn Snort nicht so hartnäckig gewesen wäre, hätte die Sache ein schlimmes Ende genommen; wenn Collin nur fünfzehn Minuten länger dem Gift ausgesetzt gewesen wäre, so versicherten die Ärzte, dann wäre für ihn jede Hilfe zu spät gekommen.

Während Collin im Krankenhaus lag und sich allmählich erholte, dachte er daran, wie sehr er sich nach dem Verlust der Farm gewünscht hatte zu sterben und wie froh er jetzt war, am Leben zu sein. Dank Snort hatte er eine zweite Chance bekommen; er durfte sie nicht ungenutzt lassen, indem er weiter seinen Kummer nährte und in Selbstmitleid schwelgte. Immer wieder fragte er sich: „Warum bin ich nicht gestorben?" Es war schon verrückt, daß ein kleines Schwein ihm das Leben gerettet hatte – auch wenn Snort ein besonders treues und kluges Tier war. Schließlich kam Collin zu dem Schluß, daß Gott ihm damit irgend etwas mitteilen wollte.

Während der folgenden Wochen reifte in Collin die Erkenntnis, daß es irgend etwas geben müsse, wofür er am Leben geblieben war. Seine Aufgabe war es nun, herauszufinden, was das sein konnte. Er betete, dachte nach und versuchte eine Antwort auf seine Frage zu finden. Allmählich verschwand seine Niedergeschlagenheit – und neue Hoffnung keimte in ihm auf. Eines Morgens fuhr er mit Deb, Tiger und Snort los – und zwar nach Sioux City, Iowa, wo seine erwachsenen Söhne lebten, um dort ein neues Leben zu beginnen.

Er arbeitete als Lastwagenmechaniker, bis er schließlich eines Tages sein eigenes Geschäft eröffnen konnte. Außerdem versuchte er von nun an, seinen Söhnen ein besserer Vater zu sein als früher. Und er vergaß auch nicht, was er seinem Schwein schuldete. Er baute dem mittlerweile 50 Kilo schweren Tier eine eigene Hütte hinter dem Haus. Noch heute begleitet ihn Snort auf seinen Spaziergängen; er führt sie stolz an der Leine durch die Gegend – stets ein freundliches Lächeln auf den Lippen.

Snort hat mehr als nur Collins Leben gerettet; durch ihr freundliches, hilfsbereites Wesen hat sie ihm die Möglichkeit gegeben, ein neuer Mensch zu werden. Und wenn er auch heute bereits über jene Nacht lachen kann, in der er beinahe gestorben wäre, so ändert das nichts an der tiefen Dankbarkeit, die er für das Tier empfindet.

Helden auf vier Pfoten

Nachdem Kathleen Fornataro ihr Haus in Rosenhayn, New Jersey, gründlich gereinigt hatte, machte sie es sich in ihrem Drehschaukelstuhl bequem und schaltete den Fernseher ein. Sie wollte sich ein paar Minuten Entspannung gönnen, ehe ihr Gatte Al von der Arbeit zurückkehren würde.

Auf dem Teppich des Wohnzimmers hatte sich Ginger, ihr zwei Kilo schwerer Spitz, zu einem kleinen Knäuel eingerollt. Ginger war einst eine lebhafte kleine Hündin gewesen, die auf den Hinterbeinen tanzte, auf dem Bauch über den Fußboden kroch und viele andere Kunststücke aufführte. Mittlerweile war sie jedoch fünfzehn Jahre alt und fast völlig zahnlos, und das Tanzen gehörte längst der Vergangenheit an. Wegen einer Herzerkrankung schlief sie oft im Sitzen ein und fiel dann um. Sie schlief fast den ganzen Tag und war überdies mittlerweile völlig taub.

Mrs. Fornataro warf ihrem Spitz einen kurzen Blick zu – wie sie es in letzter Zeit öfter tat –, um sich zu vergewissern, daß dem Tier nichts fehlte, und schaltete dann mit der Fernbedienung einen anderen Kanal ein. In diesem Augenblick hörte sie Schritte – jemand trat singend durch die Haustür ein. Sie drehte sich in ihrem Stuhl, um den Besucher zu begrüßen, den sie für ihren Sohn hielt.

Doch der Mann, der sie im nächsten Augenblick mit stechendem Blick ansah, war ganz eindeutig *nicht* ihr Sohn. Es war ein großgewachsener, muskulöser Fremder mit nervösen, fahrigen Bewegungen, der mit einer Selbstverständlichkeit eintrat, als gehöre ihm das Haus.

„Ich weiß genau, wer du bist!" schrie er die Frau an. „Du bist die Frau eines Polizisten!"

„Nein. Das bin ich nicht." Mrs. Fornataro versuchte, mit ruhiger Stimme zu sprechen. „Mein Mann ist kein Polizist."

Der Mann trat näher; er schien so überreizt, daß er am ganzen Leib zitterte. „Es ist mir auch egal, ob er Polizist ist oder nicht! Er ist jedenfalls tot! Er liegt da draußen! Ich habe ihn getötet! Und jetzt werde ich auch dich töten!" Doch anstatt sich auf sie zu stürzen, setzte er sich – zitternd und bebend – auf einen Stuhl.

Mrs. Fornataro war so erschrocken, daß ihr Herz wie wild pochte und ihr übel wurde. Sie war sich sicher, daß Al bereits heimgekommen war und den Wagen in der Garage abgestellt hatte, wo dieser Wahnsinnige ihn dann getötet hatte. Sie stellte sich vor, wie Al vornübergebeugt im Auto saß, aus einer tödlichen Stichwunde blutend.

Und jeden Moment würde sie das gleiche Schicksal ereilen. Ginger, ihrer geliebten Hündin, würde es nicht besser ergehen, wenn sie aufwachte und sich von der Stelle rührte. Ginger war zwar viel zu klein und schwach, um einem normalen Menschen Angst einzujagen, doch diesen offensichtlich völlig verwirrten Kerl würde sie möglicherweise nur noch weiter in Rage bringen. Bestimmt würde es ihm nicht das geringste ausmachen, das Tier zu töten.

Eine Ewigkeit schien zu vergehen, während der Mann unzusammenhängende Drohungen an Mrs. Fornataro richtete. Mit hochroten Wangen und starrem Blick stammelte und schrie er vor sich hin. Als er plötzlich aufstand, erhob auch sie sich, um sich zu wehren. Er trat schwankend zu ihr hin – bis sie sein schwitzendes Gesicht ganz nah vor sich sah.

„Schluß damit! Ich werde dich töten! Du wirst jetzt sterben! Auf der Stelle!" In ihrem Kopf begann sich alles zu drehen, und sie griff nach der Lehne ihres Schaukelstuhls.

Da öffnete Ginger die Augen. Sie schien sofort zu begreifen, daß der Mann eine Gefahr darstellte, und war im nächsten Moment auf den Beinen. So schnell sie konnte, lief die Hündin quer durch das Wohnzimmer auf den Mann zu und schnappte nach seinem Knöchel. Er schrie auf, schüttelte sie ab und trat nach ihr wie nach einem Fußball, so daß sie in hohem Bogen durch die Luft segelte.

Ginger krachte gegen die Wand und jaulte vor Schmerz, als sie auf dem Boden landete. Mrs. Fornatoro lief zu ihr hin, hob sie hoch und barg sie in ihren Armen. Sie war sich absolut sicher, daß der Mann sie töten wollte, und wandte sich ihm zu, um seinen Angriff zu erwarten.

Doch die Attacke des gebrechlichen kleinen Hundes schien seine Gedanken in andere Bahnen gelenkt zu haben.

„Ich bin Gott!" rief er plötzlich aus.

„Ja, sicher. Sie haben recht."

„Du glaubst mir nicht, oder?"

„Doch. Doch, ich glaube Ihnen. Sie sind Gott."

„Ich kann es beweisen. Sieh nur!" Der Mann knöpfte sein Hemd auf und zeigte ihr seine nackte Brust, um im nächsten Moment loszulaufen und aus dem Haus zu stürmen.

Mrs. Fornataro lief rasch zum Telefon, um mit zitternden Händen die Polizei zu rufen. Während sie noch die Nummer wählte, warf sie einen Blick aus dem Fenster und sah zwei Streifenwagen vor dem Haus stehen.

Schluchzend lief sie zur Haustür hinaus. „Bitte suchen Sie meinen Mann. Bitte, Sie müssen ihn finden!" flehte sie die Polizisten an. „Der Mann hat ihn getötet."

Doch der Wagen ihres Gatten war nirgends zu sehen. Er war noch nicht nach Hause gekommen – das hieß, daß er lebte. Mrs. Fornataro war zutiefst erleichtert und drückte Ginger fest an sich. Der tapfere kleine Hund hatte sie gerettet. Und Al war dadurch gerettet worden, daß er offensichtlich länger als sonst in der Firma geblieben war.

Wie sich herausstellte, hatten die Polizisten auf der Suche nach einem Mann, der die Kasse in einem Feinkostladen ausgeräumt hatte, bereits ihren Garten durchkämmt. Der Mann hatte nach dem Überfall vier Menschen auf einem Parkplatz angegriffen, ehe er das Weite suchte, wobei er immer wieder ausrief: „Ich bin Gott!" Es handelte sich um einen Schizophrenen, der seine Medikamente nicht genommen hatte, die seine Krankheit milderten, und der so kräftig und gereizt war, daß fünf Polizisten nötig waren, um ihn zu überwältigen.

Doch Ginger, die gebrechliche, fast zahnlose alte Hündin, hatte nicht gezögert, den Mann anzugreifen, um Mrs. Fornataro zu beschützen.

Wenn es darum geht, Menschen zu helfen, die ihnen nahestehen, scheuen Tiere keine noch so große Gefahr. Sie kümmern sich nicht um ihre eigene Sicherheit und tun alles, was in ihrer Macht steht, um zu helfen.

Ein weiteres Beispiel für diesen selbstlosen Einsatz wird in dem Buch *Animal Heroes* von Karleen Bradford geschildert. Grizzly, ein schwarz- und silberfarbener sibirischer Husky, war der Leithund in dem Gespann von Paul Guitard. Eines Morgens im Juni spannte Guitard Grizzly und sieben andere Hunde vor seinen vierrädrigen Wagen und lenkte sein Gespann einen einsamen

Weg in Ontario, Kanada, entlang. Plötzlich stießen sie auf eine Bärenmutter und ihre Jungen. Die Bärin stürzte sich augenblicklich auf Guitard, um ihre Jungen zu schützen. Sie biß ihn in den Arm und in das Bein und zerrte ihn mit sich, um ihn zu töten.

Für gewöhnlich wären Hunde in einer solchen Situation weitergelaufen – aber Grizzly, der Leithund, schien zu verstehen, daß Guitard dringend Hilfe benötigte. Irgendwie gelang es Grizzly, die sieben übrigen Hunde zum Stehen zu bringen und sie zum Umkehren zu bewegen, so daß sie alle zusammen zu Guitard zurückliefen.

Obwohl er mit den sieben Hunden zusammengespannt war, stürzte sich Grizzly auf die Bärenmutter und beschäftigte sie auf diese Weise lange genug, daß Guitard flüchten konnte, um sich auf einen Baum zu retten. Doch die Bärin wollte ihr Opfer nicht entkommen lassen und jagte hinter Guitard her. Sie erwischte ihn am Fuß, während er den Baum hochkletterte, und versuchte, ihn herunterzuziehen. Während Guitard sich verzweifelt mit Fußtritten zur Wehr setzte, griff sein Hund erneut mit solcher Vehemenz an, daß die Bärin Guitard schließlich losließ.

Aus mehreren Wunden blutend und starr vor Schmerz verharrte Guitard auf dem Baum, denn die Bärin kehrte immer wieder zu dem Baum zurück und versuchte, seiner habhaft zu werden. Jedesmal bereitete sich Guitard innerlich darauf vor, von dem mächtigen Tier in Stücke gerissen zu werden. Doch jedesmal kehrte auch Grizzly zurück und schlug die Bärin in die Flucht. Wenngleich in seiner Bewegungsfreiheit eingeschränkt, weil er mit den anderen Hunden zusammengespannt war, stürzte er sich so wütend auf das viel größere Tier, daß die Bärin immer wieder in die Flucht geschlagen wurde.

Als am späten Nachmittag Guitards Freunde auf ihrer Suche zu dieser Stelle gelangten, griff die Bärin auch sie an. Nachdem sie erlegt worden war, brachten sie Guitard ins Krankenhaus, wo seine Wunden genäht wurden. Die einzige Verletzung des Hundes war ein Riß, den ihm die Bärin mit ihren scharfen Krallen beigebracht hatte.

An einem klirrend kalten Wintertag fuhren Sean Lingl und sein Freund Danny Parker mit einem kleinen Schlauchboot los, um quer über die Mündung des Nimpkish River zu rudern, der auf

Vancouver Island in Britisch-Kolumbien liegt. Es regnete heftig, zudem ging ein kräftiger Wind, so daß das Boot in dem sturmgepeitschten Wasser sehr bald wie eine Nußschale hin- und herschaukelte. Dennoch ruderten die Männer weiter, um ihr Ziel, eine kleine Insel, zu erreichen.

Lingls graubrauner Labrador Tia saß zitternd zwischen den beiden Männern im Boot. Wenn sie saß, bemerkte man die Behinderung, unter der die Hündin litt, nicht sofort – sie hatte nämlich nur noch drei Beine. Der Unfall war vier Jahre zuvor passiert, als sie Lingls Lastwagen auf einer nicht asphaltierten Straße gefolgt war und dabei auf eine zerbrochene Flasche trat, wobei sie sich die rechte Hinterpfote verletzte. Der Tierarzt behandelte die Wunde, doch es kam zu einer Infektion, die sich auf das gesamte Bein ausbreitete.

„Ich muß ihr das Bein abnehmen", teilte der Tierarzt schließlich Lingl mit. „Es bleibt uns nichts anderes übrig."

Lingl dachte zunächst daran, die Hündin einschläfern zu lassen. Er wollte nicht, daß sie ihr restliches Leben hinkend bestreiten mußte und von aller Welt begafft und bemitleidet wurde. Doch der Tierarzt konnte ihn schließlich überreden, Tia operieren zu lassen. Der unbezähmbare Lebensmut, den die Hündin danach an den Tag legte, überzeugte Lingl, daß er gut daran getan hatte, sie am Leben zu lassen.

Der Wind peitschte das Wasser ins Innere des Bootes – doch Lingl machte sich deswegen noch keine großen Sorgen; das Boot war praktisch unsinkbar, gleich wieviel Wasser auch eindrang. Es drohte keinerlei Gefahr – es sei denn, die äußere Hülle würde aus irgendeinem Grund durchlöchert, so daß Wasser in die Luftkammer eindringen konnte. Wenn dies geschah, würde das Boot unweigerlich sinken.

Als das Boot sich immer mehr nach einer Seite neigte, begann Lingl sich Sorgen zu machen. „Irgend etwas ist da nicht in Ordnung", sagte er. „Vielleicht sollten wir umkehren."

„Du hast recht", stimmte Parker zu.

Sie wendeten und hielten auf die Küste zu, als plötzlich ein mächtiger Windstoß das Boot zum Kentern brachte und sie allesamt in die eisigen Fluten fielen. Die Männer hatten Mühe, sich über Wasser zu halten, wobei sie sich an dem gekenterten Boot festhielten.

„Wo ist Tia?" rief Lingl seinem Freund zu.

Er tastete suchend nach ihr und fand sie schließlich unter dem Boot eingesperrt. Er packte sie am Fell und zog sie hervor. Wenngleich sie nur drei Beine hatte, würde sie es vielleicht doch schaffen, ans Ufer zurückzuschwimmen.

Für Lingl und Parker sahen die Chancen weit weniger gut aus. Bei dieser Eiseskälte würden sie sich nicht lange über Wasser halten können. Und wenn sich die hohen Wasserstiefel, die sie trugen, weiter mit Wasser füllten, würden Lingl und Parker unweigerlich untergehen. Die Aussicht, sich doch noch retten zu können, war denkbar gering.

Lingl zog sich ein Stück hoch, um über das Boot blicken zu können. Sie würden an die hundert Meter durch die eiskalten Fluten schwimmen müssen, um die Küste zu erreichen. Und dafür hatten sie lediglich ein paar Minuten Zeit, ehe sie hilflos untergehen würden. Es war ihnen beiden bewußt, wie hoffnungslos ihre Lage war.

Da bemerkte Lingl auf einmal, daß das Boot sich auf die Küste zubewegte. Verblüfft blickte er um sich, um die Ursache dieser plötzlichen Bewegung zu finden. Es war Tia, die sich die Halteleine des Bootes zwischen die Zähne geklemmt hatte und sich mit ihren drei Beinen abmühte, das Boot irgendwie an Land zu ziehen.

Die beiden Männer waren verblüfft, wie tapfer die Hündin gegen die Fluten ankämpfte, und versuchten ihr zu helfen, indem sie trotz der schweren Stiefel mit den Füßen strampelten. Obwohl sich die Wellen immer höher auftürmten und Tia wie ein Korken hin und her getrieben wurde, ließ sie die Leine nicht los und kämpfte mit aller Macht gegen das Untergehen. Die Augen halb zugekniffen, um sich gegen das brennende Salzwasser zu schützen, trotzte sie den Wellen und arbeitete sich Stück für Stück voran, bis sie Lingl und Parker in flaches Wasser gezogen hatte. Erst jetzt, wo die beiden Männer in der Lage waren, selbst zum Ufer zu waten, ließ sie die Leine los.

Die Haare der beiden Männer waren steifgefroren, als sie zum Wagen gingen. Auch von Tias Fell hingen Eiszapfen herunter, was sie jedoch gar nicht zu beachten schien. Sie wackelte neben Lingl und Parker her, als wäre es ein schöner warmer Tag – und als würde sie gar nicht mehr daran denken, was sie soeben geleistet hatte.

Lingl beugte sich zu ihr hinunter und umarmte sie, um ihr für ihre unglaubliche Tat zu danken. Es war schon schwer vorstellbar, daß ein Hund ein Boot mit zwei Männern durch das eiskalte sturmgepeitschte Wasser ziehen könnte – um so unglaublicher war es, wenn der Hund, der dies schaffte, nur drei Beine hatte.

Dies war auch Lingl bewußt, als sie schließlich das Auto erreichten. „Das glaubt uns kein Mensch", sagte er und schüttelte den Kopf.

Beistand für Kranke und Verletzte

Goliath, ein etwa einen Meter zwanzig langer Leguan mit ledriger Haut, kuschelte sich an Duane Wright. Der Mann aus Tucson, Arizona, murmelte dem Reptil, das er Goliath getauft hatte, bevor er bemerkt hatte, daß es sich um ein weibliches Tier handelte, zu: „Du bist ja doch mein gutes Mädchen."

Goliath schmiegte sich an seinen Hals, als wollte sie ihm sagen, daß sie seine Gefühle erwidere. Zumindest empfand Wright es so. Oft lag die Leguan-Dame stundenlang auf ihm, die Vorderbeine um ihn geschlungen, den Kopf auf seiner Brust, so als wolle sie ihn umarmen. „Leguane sind sehr liebevolle Wesen, wenn sie spüren, daß man sie auch liebt", vertraute Wright seiner Frau Arlene an.

Goliath, ein besonders schöner Leguan mit funkelnden braunen Augen und kleinen scharfen Krallen, war 24 Stunden am Tag für ihren Gefährten Duane da, und das sieben Tage in der Woche. Wegen seines Asthmas, seiner chronischen Lungenkrankheit und seiner immer wieder auftretenden Atemlähmung konnte sich Duane kein Haustier halten, das ein Fell trug; ein Leguan war schließlich eines der wenigen Tiere gewesen, das die Ärzte ihm gestattet hatten. Wegen seiner Krankheit war Wright gezwungen, sich die meiste Zeit des Tages in einem bestimmten Zimmer aufzuhalten, in denen sich die Maschinen befanden, die er zur Behandlung seiner Lungenkrankheit brauchte und die zur Kontrolle von Feuchtigkeit und Temperatur notwendig waren. Auch tagsüber lag er oft auf dem Bett, oder er saß in seinem Lehnstuhl, wobei Goliath stets in seiner Nähe war. Sogar in der Nacht war der Leguan bei ihm; die beiden schliefen in der Nähe einer Sprechanlage, damit Arlene seine Atmung von einem anderen Zimmer aus überwachen konnte.

Eines Abends fühlte Wright sich nicht wohl. Anstatt Goliath – wie üblich – ins Bett mitzunehmen, versuchte er sie dazu zu bewegen, von seiner Brust herunterzusteigen und ihr spezielles Plätzchen aufzusuchen, das Wright aus einem alten Computertisch für sie gebastelt hatte. Hier war alles vorhanden, was sich nach Wrights Ansicht ein Leguan nur wünschen konnte: Äste, um daran hochzuklettern, kleine Kissen und sogar ein Heizkissen, um es sich bequem zu machen. Sogar eine Wasserschüssel war vorhanden; Wright hatte sie aus einem Krankenhausspucknapf angefertigt, den er mit Gips ausgekleidet und schwarz bemalt hatte, damit er wie ein Felsen aussah. Er hatte alles Erdenkliche getan, damit das Tier sich bei ihm wie zu Hause fühlte.

Doch diese Nacht wollte Goliath nichts davon wissen, ihr Spezialplätzchen aufzusuchen. Sie ließ ihre Krallen nicht von Wrights Hemd und war offensichtlich nicht bereit, ihn allein zu Bett gehen zu lassen. Sie bestand darauf, ihn zu begleiten, und machte es sich wie üblich auf seiner Brust bequem. Er tätschelte sie, während er unter die Decke schlüpfte, und schlief rasch ein.

Es war etwa ein Uhr dreißig, als er verschwommen wahrnahm, daß ihm Goliath mit dem Schwanz ins Gesicht schlug. Aber Wright war zu schläfrig, um darauf zu reagieren. Dies veranlaßte den Leguan, ihn im Gesicht zu kratzen und sogar zu beißen. Goliath war offensichtlich fest entschlossen, ihn zu wecken. Als er immer noch weiterschlief, wurden ihre Bemühungen immer heftiger, wobei sie einen solchen Lärm machte, daß Arlene über die Sprechanlage auf das Tier aufmerksam wurde.

Arlene eilte sofort in Wrights Zimmer, um nachzusehen, was passiert war. Als sie das Zimmer betrat, war es Goliath gerade gelungen, Wright zu wecken. Er hatte offensichtlich zu atmen aufgehört, denn er rang nun verzweifelt nach Luft. Der Leguan schien bereits Stunden vorher gespürt zu haben, welche Gefahr dem Mann drohte.

Aufmerksam verfolgte Goliath, wie Arlene ihrem Mann half, zum Atemgerät zu gelangen. Als seine Atmung sich wieder normalisierte, fuhr sie mit ihm ins Krankenhaus, wo die Ärzte ihm Sauerstoff und Prednison verabreichten.

Wright erzählte den Ärzten, daß es Goliath war, die ihn gerettet hatte; sie hatte gespürt, daß etwas mit ihm nicht in Ordnung war, und sich um ihn gesorgt. „Ein Tier, das einem das Leben gerettet hat, muß man einfach lieben", sagte er.

Als Wright endlich wieder zu seinem vierbeinigen Lebensretter zurückkehren konnte, saß Goliath auf ihrem Ast auf dem Computertisch und badete ihren grünen Schwanz in der Wasserschüssel. Sie hatte bereits auf ihn gewartet.

Tiere werden oft äußerst unruhig, wenn ein Mensch in ihrer Umgebung eine gesundheitliche Krise durchmacht, und versuchen dann verzweifelt, Hilfe zu holen. Einmal wurde eine Frau von ihrer taubstummen Katze geweckt, die – anstatt zu miauen – wieder und wieder auf die Brust der Frau sprang. Nachdem sie aufgewacht war, stellte die Frau fest, daß ihr Mann bewußtlos war und soeben einen Herzanfall erlitten hatte.

Karen Ybarra Hummerlich in Wheeling, Illinois, wurde eines Nachts von ihrer Katze Brat geweckt, die ihr über die Augen leckte, sie kratzte und laut miaute. Als Mrs. Hummerlich die Katze wegscheuchte, lief Brat zu jenem Zimmer, in dem Jose, ihr Sohn, schlief, und miaute so laut, daß die Frau schließlich aufstand und nachsah, was los war. Sie fand ihren Sohn bewußtlos im Bett vor; er wälzte sich hin und her, die Augen verdreht. Im Krankenhaus stellte sich heraus, daß ihr Sohn an einer Gehirnhautentzündung litt. Wenn Brat nicht einen solchen Aufruhr veranstaltet hätte, dann wäre die Hilfe für Jose möglicherweise nicht mehr rechtzeitig gekommen, um einen bleibenden Gehirnschaden oder gar den Tod des Jungen zu verhindern.

Man hört auch immer wieder von Hunden, die Hilfe holen, wenn sich jemand nicht mehr selbst helfen kann. Ich habe viele Berichte von Leuten gelesen, die von ihrem Hund alarmiert wurden – etwa wenn es darum ging, einer Großmutter zu helfen, die nach einem Schlaganfall hilflos auf dem Fußboden lag, oder einem Mann, der vom Traktor gefallen war und der Rippenbrüche und einen Beckenbruch davongetragen hatte. Es wird von Menschen mit Blutsturz, Insulinschock und Anfällen berichtet, die durch die Hilfe eines Hundes gerettet wurden. Einmal war ein Mann mit dem Arm in eine Schneefräse geraten und brach stark blutend vor dem Haus zusammen. Sein Hund rettete ihn, indem er seine Frau herbeiholte.

Besondere Erwähnung verdient die Geschichte von Girl.

Nachdem auf Ray Ellis acht Hektar Land in Martins Ferry, Ohio, mehrmals der Blitz eingeschlagen hatte, ging er eines Tages mit seinem Schäferhund namens Girl los, um die getroffenen Bäume umzuschneiden, damit sie als Brennholz verwendet werden konnten. Wie immer wich die Hündin nicht von seiner Seite, als wäre sie sein Leibwächter. Selbst das durchdringende Geräusch der Kettensäge, das ihre empfindlichen Ohren beleidigen mußte, konnte Girl nicht dazu bringen, Ray zu verlassen.

Er hatte sie einige Jahre zuvor in einem erbarmungswürdigen Zustand in der Nähe seines Hauses gefunden und sie zunächst einmal bei sich aufgenommen. Nachdem er zwei Monate vergeblich nach dem Besitzer des Hundes gesucht hatte, gab er es schließlich auf.

„Sie bleibt bei mir", sagte Ray eines Tages zu seiner Frau Dorothy. „Wir werden sie behalten." Girl wurde ihm ein treuer Gefährte, möglicherweise aus Dankbarkeit.

Ray schnitt einen der gefällten Bäume in Klötze, lud das Holz auf den Traktor und brachte es nach Hause, wobei Girl ihn begleitete. Danach fuhren sie noch einmal los, um einen zweiten Baum zu holen, der auf einen jungen Baum gestürzt war und diesen zu Boden drückte. Als Ray den umgestürzten Baum in Klötze schnitt, schnellte der Jungbaum plötzlich hoch, traf ihn am Kopf und warf ihn zu Boden. Die Kettensäge, die währenddessen weiterlief, fügte ihm mehrere tiefe Schnittwunden am Bein zu, von denen eine bis an den Knochen reichte.

Girl beugte sich über Ray, der in einer Blutlache dalag. Sie beschnupperte ihn und winselte besorgt, wohlwissend, wie ernst die Lage war. Als die Säge schließlich in den Boden eindrang und zum Stillstand kam, lief Girl, so schnell sie konnte, zum Haus zurück, um Hilfe zu holen. Dorothy sah sie vom Fenster aus – sie dachte, daß ihr Mann wohl bereits auf dem Heimweg sein müsse, da der Hund ja nie von seiner Seite wich.

Aber Ray kam nicht. Girl sprang vor der Haustür auf und ab und bellte wie verrückt. Da Dorothy nicht reagierte, warf sie sich mit voller Wucht gegen die Tür, bis die Frau ihr schließlich öffnete. Girl bellte sie mit allem Nachdruck an und lief dann ein Stückchen Richtung Wald, ehe sie wieder zum Haus zurückkehrte.

„Was willst du mir denn sagen?" fragte Dorothy.

Girl antwortete auf die einzige Art, die ihr möglich war: Sie bellte und lief erneut zum Wald hin.

Dorothy folgte ihr schließlich und sah Ray schon von weitem neben der Kettensäge auf dem Boden liegen. Er muß sie wohl ausgeschaltet haben, dachte sie, um ein Nickerchen zu machen. Sie hatte den Hund wohl falsch verstanden; bestimmt wollte er nur mit ihr spielen, während sie sich eingebildet hatte, daß er sie zum Mitkommen auffordere.

„Das Abendessen ist fertig", rief Dorothy. „Komm, gehen wir nach Hause."

Ray rührte sich nicht.

Als sie näher herantrat, sah Dorothy das viele Blut, das ihr Mann verloren hatte. Atemlos vor Angst lief sie zum Haus zurück und rief einen Krankenwagen.

Girl saß währenddessen an Rays Seite, und als die Sanitäter zusammen mit Dorothy eintrafen, ließ die Hündin sie nicht an den Verletzten heran. Erst als Dorothy sie am Halsband festhielt, gab Girl nach und bestand nicht länger darauf, Ray zu beschützen, so daß die Sanitäter sich um ihn kümmern konnten. Während Ray sich im Krankenhaus erholte, rührte Girl ihr Futter kaum an – so sehr sehnte sie sich nach seiner Rückkehr. Selbst in seiner Abwesenheit blieb er der Mittelpunkt ihres Lebens.

Hunde können aber noch mehr tun, als nur zu bellen und Hilfe für einen Kranken oder Verletzten zu holen. Als Judi Baylys Sauerstoffmaske sich mitten in der Nacht plötzlich löste, ertönte ein Alarm. Ihr Irish Setter Lyric versuchte vergeblich, sie zu wecken. Da stieß der Hund den Hörer von der Gabel und drückte dreimal auf die Zielwahltaste, mit der ein Krankenwagen gerufen werden konnte.

Ein Akt von Mitgefühl? Durchaus möglich; da Lyric jedoch darauf abgerichtet war, per Telefon Hilfe zu rufen, hat er vielleicht auch „nur" seine Pflicht getan.

In dem Buch *Pet Heroes* von Paul Simons wird jedoch ein Vorfall geschildert, der sich in der englischen Stadt Birmingham ereignete und der von einem Hund namens Gemma handelt, der mit Sicherheit nicht abgerichtet war. Gemma folgte ausschließlich ihrem Herzen und ihrer Intuition, als sie sich um Darren Mahon kümmerte, der nach einem Schlaganfall bewußtlos am Boden lag.

Gemma wartete, bis das Telefon läutete, stieß den Hörer herunter und bellte wie wild. Der Anrufer machte sich Sorgen, daß Mahon vielleicht etwas zugestoßen sein könnte, und kam sofort, um nachzusehen. Tatsächlich fand er Mahon auf dem Boden liegen und rief einen Krankenwagen.

Wenn Tiere es aus irgendeinem Grund nicht schaffen, Hilfe für den Kranken oder Verletzten zu holen, dann kann es vorkommen, daß sie selbst zu helfen versuchen. Oft zeigen solche Tiere nicht nur sehr viel Mitgefühl, sondern auch ein unglaubliches Gespür dafür, was der Betroffene braucht oder was ihm guttut.

Die Hündin Trixie, ein Mischling, war allein mit Jack Fyfe in dessen Haus in Sydney, Australien, als dieser einen Schlaganfall erlitt. Der Mann lag bewegungsunfähig im Bett und konnte nicht aufstehen, um etwas zu trinken. Und so schickte er Trixie los, um ihm Wasser zu holen. Sie lief ins Badezimmer, schnappte sich mit den Zähnen ein Handtuch, tauchte es in ihre Wasserschüssel und brachte es dem Mann. Trixie legte ihm das Handtuch über das Gesicht, so daß er das Wasser aufsaugen konnte.

Nachdem das Wasser in ihrer Schüssel aufgebraucht war, tauchte sie das Handtuch in die Toilette und brachte es wiederum zu Fyfe. Neun Tage lang sorgte Trixie auf diese Weise dafür, daß der Mann am Leben blieb und nicht verdurstete – bis seine Familie schließlich nach ihm sah, weil er auf einem Fest nicht aufgetaucht war. Fyfe mußte für fünf Monate ins Krankenhaus, ehe er wieder nach Hause zu seiner Hündin zurückkehren konnte.

Scout, der Labrador-Retriever der vierundachtzigjährigen Mary Gladys Baker in Waurika, Oklahoma, wedelte freudig mit dem Schwanz, als die Frau in einer besonders kalten Nacht zu ihm hinaus kam, um nach ihm zu sehen. Die Frau, die nur mit einem Nachthemd und einem dünnen Mantel bekleidet war, rutschte aus, fiel hin und brach sich dabei die Hüfte. Hilflos lag sie am Boden und zitterte vor Kälte und Schmerz. Scout erkannte, in welch schlimmer Lage sie sich befand; er lief in seine Hundehütte, schnappte sich seine alte Decke und brachte sie zu ihr. Er deckte die Verletzte zu und legte sich zu ihr, um sie zu wärmen, bis am nächsten Morgen Hilfe kam.

Bug, ein Kater in Oklahoma, dessen Geschichte in der Zeitschrift *Cat Fancy* erschien, sah, daß seine Besitzerin hustend und niesend im Bett lag; die Frau hatte 39° Fieber. Sie hatte keinerlei Medikamente gegen ihre Beschwerden im Haus, da ihr Sohn das Grippemittel in der Woche zuvor aufgebraucht hatte. Sie fühlte sich ausgesprochen elend und weinte vor sich hin, bis sie schließlich einschlicf. Als sie erwachte, saß Bug auf ihrem Bett, einen ganzen Stapel von aufmunternden „Geschenken" neben sich, die er in der Wohnung zusammengesammelt hatte – darunter allerlei Spielzeug, ein Ohrring, den sie verloren hatte, sowie eine schmutzige Medikamentenpackung, die der Kater wahrscheinlich unter dem Bett hervorgekramt hatte. In der Packung befand sich eine staubige alte Hustenpastille.

Als Roz Browns Tochter eines Tages einen besonderen Leckerbissen für Holly, einen West-Highland-Terrier, in das Haus ihrer Mutter in Cambridge, England, mitbrachte, war die Hündin ganz außer sich vor Freude. Bei dem Geschenk handelte es sich um Gummibärchen, die mit Zucker überzogen waren.

Holly hüpfte vor Freude und stellte sich auf die Hinterbeine, als sie den Leckerbissen witterte. Die beiden Bärchen, die sie bekam, schluckte sie sogleich hinunter und wedelte mit dem Schwanz, um Nachschub zu verlangen. Aber Mrs. Brown war der Ansicht, daß zwei Bärchen fürs erste genügten. Ihre Tochter legte die Tüte mit den Süßigkeiten auf den Wohnzimmertisch.

Nicht lange nachdem ihre Tochter fort war, begann Roz Brown sich plötzlich schwach und elend zu fühlen; die Frau war seit achtunddreißig Jahren Diabetikerin. Ihr Blutzuckerspiegel sank so tief, daß sie schließlich bewußtlos zusammenbrach. Holly schien zu spüren, daß die Frau Hilfe brauchte; sie lief zum Wohnzimmertisch und stieß die Tüte mit den Gummibärchen mit der Schnauze vom Tisch. Obwohl sie Minuten zuvor selbst noch verrückt nach den Bärchen gewesen war, verschlang sie die Leckerbissen nun nicht etwa, sondern holte zwei davon heraus und stupste sie mit der Schnauze quer durch das Zimmer, um sie schließlich direkt neben Mrs. Browns Mund zu legen. Dann stupste Holly die Frau an, um sie zu wecken.

Als Mrs. Brown die Augen aufschlug, sah sie Holly geduldig neben sich sitzen; auch die beiden Gummibärchen lagen noch neben ihr. Die Frau hatte gerade noch genug Kraft, um sie sich in den Mund zu stecken. Auf diese Weise erlangte Mrs. Brown genügend Energie, um sich auch die restlichen Bärchen zu holen. Danach fühlte sie sich imstande, in die Küche zu gehen und etwas Nahrhafteres zu sich zu nehmen, so daß ihr Blutzuckerspiegel schließlich wieder auf einen normalen Wert anstieg.

„Tina ist ein richtiger Höllenhund", beklagte sich Nora Martyniak aus Lakeville, Massachusetts, bei ihrer Freundin Susan.

Während die beiden an Noras Einkommenssteuererklärung arbeiteten, kam Tina, ein schwarzer Mischling, ins Wohnzimmer gestürmt. Sie schnupperte hier und dort, kläffte und jaulte und schien gar nicht daran zu denken, sich einmal für fünf Minuten hinzusetzen und still zu sein. Erst zwei Wochen zuvor war Tina in ihrem neuen Zuhause aufgenommen worden – und sie hatte sich seither als äußerst nervös und hyperaktiv erwiesen.

Bevor sie zu den Martyniaks gekommen war, hatte es Tina nicht leicht gehabt. Ihre vorigen Besitzer hatten sie aus dem Tierheim gerettet, kurz bevor sie eingeschläfert werden sollte. Sie hatten versucht, sich an Tinas überschäumende Energie zu gewöhnen, doch schon nach wenigen Monaten fühlten sie sich nicht mehr in der Lage, mit Tinas nervöser Ausgelassenheit zurechtzukommen – und so beschlossen sie, die Hündin wieder wegzugeben. Als sie Nora fragten, ob sie bereit sei, Tina aufzunehmen, tat ihr das Tier leid – doch Steve, ihr Ehemann, war strikt gegen einen Hund in der Wohnung. Es bedurfte einiger Überredungskünste, bis er schließlich nachgab.

Da sie nun schon einmal da war, so Steves Ansicht, würde er versuchen, das Beste aus der Situation zu machen – und so spielte er regelmäßig mit ihr, fütterte sie mit Keksen und streifte mit ihr durch die Natur, damit sie Gelegenheit hatte, sich ordentlich auszutoben. Rasch freundeten die beiden sich an, doch trotz Tinas Zuneigung blieb es anstrengend, mit ihr zusammenzuleben. Tina machte es einem wirklich nicht leicht, sie zu mögen.

Und nun kläffte sie aufgeregt vor sich hin, während Nora und Susan versuchten, sich auf die Steuererklärung zu konzentrieren. Als Steve ins Wohnzimmer trat, nachdem er draußen Schnee geschaufelt hatte, stürmte Tina außer sich vor Freude auf ihn zu, um ihn zu begrüßen.

„Kannst du sie eine Weile hierbehalten?" fragte Steve seine Frau. „Ich würde gerne einen Blick in die Zeitung werfen. Ich brauche ein paar Minuten Ruhe."

Steve zog sich in sein Zimmer zurück, machte es sich im Lehnstuhl bequem und überflog die Schlagzeilen. Nora mußte Tina zurückhalten, um zu verhindern, daß sie ihm folgte. Aber die Hündin war leider wieder einmal äußerst lästig; sie kläffte und jaulte, um doch noch zu Steve gelassen zu werden.

Plötzlich spitzte sie die Ohren, als würde sie irgend etwas Außergewöhnliches wahrnehmen. Ihr Fell sträubte sich, als sie zum Sofa lief, wo sie ihre Vorderpfoten fest auf Noras Knie legte, laut bellte und schließlich in Noras Schoß sprang.

„Sei endlich still!" drohte Nora, die keinerlei Verständnis für Tinas Drängen hatte. Nora wandte sich ihrer Freundin zu. „Heute zeigt sie sich wieder einmal von ihrer allerschlimmsten Seite."

Nora hielt Tina am Halsband fest, um sie daran zu hindern, sich auf Susan zu stürzen, doch die Hündin versuchte so heftig, sich loszureißen, daß sie Nora fast die Finger brach.

„Na gut! Ist ja gut!" gab Nora nach und ließ sie aus dem Zimmer.

Tina lief sogleich zu Steves Zimmer und dann wieder ins Wohnzimmer zurück, wo sie aufgeregt zu bellen begann. Dann lief sie wieder zu Steve zurück, um gleich darauf ins Wohnzimmer zurückzukehren – und das immer wieder. Jedesmal wenn Tina in Steves Zimmer ankam, sprang sie auf den Lehnstuhl, der unter ihrem Gewicht quietschend zu schaukeln begann.

Noras Geduld wurde auf eine harte Probe gestellt. „So unausstehlich ist sie normalerweise nicht. Muß wohl irgendein seltsames Spiel der beiden sein."

Als Susan einige Minuten später nach Hause fuhr, ging Nora zu Steve hinüber, um selbst nachzusehen, was da los war. Doch es schien alles in Ordnung zu sein. Steve hatte es sich im Lehnstuhl bequem gemacht; seine Hände lagen auf der Brust, wie es immer der Fall war, wenn er ein Nickerchen machte. Doch Tina sprang aufgeregt auf seiner Brust herum und schob ihre Schnauze zwischen seine Lippen, so als wolle sie seinen Mund öffnen. Jedesmal wenn seine Lippen sich wieder schlossen, versuchte sie es von neuem.

Was für ein dummes Spiel, dachte Nora. „Wie kannst du überhaupt schlafen, wenn der Hund andauernd auf dir herumspringt?" fragte sie.

Doch Steve gab keine Antwort.

Nora trat näher zu ihm hin. Sie wollte Tina mit hinaus nehmen, damit ihr Mann in Ruhe schlafen konnte. Da sah sie voller Entsetzen, daß sein Gesicht blau angelaufen war. Sie zog Tina von ihm weg, doch der Hund wehrte sich und versuchte weiter, Steves Mund offenzuhalten, um ihm beim Atmen zu helfen.

Nora war so erschrocken, daß ihr selbst der Atem stockte. Sie zog Tina mit sich in die Küche, rief einen Krankenwagen und eilte dann zu Steve zurück, dessen Gesicht immer blauer wurde. Während Tina, die in der Küche eingeschlossen war, wie wild bellte, wandte Nora die einzige Erste-Hilfe-Maßnahme an, die sie kannte: Sie begann Steves Brustkorb zu bearbeiten und versuchte ihn zwischendurch zu beatmen. Aber sie schien nicht mehr Erfolg mit ihren Bemühungen zu haben als ihre Hündin, die zuvor ebenfalls versucht hatte, ihm das Atmen zu ermöglichen.

Als die Sanitäter eintrafen, verabreichten sie Steve zunächst einmal Sauerstoff; schon nach kurzer Zeit hatten sie mit ihren Wiederbelebungsmaßnahmen Erfolg. Anschließend brachten sie ihn ins Krankenhaus, wo er gründlich untersucht wurde; überraschenderweise ergab das EKG keinerlei Anzeichen, die auf einen Herzanfall hindeuteten. Die Ärzte konnten nicht mit Sicherheit sagen, warum die Atmung plötzlich ausgesetzt hatte.

Eines jedoch war absolut sicher: Tina hatte gespürt, daß Steve in Gefahr schwebte – und das, obwohl sie gar nicht mit ihm im selben Zimmer war. Als sie dann bei ihm war, hatte sie sogar versucht, ihm zu helfen, so wie Nora es mit der Mund-zu-Mund-Beatmung getan hatte.

Nach diesem Vorfall sah Nora die Hündin mit anderen Augen. Trotz Tinas Ausgelassenheit betrachtete sie sie nun nicht länger als einen Höllenhund – viel eher als einen rettenden Engel.

Furchtlose Beschützer

Besonderes Aufsehen erregte ein Vorfall im Zoo von Brookfield, Illinois, als ein dreijähriger Junge in das Gorillagehege stürzte. Binti Jua, ein 70 Kilo schwerer weiblicher Tieflandgorilla, hob den Jungen hoch, wiegte ihn im Arm und trug ihn zur Tür des Geheges, wo ihn Angehörige des Zoopersonals sozusagen abholen konnten, um ihn ins Krankenhaus bringen zu lassen. Bintis Verhalten rief allgemein großes Erstaunen hervor, weil es damals die wenigsten für möglich gehalten hätten, daß Gorillas – oder Tiere im allgemeinen – ein derart mitfühlendes Verhalten an den Tag legen könnten.

Vielleicht noch erstaunlicher war ein Vorfall, der sich zehn Jahre zuvor im Wildlife Preservation Trust von Jersey, England, zugetragen hatte. Jambo, ein männlicher Gorilla – ein sogenannter Silberrücken –, kümmerte sich rührend um den fünfjährigen Levan Merriott, der auf eine Mauer geklettert war, die das Gehege der Gorillas umgab; der Junge verlor das Gleichgewicht und stürzte etwa sechs Meter tief in einen Wassergraben aus Beton. Jambo fand den bewußtlosen Jungen, der aus Nase und Mund blutete.

Der Gorilla ließ es nicht zu, daß die drei Gorilladamen sowie die Jungtiere, die mit ihm das Gehege teilten, sich Levan näherten. Sobald sie, von Neugier getrieben, herbeikamen, drängte Jambo sie zurück. Er setzte sich neben Levan, beschnupperte ihn von oben bis unten und streichelte ihn sanft. Als Levan das Bewußtsein wiedererlangte und zu weinen begann, wurde auch Jambo ziemlich nervös. Er achtete weiterhin darauf, daß keines seiner Familienmitglieder sich dem Jungen näherte, bis schließlich ein Zooangestellter den kleinen Levan aus dem Gehege holte.

Auch bei anderen Käfig- und Haustieren wurde ein Verhalten beobachtet, wie es Jambo, der Gorilla, an den Tag legte; immer wieder kommt es vor, daß Tiere alles tun, um einen Menschen vor anderen Tieren zu schützen.

In dem Buch *Pet Heroes* von Paul Simons findet sich eine Geschichte, die sich in Italien ereignete; Bruno Cipriano war gerade beim Holzhacken, während seine Kuh Carletta in der Nähe weidete – als plötzlich ein Wildschwein den Mann angriff und ihn zu Boden stieß. Bevor der Eber den hilflos daliegenden Mann erneut angreifen und töten konnte, senkte Carletta den Kopf und griff ihrerseits das Wildschwein an. Sie schaffte es tatsächlich, den Eber in die Flucht zu schlagen, und kehrte dann zu Cipriano zurück, um ihn zu bewachen, bis seine Frau Hilfe geholt hatte.

Als Mike und Jill Evans nach einem passenden Pferd für ihren Sohn Justin suchten, stießen sie auf Smokey – ein Tier, das erst mit vierzehn Jahren kastriert worden war, so daß sie befürchteten, daß seine vielen Jahre als Zuchthengst ihn vielleicht aggressiv gemacht haben könnten. Außerdem war Smokey ein sehr schnelles Pferd, was für einen fünfjährigen Jungen doch nicht als das Richtige erschien.

Trotz all dieser Bedenken wollte Jill das Tier zumindest ausprobieren. Als Justin und sie über ein Feld ihrer Ranch in Piedmont, Oklahoma, ritten, scheuchte Smokey einen wilden Truthahn auf. Das Tier flatterte auf und flog direkt auf ihn zu. Die meisten Pferde hätten in einer solchen Situation gescheut und ihren Reiter abgeworfen, doch Smokey blieb völlig ruhig. Er lief weiter, ohne mit der Wimper zu zucken.

„Ich bin mir sicher, er wollte vor allem Justin nicht gefährden", berichtete Jill ihrem Mann hinterher.

Die beiden waren sehr erleichtert, daß sie allem Anschein nach endlich ein Pferd gefunden hatten, dem sie ihren Sohn anvertrauen konnten, und so beschlossen sie, Smokey zu kaufen.

In den folgenden zwei Jahren gewannen Justin und Smokey viele Preise in Lauf- und Geschicklichkeitsbewerben. Der Junge und sein Pferd waren unzertrennlich. Wann immer Justin auf die Weide ging und nach seinem Pferd rief, kam Smokey auch schon angelaufen.

„Smokey ist mein bester Freund", betonte Justin immer wieder voller Stolz.

Justin war sehr erfreut und aufgeregt, als sich eines Tages für ihn die Gelegenheit bot, mit Smokey an einem Viehtrieb in Oklahoma City teilzunehmen. Seine Eltern und er sowie einige andere Reiter führten die Herde an, während an die zweihundert Leute die Rinder vor sich hertrieben. Hinter den Autos, die am Straßenrand geparkt waren, standen Hunderte von Zuschauern, die sich das Spektakel nicht entgehen lassen wollten und die die Prozession mit Beifallsklatschen und lauten Zurufen begrüßten.

Smokey blieb völlig unbeeindruckt von all dem Lärm und trabte unbeirrt dahin.

Dagegen behagte es den Langhorn-Rindern offensichtlich gar nicht, durch die Straßen getrieben zu werden, so daß sie ziemlich nervös zu werden begannen. Und es dauerte nicht lange, bis die Tiere in Panik gerieten und unkontrolliert losstürmten. Sie krachten gegen parkende Autos und versuchten, auf den Bürgersteig auszuweichen, wo die Schaulustigen nun um ihr Leben rannten.

Mike, Jill und Justin hörten das Donnern der Hufe hinter sich näherkommen und versuchten, den aufgebrachten Tieren auszuweichen. Während seine Eltern den rettenden Straßenrand erreichten, versperrten geparkte Autos Justin und Smokey den Weg. Die Rinder stürmten unaufhaltsam näher – direkt auf den Jungen und sein Pferd zu.

Justin schrie um Hilfe. Seine Eltern waren starr vor Schreck und wußten nicht, wie sie ihrem Sohn helfen sollten. Jill und ein anderer Reiter versuchten, die Straße zumindest teilweise mit ihren Pferden zu blockieren, um den Lauf der Herde etwas zu verlangsamen und so Justin genügend Zeit zu geben, um sich doch noch in Sicherheit zu bringen. Doch ein junger Ochse stürmte zwischen ihnen hindurch, drängte sie zur Seite und bahnte so der restlichen Herde den Weg. Binnen weniger Sekunden waren Justin und Smokey von schnaubenden, trampelnden Rindern umringt.

Jill hielt den Atem an; sie erwartete das Schlimmste – jeden Augenblick konnte ihr Sohn zu Tode getrampelt werden. Und sie konnte nichts mehr tun, um ihm zu helfen. Bestimmt würde sich Smokey, um sich selbst zu schützen, aufbäumen und nach den Rindern ausschlagen, so daß Justin unweigerlich aus dem Sattel geworfen würde; jedes Pferd in seiner Situation hätte so reagiert. Und ihr Sohn würde hilflos den tödlichen Hufen der Rinder ausgesetzt sein.

Aber Jill hatte Smokey offensichtlich unterschätzt. Als die Rinder gegen ihn stießen, setzte er sich *nicht* zur Wehr. Genauso wie er die Ruhe bewahrt hatte, als der Truthahn direkt vor ihm aufgeflogen war, stand Smokey auch jetzt ruhig wie ein Fels in der Brandung da.

Plötzlich wurde Smokey von einem Ochsen gerammt, der versuchte, ihn zur Seite zu drängen. Dabei rutschte der Ochse aus, so daß sein mächtiger Körper gegen Smokeys Hinterteil krachte.

Um nicht zu stürzen, hob das Pferd ein Bein, um den Ochsen unter sich hindurchgleiten zu lassen. Dieser versuchte jedoch aufzustehen, so daß er Smokey und den kleinen Justin hochhob.

Justin saß völlig hilflos auf dem Pferd, das seinerseits von dem Ochsen hochgehoben wurde. Doch auch in dieser Situation behielt das Pferd die Ruhe. Ohne sich zur Wehr zu setzen, ruhte Smokey auf dem Ochsen, der verzweifelt versuchte, das Gleichgewicht wiederzuerlangen. Erneut strauchelte das mächtige Tier und stürzte zu Boden.

Doch Smokey schaffte es, das Gleichgewicht zu bewahren und nicht von dem Ochsen mitgerissen zu werden. Er hob ein Hinterbein, stieg über den massigen Körper des Ochsen hinweg und ging weiter. Langsam arbeitete sich Smokey durch die Herde, bis er schließlich den Straßenrand erreichte. Dort wartete er und ließ die Herde an sich vorüberziehen.

Nachdem Smokey ihn aus dieser verzweifelten Lage gerettet hatte, war Justin mehr denn je davon überzeugt, daß das Pferd tatsächlich sein bester Freund war.

Von Katzen und Hunden weiß man, daß sie – wenn es darum geht, Menschen zu retten, die ihnen nahestehen – mitunter auch viel größeren und stärkeren Tieren die Stirn bieten. Kelli Kinsman aus Dracut, Massachusetts, schrieb an die Zeitschrift *Cat Fancy*, um von ihrer Siamkatze Flash zu berichten, die sich – obwohl selbst nur vier Kilo schwer – auf einen riesigen Hund stürzte, der Mrs. Kinsman angriff. Flash sprang dem Hund an die Kehle und zerkratzte ihm mit ihren Krallen das Maul, bis der Hund das Weite suchte.

Grizzly Bear, ein stattlicher, gut 85 Kilogramm schwerer Bernhardiner, erwies sich ebenfalls als äußerst mutig. Eines Tages hörte Mrs. Gratias ein verdächtiges Geräusch hinter ihrer Hütte in Denali, Alaska. Sie ging zusammen mit ihrem Hund hinaus, um nachzusehen, was los war. Dabei ließ sie die Tür offenstehen, damit sie hören würde, wenn ihre kleine Tochter Theresa, die im Gitterbettchen schlief, aufwachte und schrie.

Als Mrs. Gratias hinter der Hütte ein Grizzlybärenjunges entdeckte, kam ihr mit einem Mal ein furchtbarer Gedanke: Bestimmt war die Mutter des Jungen bereits in der Hütte, um Theresa anzugreifen! Sie lief, so rasch sie konnte, um ihrem Baby zu

Hilfe zu eilen. Als sie um die Ecke kam, lief sie direkt in die über einen Meter achtzig große Bärenmutter. Das erschrockene Tier bäumte sich auf und brüllte – die mächtigen Pranken hoch erhoben. Die Bärin schlug nach ihr, und die Frau wich aus, so gut sie konnte – doch ihre größte Sorge galt ihrer Tochter. Anstatt sich selbst in Sicherheit zu bringen, versuchte die Frau, an der Bärin vorbei ins Haus zu gelangen – doch sie rutschte aus und fiel direkt vor den Füßen des Tieres zu Boden. Die Bärin beugte sich hinunter und grub ihre scharfen Krallen in die Schulter der Frau.

Gerade als sie zubeißen wollte, sprang der Hund der Frau herbei, um ihr zu helfen. So als würde er keine Angst kennen, stürzte sich der Bernhardiner unter wütendem Gebell auf das mächtige Tier. Während er verbissen den Bären bekämpfte, verlor Mrs. Gratias das Bewußtsein.

Als sie die Augen wieder öffnete, war der Bernhardiner vom furchtlosen Retter zur fürsorglichen Krankenschwester geworden; er leckte ihr das Gesicht und versuchte sie auf diese Weise wiederzubeleben. Doch die Gedanken der Frau waren allein bei ihrer Tochter. Bestimmt hatte die Bärenmutter ihr Baby getötet, dachte sie. Sie zwang sich, aufzustehen und in die Hütte zu gehen. Zu ihrer größten Erleichterung lag die kleine Theresa schlafend im Bett, so als wäre nichts geschehen.

Der Bernhardiner hatte die Bärin so geschickt bekämpft, daß er keine einzige Wunde davongetragen hatte. Er war zwar blutüberströmt – doch das Blut stammte von der Bärin und von Mrs. Gratias, deren Wunden zum Glück nicht allzu tief waren.

Debbie Inions ritt eines Abends auf ihrem Quarter Horse Pat aus, um nach dem Vieh auf den Weiden ihrer fast 900 Hektar großen Farm in Alberta, Kanada, zu sehen. Es begann langsam dunkel zu werden, und so nahm sie eine Abkürzung durch das Gebüsch. Hustler, ihr deutscher Schäferhund, lief neben ihrem Pferd her.

Als sie einen Hügel hinaufritt, wurde Pat von einem plötzlichen Rascheln im Gebüsch aufgeschreckt. Er scheute, sprang hoch und prallte gegen einen Zaun. Er wirbelte herum und scheute erneut, so daß Debbie das Gleichgewicht verlor und zu Boden fiel. Durch den Aufprall wurde ein Bein völlig zertrümmert. Sie hatte eine stark blutende Wunde, wo der gebrochene Knochen die Haut durchbohrt hatte.

Hilflos lag sie da – unfähig, sich von der Stelle zu rühren. Die Schmerzen waren nahezu unerträglich. Hustler, ihr Schäferhund, kam herbei und beschnupperte sie, so als wolle er ihr helfen; doch sie brauchte jetzt etwas, das er ihr nicht geben konnte – nämlich medizinische Betreuung, und das so schnell wie möglich.

Doch es war zu befürchten, daß sie hier stundenlang würde liegen müssen, ehe sie jemand fand. Ihre Kinder vermißten sie nicht, da sie bereits schliefen. Brian, ihr Mann, war noch auf den Feldern draußen, um Gerste auszusäen. Wahrscheinlich würde er erst nach Mitternacht heimkommen und sehen, daß sie nicht zu Hause war. Und selbst wenn er sich dann sofort auf die Suche machte, würde er sie möglicherweise nicht vor Sonnenaufgang finden. Wahrscheinlich würde er hier im Gebüsch, eine Viertelmeile von der nächsten Straße entfernt, gar nicht erst nach ihr suchen.

Debbie versuchte den Schmerz irgendwie aus ihren Gedanken zu verdrängen und in Ruhe zu überlegen, was sie tun sollte. Wenn sie Pat irgendwie dazu bewegen konnte, nach Hause zurückzukehren, dann würde ihn vielleicht jemand mit leerem Sattel herumlaufen sehen und daraus schließen, daß sie in Schwierigkeiten war. Aber als sie einen Stock nach ihm warf, lief er nur noch tiefer in das Dickicht – in eine Richtung, wo ihn gewiß niemand sehen würde.

In ihrer Verzweiflung sagte sich Debbie, daß sie aufstehen und zu Fuß nach Hause gehen mußte – egal, wie stark die Schmerzen auch sein mochten. Doch sobald sie versuchte, sich zu bewegen, rieben die Enden des gebrochenen Knochens aneinander, was ihr entsetzliche Schmerzen bereitete. Nachdem sie dreimal versucht hatte, sich aufzurichten, waren die Qualen so unerträglich, daß sie glaubte, ohnmächtig zu werden. Erschöpft ließ sie sich neben ihrem Hund nieder. Er rückte näher, so daß sie sich an seinem Fell wärmen konnte.

Hustler hatte schon zuvor immer wieder gezeigt, welch außergewöhnlicher Hund er war; mit einer Mischung aus Aggressivität und Einfühlungsvermögen sowie einer schier unerschöpflichen Energie war er äußerst wertvoll, wenn es darum ging, das Vieh zusammenzutreiben. Mit leichten Bissen in die Beine brachte er die Tiere zum Laufen. Aber er konnte auch ungemein mitfühlend sein. Hustlers Züchter hatte Debbie einmal erzählt, daß der Hund einst einen jungen Vogel aufgehoben hatte, der aus dem Nest gefallen war. Hustler trug das winzige Tier zu ihm, dem Züchter, damit dieser ihm half; offensichtlich war der Hund um den kleinen Vogel besorgt.

Debbie dachte daran, wie mitfühlend ihr Hund sein konnte, als dieser plötzlich die Ohren spitzte, sich aufrichtete und im nächsten Augenblick den Hügel hinabstürmte. War er denn um *sie* kein bißchen besorgt, daß er sie so einfach verließ? Wie konnte er ausgerechnet in so einem Moment zu seinem Vergnügen irgendeinem Reh nachjagen – wo sie doch so schwer verletzt war? Sah er denn nicht, daß sie Gefahr lief, einen Kreislaufschock zu erleiden oder zu verbluten?

Doch er kam schließlich wieder zu ihr zurück und stellte sich schützend über sie – die Zähne gefletscht – und knurrte drohend in die Dunkelheit hinein. Noch nie hatte sie ihn so wild und furchterregend gesehen. Debbie bemühte sich zu erkennen, was der Grund für sein wütendes Knurren war, und sah schließlich zwei Kojoten nur wenige Meter von ihr entfernt. Auch sie ließen ein drohendes Knurren vernehmen, während sie sich langsam näher heranwagten, wobei Laub und Unterholz unter ihren Pfoten raschelten und knackten.

Debbie duckte sich unwillkürlich vor der drohenden Gefahr; es rieselte ihr kalt den Rücken hinunter. Es war eher ungewöhnlich, daß Kojoten sich Menschen näherten – es sei denn, sie fühlten sich bedroht. Womöglich lag sie ganz in der Nähe ihres Baus und machte sie dadurch nervös. Doch was auch immer der Grund sein mochte – die beiden Kojoten machten den Eindruck, als würden sie auch vor einem Angriff nicht zurückschrecken. Debbie suchte Schutz, indem sie sich noch enger an Hustler preßte. Dieser stürmte mit einem Mal auf die beiden Kojoten zu, die sofort die Flucht ergriffen.

Im nächsten Augenblick hörte Debbie wütendes Gebell und die Geräusche eines verbissenen Kampfes – immer wieder jaulte eines der Tiere vor Schmerz auf. In der Dunkelheit und dem dichten Buschwerk konnte sie nicht sehen, wer in dem Kampf die Oberhand behielt. Erschöpft und mit einem Gefühl der Übelkeit lag sie da und wartete darauf, daß entweder Hustler oder die beiden Kojoten aus dem Gebüsch auftauchen würden.

Als Hustler schließlich zurückkehrte, war Debbie unendlich erleichtert und dankbar. Und binnen weniger Augenblicke war die ganze wütende Aggressivität des Hundes wie weggeblasen – und er strahlte nur noch Mitgefühl und Fürsorge aus. Er ließ sich neben ihr nieder – offensichtlich in dem Bestreben, sie zu wärmen, und leckte sanft über ihr blutüberströmtes Bein.

Doch immer wieder kamen die Kojoten zurück, um sie zu belauern. Debbie schrie aus Leibeskräften, um sie wegzujagen, während Hustler sie in die Büsche zurücktrieb und sich dem Kampf stellte. Und jedesmal fieberte Debbie voller Angst dem Ausgang der erbitterten Auseinandersetzung entgegen. Doch immer wieder kehrte Hustler siegreich zu ihr zurück. Die Frage war nur, wie lange er sich noch gegen die Übermacht würde behaupten können. Auch wenn er noch so tapfer kämpfte, um sie zu beschützen – irgendwann, so fürchtete sie, würde er sich vielleicht doch geschlagen geben müssen.

Die Kojoten ließen ein schauriges Geheul erklingen. Dann begann es auch noch zu regnen, und ein schneidender Wind machte sich bemerkbar. Debbie zitterte am ganzen Leib, wodurch auch die Schmerzen in ihrem Bein immer stärker wurden. Sie fürchtete, daß sie irgendwann vor Schmerz in Ohnmacht fallen würde.

„Reiß dich zusammen, Deb", versuchte sie sich aufzumuntern.

Sie mußte wach bleiben, um sich wehren zu können. Noch wichtiger war jedoch, daß Hustler wach blieb. Sie klammerte sich an ihn und hoffte inständig, daß er sie so wie bisher beschützen würde. Er drückte sich ganz eng an sie, so als wolle er ihr dadurch zu verstehen geben, daß er für sie da sei.

Etwa eineinhalb Stunden nach Mitternacht kam Brian von den Gerstenfeldern nach Hause zurück und wunderte sich zunächst einmal, daß die Fenster offenstanden. Er befürchtete sogleich, daß etwas nicht in Ordnung war, da Debbie die Fenster am Abend stets schloß. Als er dann noch feststellte, daß ihr Pferd sowie ihre Reitstiefel fehlten, schien kein Zweifel mehr zu bestehen. Er eilte in das Zimmer ihrer Tochter und weckte sie unverzüglich.

„Wo ist Mama?" fragte er atemlos.

„Sie wollte nach den Kühen sehen."

Brian zwang sich, Ruhe zu bewahren; er würde sie schon finden. Doch er hatte ein ziemlich flaues Gefühl, als er in seinen Geländewagen stieg und die Farm nach Debbie abzusuchen begann. Um etwa vier Uhr morgens erblickte er vor sich im Scheinwerferlicht seines Wagens Hustler, ihren Schäferhund, der gerade zwei Kojoten über eine Lichtung jagte. Debbie mußte ganz in der Nähe sein.

Brian stellte den Motor ab und lief hinter Hustler her. „Debbie? Debbie!" rief er in die Dunkelheit hinein.

Sie hörte ihn, war aber zu schwach, um zu antworten. Sie brachte nur ein heiseres Flüstern zustande. Brian bemühte sich verzweifelt, irgendein Geräusch wahrzunehmen, bis er sie endlich hörte. Da tauchte Hustler wieder auf und führte ihn zu ihr.

„Gott sei Dank hast du mich gefunden!" stöhnte Debbie.

Die Schmerzen waren so heftig, daß Brian es nicht wagte, sie zu bewegen. Er sah sich gezwungen, Hilfe zu holen. Als er zum Wagen lief, so schnell er konnte, blickte Debbie sich um; erneut kroch die Angst in ihr hoch, denn Hustler war nirgends zu sehen. Am Ende war er Brian gefolgt und ließ sie allein hier zurück.

Doch wenig später erkannte sie, daß sie völlig zu Unrecht an ihrem Hund gezweifelt hatte. Als das Geheul der Kojoten wieder einsetzte, war Hustler zur Stelle und kauerte sich neben sie. Und jedesmal wenn die Kojoten näherkamen, jagte er sie davon, wie er es schon seit fast sieben Stunden tat. Danach kam er stets wieder zu ihr zurück, um sich schützend zu ihr zu legen.

Nachdem Brian einen Krankenwagen gerufen hatte, ließ er eine eingeschaltete Taschenlampe auf der Straße zurück, damit die Sanitäter wußten, wo sie Debbie finden würden. Dann eilte er mit mehreren Decken zu seiner Frau zurück. Kurz vor Tagesanbruch traf der Krankenwagen ein. Die Sanitäter hoben Debbie auf eine Trage und brachten sie zum Wagen, was die beiden Kojoten aus etwa zehn Metern Entfernung verfolgten.

Die nächsten beiden Wochen mußte Debbie im Krankenhaus verbringen. Hustler wartete so sehnsüchtig zu Hause auf sie, daß er sein Futter kaum anrührte. Jedesmal wenn Brian von einem Besuch im Krankenhaus zurückkehrte, kam Hustler zum Wagen gestürmt, um zu sehen, ob sie auch da war. Die Enttäuschung war ihm an den Augen abzulesen.

Aber dann, eines Tages, war es doch soweit. Als Debbie die Wagentür öffnete, kam Hustler außer sich vor Freude herangestürmt und legte seine Pfoten auf das Trittbrett; er schien zu spüren, daß sie noch nicht völlig gesund war – und anstatt sich voller Begeisterung auf sie zu stürzen, begnügte er sich damit, ihr Gipsbein von oben bis unten zu beschnuppern.

Debbie mußte während des darauffolgenden Jahres nicht weniger als vier Operationen über sich ergehen lassen, wobei sich ihr Zustand allmählich besserte, so daß sie zuerst im Rollstuhl, dann mit der Gehhilfe, danach mit Krücken und schließlich mit dem Stock unterwegs war. Doch egal, welches Hilfsmittel sie auch benutzte – immer war Hustler an ihrer Seite, um sie zu beschützen. Und als Debbie endlich wieder soweit genesen war, daß sie wieder auf Pat reiten konnte, um nach den Kühen zu sehen, war Hustler ihr Begleiter, wohin sie auch ritt.

An einem trüben Nachmittag im Januar machte sich Chester Jenkins auf, um auf seiner 16 Hektar großen Farm in Springfield, Missouri, einen Wassertrog vom Eis zu befreien. Er war ein kräftiger, stämmig gebauter Mann, der schlechtes Wetter und harte Arbeit gewohnt war. Doch vier Monate zuvor hatte er eine Bypassoperation über sich ergehen lassen müssen, von der er sich zwar gut erholt hatte, die ihn jedoch immer noch zwang, ein wenig vorsichtig zu sein.

Als er zum Viehgehege hinüberging, war Bailey, sein graubrauner Labrador-Chesapeake-Bay-Retriever, an seiner Seite. Jenkins hatte ihn einst als junges Hündchen seinem Sohn zu Weihnachten geschenkt, doch seit dieser die Stadt verlassen hatte, um aufs College zu gehen, war der Hund nun Jenkins mit derselben Treue zugetan wie zuvor dessen Sohn.

Bailey war von früh bis spät an seiner Seite und versuchte stets, Jenkins bei seinen verschiedenen Arbeiten zu helfen. Wenn etwa Jenkins eine Stute tätschelte, dann sprang Bailey hoch und leckte ihr über das Fell, um ebenfalls seine Zuneigung zum Ausdruck zu bringen. Wenn Jenkins das Vieh zusammentrieb, versuchte Bailey mit einer solchen Verbissenheit, ihm zu helfen, daß Jenkins ihn einsperren mußte, bis er seine Arbeit vollendet hatte.

Während nun Jenkins den Trog vom Eis befreite und Wasser einfüllte, saß Bailey draußen vor dem Viehgehege und wartete, um den Mann hinterher wieder nach Hause zu begleiten. Jenkins schüttete noch etwas Futter in einen anderen Trog und öffnete dann das Tor, um die Kühe sowie den etwa eine Tonne schweren geliehenen Zuchtstier in das Gehege einzulassen.

Die Kühe waren überaus friedfertig – nicht aber der Stier. Er war irgendwann vor Jahren einmal verletzt worden und schien den Vorfall noch immer nicht vergessen zu haben. Das war zumindest Jenkins Erklärung dafür, daß der enorm kräftige Stier stets den Eindruck machte, als wolle er auf jemanden losgehen. Sobald sich jemand näherte, begann er mit den Hufen aufzustampfen und drohend zu schnauben und zu brüllen, so daß der Boden zu erzittern schien. Das Tier schien voller Zorn zu sein und wirkte viel gereizter als alle anderen Stiere im Stall.

Als die Tiere zu fressen begannen, nahm Jenkins seine Eimer zur Hand und wandte sich zum Gehen, als er plötzlich von hinten einen Stoß gegen die Hüfte erhielt; er wußte augenblicklich, daß er in Gefahr war. Der große, ewig zornige Stier war hinter ihm. Jenkins versuchte wegzulaufen, doch der Stier war viel zu schnell für ihn. Er senkte den Kopf und schleuderte Jenkins hoch, daß dieser meterweit durch die Luft flog.

Jenkins prallte mit der Schulter gegen einen Wasserbehälter aus Metall – und zwar so heftig, daß die Wand des Behälters verbeulte. Er prallte zurück, so daß er nicht weit vom Stier entfernt zu liegen kam. Wehrlos lag er im Schlamm und versuchte sich irgendwie zusammenzurollen, um sich gegen den nächsten Angriff des Stieres zu schützen, der unweigerlich kommen würde.

Und schon begann der Stier wütend zu brüllen und auf Jenkins herumzutrampeln. Wieder und wieder gingen die Hufe auf Jenkins Rücken nieder, bis der Stier plötzlich seine Strategie zu ändern schien. Er trat ein wenig zurück und bereitete sich auf die Attacke vor.

Verzweifelt suchte Jenkins nach einer Möglichkeit, um dem tödlichen Angriff zu entgehen – doch er war völlig hilflos. Wenn er erneut durch die Luft geschleudert würde, dann würde seine Operationsnarbe gewiß aufreißen, und der Stier würde ihn unweigerlich zu Tode trampeln.

Jenkins hatte kaum noch Hoffnung, mit dem Leben davonzukommen, und doch fragte er sich noch: „Was soll ich nur tun? Was kann ich bloß tun?" Doch die Antwort war immer die gleiche: „Nichts."

Da sah er plötzlich etwas vorüberhuschen, was wie das Fell seines Hundes aussah. Mit wütendem Knurren kam Bailey herbeigeeilt, sprang über Jenkins hinweg und griff den Stier an. Er biß sich am Kopf des Stieres fest und ließ nicht mehr los, obwohl dieser ihn mit aller Macht abzuschütteln versuchte. Als es dem Stier schließlich doch gelang, den Hund abzuwerfen, sprang Bailey sofort wieder hoch und biß sich diesmal in der Schnauze des mächtigen Tieres fest. Der Stier schüttelte sein Haupt mit solcher Gewalt, daß Bailey quer duch den ganzen Stall flog. Und wieder kam der Hund bellend und knurrend heran, um den Stier anzugreifen – bis dieser sich schließlich umdrehte und davontrottete, so daß Jenkins rasch unter der Umzäunung hindurchschlüpfen und sich in Sicherheit bringen konnte.

Bailey kam sogleich herbeigelaufen und beschnupperte Jenkins, als wolle er sich vergewissern, wie schwer er verletzt sei. Jenkins hatte das Gefühl, nie wieder aufstehen zu können – die Schmerzen in Schulter, Rippen und Hüfte waren einfach unerträglich. Doch der Abend war nicht mehr fern, und die Temperatur würde bald unter null Grad sinken. Wenn er hier im Eis liegenblieb, würde er unweigerlich erfrieren.

Jenkins bemühte sich, ruhig zu überlegen, und wandte sich schließlich an Bailey. „Lauf los und hol Mami", stöhnte er.

So rasch er konnte, lief Bailey zum Haus zurück.

Währenddessen nahm Jenkins all seine Kraft zusammen und setzte sich auf; schließlich gelang es ihm sogar, sich hochzurappeln. Aber er konnte kaum atmen, und die Schmerzen im ganzen Körper waren so entsetzlich, daß er glaubte, keinen Schritt tun zu können.

„Deine Beine sind in Ordnung", sagte er sich. „Du schaffst es schon." Und er schleppte sich tatsächlich bis nach Hause.

Vor dem Haus sah er Bailey, der verzweifelt versuchte, die Aufmerksamkeit von Jenkins Frau Iris Ann auf sich zu ziehen. Mit lautem Gejaul und Gekläff kratzte er mit den Pfoten an der Haustür. Obwohl der Hund für gewöhnlich nicht ins Haus gelassen wurde, schien er doch zu wissen, daß Jenkins Verletzung Grund genug war, um eine Ausnahme zu machen. Jenkins öffnete schließlich die Haustür und wankte in die Küche. Als seine Frau ihn sah, eilte sie rasch herbei, um ihn zu stützen, bevor er zusammenbrach.

„Ich brauche einen Arzt", stieß er mühsam hervor.

Iris Ann rief einen Krankenwagen, während Jenkins sich auf einem Stuhl niederließ; er legte sich absichtlich nicht auf das Sofa, weil er befürchtete, vielleicht nicht wieder aufstehen zu können. Bailey preßte sich fest an Jenkins Bein und rührte sich nicht von der Stelle, bis Iris Ann ihn schließlich anwies, das Haus zu verlassen. Doch der Hund betrachtete seine Mission offensichtlich noch immer nicht als beendet, denn er setzte sich vor das Haus und starrte in Erwartung des Krankenwagens auf die Straße hinaus. Als die Sanitäter endlich eintrafen, rannte er bellend und winselnd im Kreis herum, wie um den Männern zu sagen, daß sie sich beeilen sollten. Er trieb sie förmlich ins Haus hinein.

Jenkins mußte elf Tage im Krankenhaus bleiben. Er hatte mehrere gebrochene Rippen sowie ein gebrochenes Schulterblatt; darüber hinaus war die Lunge durchbohrt worden, und auch seine Hüfte war arg in Mitleidenschaft gezogen. Doch zum Glück war die Narbe von seiner Bypassoperation nicht aufgebrochen. Die Ärzte meinten, daß diese Operation ihm vielleicht das Leben gerettet hätte – denn ohne sie wäre der Schock über diesen Vorfall mit dem Stier möglicherweise tödlich gewesen.

Als Jenkins wieder nach Hause zurückkehren konnte, dankte er seinem Hund für das, was er getan hatte. Er war an sich kein sehr gefühlsbetonter Mensch, doch es war ihm ein Anliegen, Bailey zu zeigen, wie sehr er ihn schätzte; und er tat es, indem er ihm ein Festmahl mit Schinken und Keksen spendierte. Außerdem faßten Mr. und Mrs. Jenkins den Plan, eine spezielle Hundehütte mit Klimaanlage für ihn anzuschaffen. Sie waren sich einig, daß Bailey ganz genau so heldenhaft wie Lassie gewesen sei.

Bailey blieb von all dem ziemlich unbeeindruckt. Das einzige, was ihm wichtig zu sein schien, war die Tatsache, daß Jenkins wieder zu Hause war. Es genügte ihm vollauf, draußen im Schnee auf ihn zu warten. Und wenn Jenkins dann aus dem Haus kam, schloß Bailey sich ihm an, um ihm – wie immer – bei seiner täglichen Arbeit zu helfen.

Tiere als Tröster

Tiere scheinen ein Gespür dafür zu haben, wann ein Mensch Trost braucht. Ein Ehe- und Familienberater hat mir einmal anvertraut, daß er bei Familien, die einen Hund halten, immer darauf achtet, wo das Tier sich niederläßt; er meint nämlich, daß sich der Hund stets zu jenem Familienmitglied setzt, das am meisten unter der Situation zu leiden hat.

Die Familienberaterin Penny Silvius Gillett berichtete von ihrem Golden Retriever Francine, daß die Hündin ein derartiges Gespür für die Gefühle der Menschen an den Tag legte, daß sie sich selbst des öfteren als „Therapeutin" betätigt habe. Eines Tages stand Francine von ihrem Plätzchen unter dem Schreibtisch auf und trottete zu dem Patienten, einem äußerst schüchternen und wortkargen Mann, hinüber, um sich vor seinen Füßen niederzulassen. Ihre bloße Anwesenheit hatte auf den Mann eine derart entspannende Wirkung, daß er ungehemmt und frei zu sprechen begann, was den therapeutischen Prozeß natürlich sehr begünstigte. Ein andermal legte Francine die Vorderpfoten in den Schoß einer Frau, die verbittert und in sich gekehrt war – offensichtlich in dem Bestreben, von ihr ein Zeichen der Zuneigung zu erhalten. Und tatsächlich entspannten sich die harten Gesichtszüge der Frau, und sie lächelte. Penny Gillett ist davon überzeugt, daß das Mitgefühl ihrer Hündin auch in diesem Fall die Therapie und das gesamte Leben der Frau entscheidend beeinflußt hat.

Francine schien stets genau zu wissen, wann jemand trostbedürftig war und wie sie dem Betreffenden am besten helfen konnte. Wenn Patienten ängstlich, einsam oder verbittert waren, legte sie den Kopf in ihren Schoß und blickte mit ihren verständnisvollen braunen Augen zu ihnen auf. Sobald sie die Hilfsbedürftigkeit eines Menschen spürte, sah sie sich veranlaßt, dem Betreffenden ihr Mitgefühl zu zeigen.

Auch andere Tiere versuchen immer wieder, Menschen zu helfen, die sich in emotionalen Krisen befinden.

„Wir schaffen uns ganz bestimmt keinen Hund an", sagte Kermit Essex des öfteren zu seiner Frau Cheryl – doch für sie war das letzte Wort darüber noch längst nicht gesprochen. Als dann eines Tages eine Anzeige im Lokalblatt von Garden City, South Carolina, erschien, in der junge Hunde angeboten wurden, bestand Cheryl darauf, daß ihr Mann sie begleitete, um sich die Tiere wenigstens anzusehen.

Es waren fünf gesunde Hündchen, die da ins Zimmer gerannt kamen. Cheryl war sofort entzückt und beugte sich hinunter, um mit ihnen zu spielen.

„Aber wir sehen sie uns nur an, mehr nicht", erinnerte Kermit sie.

Da kam noch ein kleineres, ziemlich mageres Hündchen – wie seine Geschwister ein Schnauzer-West-Highland-Terrier-Mischling – hinterhergelaufen, das sich etwas schüchtern den anderen anschloß. Kermit hob die kleine Hündin hoch, und sie leckte ihm über das Gesicht.

„Den nehmen wir", sagte er. „Das wäre also erledigt – gehen wir."

Kermit und Cheryl nannten die Kleine nach einer Bar in New York Rosie O'Grady. Rosie wuchs rasch heran und war bald eine recht stattliche Hündin von etwa zwölf Kilogramm Körpergewicht. Ihre besondere Zuneigung galt Kermit, der stets gegen einen Hund im Haus gewesen war. Nachts im Bett war Rosie stets an seiner Seite – in seinen Arm gekuschelt. Kermit schlief in der Mitte, so daß Cheryl sich mit dem wenigen Platz begnügen mußte, der ihr auf der anderen Seite blieb.

Diese Schlafgewohnheiten änderten sich nur, wenn Kermit geschäftlich unterwegs war und über Nacht wegblieb. Jedesmal wenn er eine Reise antrat, trug er Rosie auf: „Paß gut auf Mama auf."

Und das nahm sie sich zu Herzen.

Doch in dem Ehebett wollte Rosie nicht schlafen, wenn Kermit fort war – und mochte Cheryl sie auch noch so sehr zu überreden versuchen. In solchen Nächten schlief Rosie immer auf dem Sofa, wo sie voller Sehnsucht auf Kermits Rückkehr wartete.

Während einer von Kermits Reisen schlug ihre Sehnsucht plötzlich in Bösartigkeit um. Sie bellte und knurrte und schnappte sogar nach Cheryl, die sich diesen Stimmungsumschwung nicht erklären konnte.

Eine Stunde später erhielt sie einen Telefonanruf, der die tragische Rechtfertigung für Rosies seltsames Verhalten zu sein schien. Man teilte ihr mit, daß ihr Mann bei einem Flugzeugabsturz ums Leben gekommen sei.

Cheryl ist der festen Überzeugung, daß Rosie dies bereits „wußte", bevor der Anruf kam.

Außer sich vor Schmerz ging Cheryl an diesem Abend zu Bett. Rosie, die nie zuvor das Bett mit ihr geteilt hatte, wenn Kermit unterwegs war, schien zu verstehen, daß Cheryl Hilfe benötigte. Sie verließ ihr bequemes Sofa und kam zu Cheryl ins Schlafzimmer, um sich zu ihr zu legen. Seit Kermits Tod schläft die Hündin Nacht für Nacht bei Cheryl, um ihr tröstend beizustehen.

Kermit hätte sich wohl nicht träumen lassen, daß Rosie seine Worte, sie solle „auf Mama aufpassen", so ernst nehmen würde.

Er war ein Mischling, unter dessen Ahnen sich deutsche Schäferhunde ebenso befanden wie Greyhounds sowie Labrador- und Golden Retriever. Nachdem er vor einem New Yorker Polizeirevier ausgesetzt worden war, nahm ihn eine Frau mit, die jedoch keinen Hund in ihrer Wohnung halten durfte. Um ihn vor dem sicheren Tod im Tierheim zu retten, übergab sie ihn jeweils für ein paar Tage an verschiedene Freunde.

Einer dieser vorübergehenden Aufenthaltsorte des Tieres war die Wohnung von Shirley Guy, einer Schauspielerin und Bühnenschriftstellerin, die an schweren Depressionen litt. Seit fünf Jahren hatte sie nicht mehr arbeiten können; sie saß nur noch zu Hause, grübelte und trauerte um ihre Mutter, die gleichzeitig ihre beste Freundin gewesen war, sowie um ihren Hund.

„Sie sollten sich wieder einen Hund zulegen", riet ihr ihre Therapeutin.

„Ich bin momentan einfach nicht in der Lage, für einen Hund zu sorgen", erwiderte Shirley, obwohl sie für den Mischling auf Anhieb große Zuneigung empfand, als er ihr für ein paar Tage zur Betreuung überlassen wurde.

Doch sie drängte ihre Gefühle für den Hund beiseite und gab ihn nach kurzer Zeit – wie vorgesehen – weiter. Doch als sich schließlich jemand fand, der dem Tier eine dauerhafte Bleibe als Wachhund in einem Laden für alkoholische Getränke bot, versetzte ihr das einen Stich.

„Er ist viel zu schade, um irgendwo als Wachhund zu enden", fand Guy. „Ich hole ihn mir zurück und behalte ihn. Ich werde mich um ihn kümmern."

Shirley nannte den Mischling Dylan – und zwar nach dem großen walisischen Dichter Dylan Thomas – und nahm ihn in ihrer Wohnung auf, wo sie gerade einen Cockerspaniel namens Frisky, der einer Freundin gehörte, für eine Nacht beherbergte. Als Shirley ihrem Dylan einen Hundekuchen gab, schnappte ihm Frisky den Leckerbissen weg. Gleich darauf begann er betrübt zu winseln, weil das Stück zu groß für ihn war. Dylan nahm den Hundekuchen wieder an sich und brach ihn entzwei, wobei er eine Hälfte zerbröckelte und die Krümel dem Cockerspaniel überließ.

Shirley staunte nicht schlecht über diese großzügige Geste ihres Hundes und war sich nun absolut sicher, daß sie recht getan hatte, ihn zu behalten.

Dylan erwies sich als äußerst sanftmütiger und aufmerksamer Begleiter. Mit der Zeit schien er es sich geradezu zur Aufgabe zu machen, Shirley zu trösten und ihr zu helfen, ihre Depression zu überwinden. Wenn sie ihm für irgendeine Mahlzeit zuwenig Futter vorbereitet hatte, schnappte er den leeren Napf mit den Zähnen und trug ihn zu ihr ins Wohnzimmer; dabei bot er ein so drolliges Bild, daß sie – zum ersten Mal seit Jahren – wieder lachen konnte. Auf ihren gemeinsamen Spaziergängen durch den Park war er immer für ein kleines Kunststück gut; nicht selten kam es vor, daß er mit größter Eleganz über eine Parkbank sprang, worauf er kurz stehenblieb und sich nach ihr umblickte – so als wollte er sehen, wie sie reagierte.

Shirley war sich sicher, daß Dylan den Wunsch hatte, sie glücklich zu sehen. An trüben Tagen, wenn ihr alles andere als fröhlich zumute war, zwang sie sich, seinetwegen zu lächeln. Sie wollte ihm zeigen, daß er in seinem Bemühen, sie aufzuheitern, erfolgreich war. Und nach einigen Monaten stellte sie fest, daß sie sich gar nicht mehr zwingen mußte zu lächeln – weil ihr ganz einfach immer öfter danach zumute war. Es dauerte nicht lange, bis sie mit all den neuen Freunden lachen konnte, die sie auf ihren Spaziergängen mit Dylan gewann.

Wenn Shirley sich einmal ängstlich oder unwohl fühlte, blieb dies ihrem Hund nicht verborgen, und er schmiegte sich schützend an ihre Beine, um sie zu beruhigen. Er brauchte sie nur mit seinen ausdrucksstarken Augen anzublicken, damit sie sich sicher und behütet fühlte.

„Dieser Hund strahlt eine solche Freundlichkeit aus", hörte sie immer wieder von anderen Spaziergängern.

Diese Freundlichkeit war es auch, die Shirley schließlich dazu ermutigte, einen Computerkurs zu besuchen und wieder mit dem Schreiben zu beginnen. Zwei Jahre, nachdem sie Dylan bei sich aufgenommen hatte, wurde eines ihrer Stücke im La Mama Experimental Theater Club in New York aufgeführt. Danach begann Shirley ein Buch zu schreiben und Schriftstellerkongresse zu besuchen.

„Wenn er bei mir ist, geht mir alles viel leichter von der Hand", erzählte sie ihren Freunden. „Was ich auch anpacke – ich habe immer das Gefühl, daß es gelingen wird."

Mit Dylan an ihrer Seite war es ihr schließlich gelungen, sich aus ihrer grübelnden, depressiven Lebenshaltung zu befreien.

Medusa, die Hündin des Tierarztes Mark Esser, hielt vielleicht schon aufgrund ihres etwas unheilverkündenden Namens, der an ein Schlangenhaupt denken läßt, die meisten Besucher auf Distanz – hauptverantwortlich für diese Reserviertheit war jedoch die Tatsache, daß sie als Dobermann einer Rasse angehörte, der nicht wenige Menschen mit einigem Respekt begegnen. So erging es auch vielen, die Esser in seinem Zuhause in Sewell, New Jersey, besuchten, wenn sie Medusa nur bellen hörten; wahrscheinlich dachten sie, die Hündin würde sich jeden Moment auf sie stürzen.

Als im Haus gegenüber ein neuer Nachbar einzog, trottete Medusa sogleich gutmütig zu ihm hinüber, um ihn zu begrüßen. Sie wedelte mit ihrem Stummelschwanz und blickte den Mann erwartungsvoll an, damit er ihren Gruß erwidere.

„Sie hat den bösen Blick!" rief der Nachbar voller Mißtrauen. „Beißt sie auch?"

Esser erklärte dem Mann, daß Medusa lediglich gehofft hatte, er möge mit ihr spielen, so wie sie mit den Kindern in der Nachbarschaft spielte. Jedesmal wenn sie draußen Kinder erblickte, lief sie sofort los, um sich von ihnen streicheln zu lassen und ihre Aufmerksamkeit zu genießen.

Medusa war ein derart sanftmütiger Hund, daß Esser sie gelegentlich zu Menschen schickte, die sich in einer emotionalen Krise befanden und deshalb Trost brauchten.

Unter diesen Menschen war auch eine seiner Klientinnen, eine Frau, die zutiefst verzweifelt war, nachdem ihr eigener Hund an Knochenkrebs gestorben war. Noch Wochen nach seinem Tod trug sie seine Asche mit sich, wenn sie nach draußen zum Briefkasten ging, damit er sie „begleiten" konnte, wie er das so viele Jahre getan hatte. Sie weigerte sich, einen anderen Hund bei sich aufzunehmen, um ihren Schmerz zu lindern. „Er könnte ja ebenfalls sterben", beharrte sie gegenüber Esser. Sie glaubte, einen solchen Schmerz nicht noch einmal ertragen zu können.

Die Frau brauchte psychologische Betreuung – doch da Esser selbst kein Psychologe war, fühlte er sich außerstande, ihr zu helfen. Doch er kam zu dem Schluß, daß Medusa dazu in der Lage war. Mit ihrem natürlichen Einfühlungsvermögen würde er der Frau vielleicht helfen können, ihren Kummer zu überwinden.

„Möchten Sie, daß Medusa Sie gelegentlich besucht?" fragte Esser die Frau.

„Na schön", stimmte sie etwas zögernd zu.

Medusa ging sogleich auf die Frau zu, als wäre sie bei ihr zu Hause. Sie schmiegte sich an die Frau, worauf diese das Gesicht in ihrem weichen Fell barg und sich erst einmal ausweinte. Die Hündin spürte irgendwie, daß sie der Frau Trost spenden konnte, und stand still da, damit die Frau ihren Tränen freien Lauf lassen konnte. Dann stupste sie die Hand der Frau an, wie um ihr zu sagen, daß sie gestreichelt werden wollte.

In den nächsten Monaten besuchte Medusa die Frau ziemlich regelmäßig. Und ihre „Therapie" hatte tatsächlich Erfolg.

„Medusa hat mir über eine sehr schwere Zeit hinweggeholfen", berichtete die Frau dem Tierarzt. Daß sie von dieser Zeit in der Vergangenheitsform sprach, zeigte an, daß sie von ihrem Schmerz geheilt war.

Medusa besuchte auch einen Mann, der an unheilbarem Lungenkrebs litt, während dessen letztem Lebensmonat. Sie wich nicht mehr von seiner Seite – außer um zu fressen oder etwas frische Luft zu schnappen. Als er bereits zu schwach war, um noch von seinem Stuhl aufzustehen, legte Medusa oft stundenlang den Kopf in seinen Schoß. Als er schließlich ins Krankenhaus mußte, blieb Medusa im Haus, um seine Frau zu trösten. Wenn diese von einem Besuch bei ihrem Mann heimkam, wartete die Hündin auf sie, um ihr das Gefühl zu geben, daß sie in ihrem Schmerz nicht allein war.

Wo immer jemand Trost und Zuwendung brauchte, war Medusa, der „scharfe" Dobermann, zur Stelle, um zu helfen.

Auch Katzen können sehr mitfühlend sein, wenn jemand sich in einer emotionalen Krise befindet. Auf ihre eigene Art können sie ebensoviel Trost und Zuwendung geben wie Hunde.

Sambal, eine Siamkatze in New York, die nach einem indonesischen Gewürz benannt wurde, zeigte die Fähigkeit, Streit zu schlichten. Als nämlich Janice Hopkins Tanne und ihr Ehemann eines Tages heftig aneinandergerieten, setzte sich Sambal zwischen die beiden, miaute lautstark und zwang sie auf diese Weise, ihr Aufmerksamkeit zu schenken, bis sie sich wieder beruhigt hatten.

Zahlreiche Leserbriefe an die Zeitschrift *Cat Fancy* belegen, daß Katzen immer wieder Menschen trösten, die an schwerem Kummer leiden.

Die Siamkatze Felipe sprang eines Tages einer Frau in den Schoß, die vor Sorge über die bevorstehende Rückenoperation ihres Mannes in Tränen aufgelöst war. Die Katze blickte die Frau besorgt an, leckte ihr über die Wangen und strich ihr mit der Pfote über das Gesicht, wie um sie zu streicheln. Das Mitgefühl des Tieres linderte die Sorge der Frau.

Peaches kümmerte sich regelmäßig um ihre zweibeinige Begleiterin, die an Alpträumen litt. Oft verließ die Katze ihren Schlafplatz am Fußende des Bettes, um der Frau mit der Pfote über das Gesicht zu streicheln und zu schnurren, bis sie aus ihrem Alptraum erwachte. Wenn sie der Frau auf diese Weise geholfen hatte, pflegte sie wieder zu ihrem Schlafplatz am Fußende des Bettes zurückzutrotten.

Porkchop, ein stattlicher Tabby-Kater, trieb sich regelmäßig in der Nähe eines Instituts für Rechtswissenschaft herum, wo er nervösen Studenten beistand. Einmal nahm er sich einer jungen Frau an, die angesichts der entscheidenden Prüfung, die ihr in wenigen Tagen bevorstand, besonders aufgeregt war. Als die Studentin packte, um zu dem Hotel aufzubrechen, wo sie während der Prüfung wohnen würde, schloß sich Porkchop ihr an. Die Frau wollte eigentlich sofort losfahren, um noch einmal im Hotel den Prüfungsstoff durchzugehen, doch Porkchop schien nicht von ihrer Seite weichen zu wollen. Und so setzte sie sich mit der Katze auf eine Wiese und erzählte ihr von ihrer Einsamkeit und ihren Ängsten. Porkchops Aufmerksamkeit gab der Frau das Gefühl, daß der Kater sie verstand. Ein paar Tage später bestand sie ihre Prüfung.

Georgene und Jim Lockwood aus Prescott, Arizona, sind überzeugt, daß sie beide in der Zeit vor ihrer Ehe Katzen besaßen, die im Fall von emotionalen Krisen stets bereit waren, Trost zu spenden.

Georgene hatte damals einen orangegetigerten Kater namens Duffy, den der Tierarzt nur „das Ekel" nannte. Wenn er behandelt wurde, waren mehrere Personen nötig, um ihn festzuhalten – doch bei Georgene war er die Sanftmut selbst.

Als sie schwanger war, saß Duffy stets an ihrer Seite, um sie aufzumuntern, und half ihr so über die ständige Übelkeit hinweg, die sie regelmäßig morgens, mittags und abends befiel. Sie fühlte sich körperlich und seelisch erschöpft und mußte sich alle Augenblicke übergeben. Doch auch in diesen Augenblicken wich Duffy nicht von ihrer Seite.

Oft lag sie erschöpft und entmutigt den ganzen Tag im Bett, wobei der Kater sich unter ihr Kinn kuschelte und ihr beistand. Während der neun Monate des Leidens beschützte und umsorgte er sie, bis schließlich die Wehen einsetzten. Der Kater spürte, daß die Schmerzen, von denen die Frau nun heimgesucht wurde, etwas anderes waren als das ständige Unwohlsein davor – und er hielt von nun an einen gewissen Abstand zu ihr ein, ohne jedoch ihr Bett zu verlassen.

Nachdem sie in die Klinik gebracht worden war, saß er Tag für Tag auf dem Fensterbrett in der Küche, um auf ihre Rückkehr zu warten. Er weigerte sich, Futter zu sich zu nehmen, bis sie endlich mit dem Baby nach Hause kam.

Auch Jims sechzehn Jahre alte Tabby-Katze Watney galt als sehr unverträgliches Tier. Alle, die sie kannten, hielten sie für eigenwillig, reizbar und überaus schrullig. Als Jim eines Tages ein anderes Kätzchen nach Hause brachte, tat Watney ihr Mißfallen dadurch kund, daß sie auf den Herd urinierte.

Watney war in allem der Inbegriff der einzelgängerischen, unnahbaren Katze, bis Jims erste Frau Ruth an Dickdarmkrebs erkrankte. Nach einer Operation teilten ihr die Ärzte mit, daß sie nichts mehr für sie tun könnten. Sie verließ das Krankenhaus, um zu Hause zu sterben. Watney spürte instinktiv, daß sie Trost brauchte. Die Katze kletterte in ihren Schoß und schmiegte sich dann an ihre Schulter und ihren Kopf. Sobald Ruth verzweifelt oder verzagt wurde, miaute Watney ihr zu und schnurrte ihr ins Ohr, um sie zu beruhigen.

Wochenlang hielt Watney an Ruths Kopfkissen Wache. Während sie ihren Mann Jim oder gelegentliche Besucher kaum noch wahrzunehmen schien, lächelte sie der Katze immer wieder zu und streckte die Hand aus, um sie zu streicheln, was Watney mit einem aufmunternden Miauen quittierte. Sobald Ruth sich unruhig in ihrem Bett zu winden begann, schnurrte die Katze ihr besänftigend ins Ohr, bis sich die Frau wieder beruhigte.

Als Ruth schließlich starb, war Watney zwar nicht dabei – doch sie schien zu spüren, daß die Frau fort war. Tagelang weigerte sie sich, Ruths Zimmer zu betreten. Ihre Aufgabe, die Sterbende zu trösten und zu begleiten, war erfüllt – und sie wurde wieder zu der mißmutigen, eigenwilligen Katze, als die man sie kannte.

Wenn Tiere Menschen vor dem Ertrinken retten

Annette McDonald nahm Norman, einen Labrador-Retriever-Welpen, gerade noch rechtzeitig bei sich auf, bevor er in einem Tierheim in Seaside, Oregon, eingeschläfert werden sollte. Der Hund schien durchaus gesund zu sein, doch im Alter von neun Monaten begann er plötzlich, Entfernungen falsch einzuschätzen, so daß er andauernd gegen Türen und Möbel stieß. Ein Tierarzt stellte eine unheilbare Erbkrankheit fest, die die Netzhaut betraf, so daß Norman sein ganzes Leben lang blind sein würde.

Wenn Annettes Freundinnen sahen, wie der arme Kerl gegen alle möglichen Hindernisse stieß, gaben sie ihr immer wieder den gleichen Rat: „Laß ihn doch einschläfern. Was hast du denn von einem solchen Hund?"

„Nie würde ich ihn einschläfern lassen", erwiderte sie. „Norman gehört ganz einfach zur Familie."

Norman sollte noch Gelegenheit bekommen, zu zeigen, daß er trotz seiner Behinderung äußerst beherzt und mutig war. Während andere blinde Hunde bisweilen so ängstlich und niedergeschlagen werden, daß sie kaum einen Schritt allein wagen, schien Norman sein Schicksal zu akzeptieren und lebte bei seiner Familie, als wäre nichts geschehen. Besonders wohl fühlte er sich am Strand, wo er die salzige Meeresluft einatmen konnte. Es machte ihm Spaß, Stöckchen zu apportieren, die Annette für ihn warf. Dabei bediente er sich der Sinne, die ihm noch geblieben waren; er orientierte sich an der Duftspur, die Annette auf dem Holz hinterlassen hatte, sowie an dem Geräusch beim Aufprall des Gegenstandes im Sand.

Eines Nachmittags lag Norman wieder einmal am Strand. Währenddessen schwamm Lisa Nibley, ein junges Mädchen, mit ihrem Bruder ein Stück weit hinaus. Obwohl sie eine gute Schwimmerin war, wurde sie doch von der Strömung immer weiter hinausgetragen. Sie versuchte, dagegen anzukämpfen und ans Ufer zurückzukehren, was ihr aber nicht gelang.

Als sie schließlich um Hilfe rief, dachten die Leute am Strand, daß sie bloß mit ihrem Bruder spiele. Doch Norman hörte an dem Tonfall von Lisas Stimme, daß hier etwas nicht in Ordnung war. Er spürte, daß sie in Not war, und eilte sofort in ihre Richtung. Unerschrocken schwamm er hinaus, um zu ihr zu gelangen.

Annette verfolgte das Schauspiel staunend vom Ufer aus. Sie hatte nicht gewußt, daß ihr Hund schwimmen konnte. Währenddessen schwamm Norman immer weiter hinaus, wobei er sich an Lisas Stimme orientierte. Er kämpfte gegen die Wellen an, die ihm entgegenschlugen – bemüht, den Kopf über Wasser zu halten. Als er schließlich Lisa erreichte, hielt sie sich an seinem Fell fest, um über Wasser zu bleiben.

Doch Norman schien nicht recht zu wissen, was er nun tun sollte. Er schwamm mit Lisa im Kreis herum, und Annette erkannte, daß er herauszufinden versuchte, in welche Richtung er schwimmen sollte, um ans Ufer zu gelangen. Um ihm zu helfen, rief sie ihm zu: „Norman! Norman!"

Er orientierte sich an ihrer Stimme und zog Lisa langsam Richtung Ufer – bis sie plötzlich den Halt verlor und er ihr entglitt. Hilflos schlug sie mit den Armen um sich, um den Kopf, so gut es ging, über Wasser zu halten, während Norman sie durch die Witterung wiederzufinden versuchte, was ihm jedoch nicht gelang; der Geruch des Salzwassers überdeckte alles andere.

Erneut schwamm er orientierungslos im Kreis herum. Annette jedoch wußte, woran es lag, daß er das Mädchen nicht wiederfand.

„Er ist blind!" rief sie dem Mädchen zu. „Ruf seinen Namen! Er heißt Norman!"

„Norman!" rief Lisa in ihrer Not. „Norman!"

Der Hund schwamm zu ihr, so rasch er konnte, und zog sie schließlich mit größter Anstrengung ans Ufer.

Priscilla, ein drei Monate altes Schweinchen, lebte bei Victoria Herberta in Houston, Texas. Den ganzen Tag über lag das Tier im Hof herum und aalte sich in der Sonne, wobei es dem Scheppern der Getränkedosen lauschte, die – an einer Schnur aufgehängt – die Veranda zierten.

Mrs. Herberta spazierte oft durch die Nachbarschaft und führte ihr Schweinchen an einer violetten Leine mit sich. Wenn sie zurückkehrten, watete Priscilla in ihrem eigenen kleinen Becken herum, um sich abzukühlen, verspeiste schmackhafte Thunfischbrötchen mit Essiggurken und trank Fruchtsaft. Gelegentlich fuhr Mrs. Herberta mit dem Auto zum Brazos River, wo sie Priscilla zusammen mit den Hunden der Familie das Schwimmen beibringen wollte. Das Schwein schien davon nicht allzuviel zu halten und quiekte empört, wenn Mrs. Herberta sie ins Wasser hielt. Doch als die Frau das Schweinchen beim sechsten Ausflug ins Wasser hob und losließ, strampelte das Tier mit seinen kurzen Beinen munter dahin und schien das Ganze nun durchaus annehmbar zu finden.

An einem besonders heißen Nachmittag nahm Mrs. Herbertas Freundin Carol Burk das kleine Schwein mit, um zusammen mit ihrem elfjährigen geistig behinderten Sohn Anthony im Lake Somerville in Houston schwimmen zu gehen.

„Bleib nahe beim Ufer", schärfte die Frau ihrem Sohn ein. „Ich bin gleich wieder zurück."

Er watete im seichten Wasser dahin, während sie mit Priscilla noch ein letztes Mal etwas weiter hinausschwamm.

Anthony beobachtete seine Mutter und das kleine Schwein. Es gefiel ihm gar nicht, allein zurückbleiben zu müssen – und so watete er tiefer und tiefer in den See hinein, bis er schließlich den Boden unter den Füßen verlor. Als er keuchend und nach Luft ringend wieder an die Oberfläche kam, schrie er und winkte verzweifelt, bevor er neuerlich unterging. Doch Anthonys Mutter war zu weit von ihm entfernt, um ihm rasch genug zu Hilfe eilen zu können.

Priscilla jedoch war etwas näher bei dem Jungen und schwamm sogleich auf ihn zu.

„Halt dich an seiner Leine fest!" rief die erschrockene Frau ihrem Sohn zu. Als Anthony die Leine endlich erwischte, ging er zusammen mit dem Schweinchen unter. Mrs. Burk war fast sicher, daß beide verloren waren. Doch wenige Sekunden später tauchten Priscillas Ohren und Rüssel wieder auf, und Anthony klammerte sich an das Tier.

Priscilla mußte ihre ganze Kraft aufbieten, um Anthony ans Ufer zu schleppen. Mit ihren etwa 22 Kilogramm Körpergewicht schaffte sie es, den über 40 Kilo schweren Jungen rund 40 Meter weit zu ziehen, bis sie schließlich seichtes Wasser erreichten.

Als Mrs. Burke ihrer Freundin von Priscillas Tat erzählte, war diese gar nicht sonderlich überrascht. Es war nicht das erste Mal gewesen, daß ihr Schweinchen auf den Ruf eines Menschen reagiert hatte. Sobald Priscilla merkte, daß jemand in Not war, kam sie auch schon herbeigeeilt, um irgendwie zu helfen.

Immer wieder stößt man auf Berichte über Tiere, die Menschen vor dem Ertrinken retteten. Selbst Tiere, die eine Abneigung gegen das nasse Element haben, überwinden sich nicht selten, um zu helfen.

Tiere legen oft eine erstaunliche Geschicklichkeit an den Tag, wenn es darum geht, Menschen in Sicherheit zu bringen. Ein Hund schwamm einmal mit einem kleinen Jungen auf dem Rükken aus einem überfluteten Abzugskanal. Ein anderer Hund eilte einem jungen Mädchen zu Hilfe, zog dieses an seinem Halsband aus dem Treibsand heraus und schleppte es ans Ufer eines Teiches. Es wurde sogar von einem Hund berichtet, der eine Frau an den Haaren packte und sie so unter einem gekenterten Floß hervorzog; danach klammerte sie sich an seinen Schwanz, während er sie durch die Stromschnellen des Flusses ans Ufer zog.

Poudre, ein Golden Retriever, saß unterhalb eines Stausees am Cache La Poudre-Fluß in Colorado. Mit verschlafenem Blick beobachtete die Hündin, wie Dale Windsor seine Angel auswarf. Wenn es nach Poudre gegangen wäre, dann hätte sie sich in dem kühlen Naß vergnügt; doch das hatte Windsor ihr verboten, weil sie damit die Fische beim Laichen gestört hätte.

Für die Hündin war es undenkbar, daß sie gegen seinen Willen gehandelt hätte – wenngleich sie doch mit einiger Sehnsucht auf den Fluß hinausblickte. Und so konzentrierte sie sich wieder ganz darauf, Windsor zu bewachen und zu beschützen – eine Aufgabe, die sie mit besonders großer Sorgfalt ausübte, seit der Mann im Jahr zuvor am Rücken operiert worden war.

Nachdem er bereits zwei Fische gefangen hatte, biß ein dritter den Köder ab und suchte das Weite. Und so mußte Windsor etwa hundert Meter weit den steilen Hügel hinaufsteigen, um einen neuen Köder aus seinem Wagen zu holen. Der Boden war vom Regen aufgeweicht und glitschig, so daß der Mann mit großer Vorsicht zusammen mit seinem Hund den Hügel hochstieg.

Als er mit dem neuen Köder zum Fluß abzusteigen begann, rutschte er plötzlich aus, fiel auf seinen rechten Arm und stürzte kopfüber den Hügel hinunter. Dabei schlug er mehrmals mit dem Kopf gegen die Felsen, ehe er schließlich ohnmächtig – mit dem Gesicht nach unten – im Wasser zu liegen kam.

Poudre eilte sofort zu ihm, packte mit den Zähnen seine Jacke und rollte ihn auf den Rücken, damit er nicht ertrank. Danach zog sie ihn zu einer besonders seichten Stelle zwischen zwei Felsen, wo er in Sicherheit war. Als er wieder zu sich kam, sah er seine Hündin vor sich, die ihn fragend anblickte, so als warte sie auf seine Anweisungen.

Windsor war völlig benommen. Er hatte am ganzen Körper Schmerzen. Wo war er bloß? Und was war geschehen? Er stellte fest, daß er im Gesicht blutete. Außerdem spürte er, daß die Operationsnarbe am Rücken aufgebrochen war. Sein rechter Arm sowie das Handgelenk waren gebrochen. Er konnte sich nicht bewegen.

Doch dann kam ihm zu Bewußtsein, daß er hier nicht liegenbleiben durfte; jeden Moment konnten die Schleusentore des Staudamms geöffnet werden, so daß riesige Wassermassen über ihn hereinbrechen würden. Mit seinem gebrochenen Arm konnte er unmöglich schwimmen – doch andererseits war er zu schwer verletzt, um sich rechtzeitig in Sicherheit zu bringen. Er würde wohl untergehen und ertrinken – und wahrscheinlich würde man ihn nicht einmal finden.

In seiner Angst blickte er zu Poudre auf, die immer noch an seiner Seite stand. Es war gewiß zuviel verlangt, wenn er sie anwies, ihm zu helfen. Wie sollte sie ihn denn den ganzen Weg den Hügel hinaufschleppen? Dazu war sie ganz einfach nicht kräftig genug – auch wenn sie gewiß alles versucht hätte, um ihm zu helfen. Aber er war immerhin über einen Meter neunzig groß und wog etwa 50 Kilo mehr als die Hündin. Und doch war sie seine einzige Hoffnung, mit dem Leben davonzukommen.

„Komm, altes Mädchen", sagte Windsor. „Du mußt mich jetzt den Hügel hinaufziehen."

Poudre wußte bereits, was „ziehen" bedeutete; Windsor hatte einmal einen Schlitten gebaut und ihr ein Geschirr umgehängt, damit sie die Kinder aus der Nachbarschaft durch die Gegend ziehen konnte. Sie kam etwas näher heran, damit er sich mit der gesunden Hand an ihrem Halsband festhalten konnte, und zog ihn auf, so daß er zunächst einmal saß. Nachdem er ein paar Augenblicke ausgeruht hatte, begann die Hündin zu ziehen, wobei er versuchte, mit dem linken Ellbogen mitzuhelfen. Langsam und mit unendlicher Mühe gelang es ihr, ihn aus dem Wasser zu ziehen und ihn etwa drei Meter den Hügel hinaufzu-schleppen.

„Du mußt noch weiterziehen", redete er ihr zu.

Sie nahm all ihre Kraft zusammen und zog ihn ein, zwei Meter weiter. Aus ihrem Mund tropfte bereits Blut, was daher kam, daß er sich an ihrem Halsband festhielt und sein ganzes Gewicht auf ihrem Hals lastete. Auch wenn sie ihn zweifellos noch weiter ge-zogen hätte – sie konnten unmöglich so weitermachen, sonst würde die Hündin womöglich ums Leben kommen.

„Wir müssen das anders machen", stöhnte Windsor.

Er schnallte ihr seinen Gürtel um die Brust, um sie wie ein Pferd anzuschirren. Dann umklammerte er den Gürtel mit seiner gesunden Hand, und die Hündin nahm erneut all ihre Kraft zu-sammen, um ihn hochzuschleppen. Es dauerte eine ganze Stunde, bis das Tier – vorbei an Bäumen, Büschen und Felsen – mit ihm den Wagen erreichte, wo Windsor – völlig erschöpft und von Schmerzen gepeinigt – erneut das Bewußtsein verlor.

Als er die Augen wieder öffnete, saß Poudre an seiner Seite und blickte ihn erwartungsvoll an. Obwohl sie selbst am Ende ihrer Kräfte war und einige Schrammen abbekommen hatte, war sie immer noch bereit, ihm zu helfen. Doch es gab kaum noch etwas, das sie für ihn tun konnte. Auf einer derart abgelegenen Straße war es nicht allzu wahrscheinlich, daß jemand vorbeikommen würde, um ihm zu helfen. Windsor zwang sich, ruhig nachzuden-ken, was er als nächstes unternehmen sollte.

Zum Krankenhaus konnte er nicht fahren, denn dann würde er Poudre im Wagen zurücklassen müssen; an einem derart heißen Tag würde das arme Tier im Wagen regelrecht ersticken. Wenn er sie aber auf der Ladefläche seines Kleinlastwagens zurückließ, würde vielleicht jemand sie stehlen. Nein, er mußte sie erst nach

Hause bringen, ehe seine Frau Virginia ihn ins Krankenhaus fahren konnte.

Windsor nahm noch einmal all seine Kraft zusammen, um aufzustehen. Mit der linken Hand half er Poudre auf die Ladefläche, danach stieg er in das Fahrerhaus und setzte sich ans Lenkrad. Es gelang ihm schließlich, den Wagen zu starten, und er begann langsam die unebene Straße entlangzufahren. Nach einer halben Stunde wurde ihm erneut schwindlig, und er drohte wieder das Bewußtsein zu verlieren. Ihm wurde klar, daß er Poudre jetzt mehr denn je an seiner Seite brauchte – diesmal nicht, damit sie ihm körperliche Unterstützung bot, nein, nun benötigte er sie vor allem als moralische Stütze. Windsor kletterte mühsam aus dem Wagen und holte die Hündin ins Fahrerhaus, damit sie an seiner Seite saß. Um nicht noch einmal ohnmächtig zu werden, sprach er unentwegt zu ihr, und sie lauschte seinen Worten und wandte den Blick nicht von ihm. Ihre Anwesenheit half ihm, die folgenden 55 Meilen durchzuhalten.

Fünf Meilen vor seinem Zuhause fühlte sich Windsor erneut so geschwächt, daß er anhalten mußte und ein drittes Mal das Bewußtsein verlor. Als er wieder zu sich kam, leckte Poudre ihm über das Gesicht, um ihn aufzumuntern. Er fuhr erneut los, wobei er nur mit viel Mühe den Wagen auf der Straße halten konnte.

Endlich erreichte er sein Haus und alarmierte sogleich seine Frau mit der Hupe. „Ich bin ziemlich schwer verletzt", erklärte er ihr, wobei jedes Wort ihm Schmerzen verursachte. „Ich muß sofort ins Krankenhaus."

Poudre folgte Virginia ins Haus. Sie schien zu wissen, daß sie ihre Aufgabe erfüllt hatte. Virginia fuhr ihren Mann rasch ins Krankenhaus, wo man sofort Röntgenaufnahmen von seinen gebrochenen Rippen anfertigte, seine Kopfwunden versorgte und die aufgebrochene Wunde am Rücken nähte. Windsor wußte, daß er großes Glück gehabt hatte und daß es seine Hündin Poudre war, die ihm das Leben gerettet hatte.

Als er später vom Krankenhaus nach Hause telefonierte, hielt Virginia den Hörer an Poudres Ohr, damit er ihr sozusagen persönlich danken konnte. Als sie seine Stimme vernahm, winselte sie vor Freude. Um ihrem Mann eine Freude zu machen, nahm Virginia eines Tages den Hund zu ihm ins Krankenhaus mit. Als Poudre sah, wie bleich und geschwächt er war, winselte sie so herzzerreißend, daß selbst den Krankenschwestern auffiel, wie betrübt die Hündin war.

Hinkend lief sie im Zimmer auf und ab. Sie hatte sich sosehr überanstrengt, als sie Windsor den Hügel hochgeschleppt hatte, daß die Muskeln in ihren Hinterbeinen gerissen waren, wie der Tierarzt ihnen später mitteilte – eine Verletzung, die nicht mehr heilen würde.

Für den Rest ihres Lebens würde Poudre mit steifen Hinterbeinen zurechtkommen müssen und Schmerzen beim Laufen haben. Sie hatte nicht auf ihr eigenes Wohlergehen geachtet – ihre einzige Sorge galt dem Menschen, den sie liebte und den sie unter allen Umständen retten wollte. Zweimal täglich mußte sie schmerzstillende Mittel nehmen. Doch das alles konnte sie nicht daran hindern, Windsor weiterhin auf all seinen Wegen zu begleiten.

Streunende Hunde als Schutzengel

„Fahrt rasch zum Sinai-Krankenhaus. Sprecht mit den Ärzten von der Notaufnahme." Es waren Joe Dabliz und Timothy Bannon, zwei in Detroit tätige Streifenpolizisten, die diese Nachricht über Polizeifunk erhielten – und es schien recht dringend zu sein. „Eine Frau ist soeben dort eingetroffen. Sie hat anscheinend ein Kind zur Welt gebracht – aber das Kind ist nicht im Krankenhaus."

Dabliz hatte ein ziemlich flaues Gefühl im Magen. Sollte das etwa heißen, daß irgendeine Verrückte ein Kind geboren und es umgebracht hatte? Dabliz hatte selbst zwei Kinder, die er über alles liebte, und er konnte sich einfach nicht vorstellen, daß Eltern zu einer solchen Tat fähig wären. Aber Menschen waren eben leider manchmal zu unvorstellbaren Dingen fähig.

Dabliz rechnete damit, daß sie es auch diesmal mit so einem Fall zu tun hatten. Als er und Bannon im Krankenhaus ankamen, berichtete ihnen ein Arzt, daß ein Krankenwagen die Frau mit einer schweren Blutung eingeliefert habe. Nach gründlicher Untersuchung stellte sich heraus, daß sie etwa eine Stunde zuvor ein Kind zur Welt gebracht haben mußte.

„Sie streitet ab, daß sie jemals schwanger war", fügte der Arzt hinzu. „Und wir haben keine Ahnung, was mit dem Baby passiert ist."

Nun war es die Aufgabe von Dabliz und Bannon, das herauszufinden, und sie fuhren zur Wohnung der Frau. Es war ein nettes Häuschen in einer ruhigen Gegend. Sie stiegen aus dem Wagen und durchquerten einen hübschen kleinen Garten, ehe sie zur Haustür gelangten. Die Mutter der Frau öffnete die Tür.

„Hat Ihre Tochter gerade ein Kind zur Welt gebracht?" fragte Dabliz.

„Aber nein, wie kommen Sie darauf?" fragte die Frau völlig verblüfft. „Meine Tochter hat sich heute morgen nicht wohl gefühlt. Sie hatte eine plötzliche Blutung – im ganzen Haus hat sie Blutflecken hinterlassen –, aber sie hat kein Kind bekommen."

„Können wir kurz reinkommen und uns umsehen?"

„Aber sicher."

Dabliz und Bannon sahen die Blutflecken in der Toilette. Ein vollentwickeltes Neugeborenes konnte man ja unmöglich die Toilette hinterspülen. Die Spur der Blutflecken führte in die Küche und von dort aus dem Haus ins Freie.

Während Bannon sich im Obergeschoß umsah, folgte Dabliz der Blutspur hinaus in den Garten bis zum Zaun, wo sich eine kleine Blutlache gebildet hatte. Anscheinend hatte die Frau hier einen Moment innegehalten, ehe sie über den Zaun kletterte. Dabliz bückte sich und nahm die Blutstropfen etwas eingehender unter die Lupe. Es schauderte ihn bei dem Gedanken an das Unvorstellbare, das sich allem Anschein nach ereignet hatte.

Dabliz bereitete sich auf das Schlimmste vor; er erwartete, die Leiche des Babys in irgendeinem der Abfalleimer auf der Gasse zu entdecken. Oder vielleicht hatte sie das Neugeborene auch irgendwo vergraben. Doch was immer die Frau auch mit dem Kind getan haben mochte – es war in jedem Fall ein ganz abscheuliches Verbrechen.

Als er den Kopf hob und die Gasse hinunterblickte, sah er vor sich die sanften braunen Augen eines Hundes, genauer gesagt einer Hündin, die die spitze Schnauze eines Deutschen Schäferhundes hatte, jedoch etwas kleiner war und außerdem ein langhaariges Fell hatte. Das offensichtlich streunende Tier war so entsetzlich mager, daß man die einzelnen Rippen sehen konnte. Bestimmt trieb sich dieser Hund bereits seit längerer Zeit auf den Straßen herum und hatte schon lange nicht mehr so etwas wie Zuwendung oder Fürsorge erfahren.

Doch diese Hündin war nicht allein; sie schmiegte sich schützend an ein kleines Baby, dem sie zärtlich über die rosige Haut leckte. Allem Anschein nach handelte es sich um ein Neugeborenes, wenngleich der Hund dem Kleinen bereits das Blut von der Haut geleckt hatte. Das Kind, das ein Ärmchen schutzsuchend ausgestreckt hatte, hielt einen kleinen Zweig in der Hand.

„Oh Gott!" rief Dabliz tief berührt. „Tim! Tim! Komm schnell!"

Bannon kam rasch herbeigerannt.

„Sie hat das Baby weggeworfen!" Dabliz konnte kaum glauben, was er da sah. „Sie hat das Baby regelrecht weggeworfen!"

Während Bannon zum Wagen eilte, sprang Dabliz über den Zaun und nahm das Baby in den Arm. Die Haut des kleinen Jungen war noch feucht vom Speichel der streunenden Hündin. Wenngleich sie zu spüren schien, daß Dabliz dem Kleinen nicht schaden, sondern helfen wollte, verfolgte sie doch mit größter Wachsamkeit jede seiner Bewegungen, um sich – falls nötig – auf ihn zu stürzen.

Dabliz nahm seine kugelsichere Weste ab und wickelte den Kleinen darin ein, ehe er ihn unter seinem Hemd zu wärmen versuchte.

„Mach dir keine Sorgen", redete Dabliz dem Hund zu. „Dem Kleinen wird es gutgehen. Das hast du ganz großartig gemacht. Du warst eine wunderbare Mutter."

Die Hündin hob den Kopf und blickte ihn an – sie sah einfach zum Erbarmen aus. Sie gehörte vor einen warmen Kamin und nicht auf eine kalte schmutzige Gasse. Sie hätte es ganz gewiß verdient, einer netten Familie anzugehören, die sich um sie sorgte – anstatt hier draußen ganz auf sich allein gestellt zu sein.

Als Bannon mit dem Wagen vorfuhr und kurz vor der Hündin mit quietschenden Bremsen zum Stehen kam, sprang das Tier zur Seite, wie es das wohl schon gewohnt war, um auf der Straße zu überleben. Dabliz stieg mit dem Baby in den Wagen ein und blickte noch ein letztes Mal zu der Hündin zurück, während Bannon losfuhr. Sie wirkte ruhig und voller Würde, als sie dem Wagen nachblickte – wenn nur ihre traurigen Augen nicht gewesen wären.

Dabliz hatte Tränen in den Augen, als er dem Arzt den kleinen Jungen übergab. Die Ereignisse der letzten Stunden waren ihm doch ziemlich nahegegangen; ein ungewolltes Kind war von einem Hund gerettet worden, den ebenfalls niemand haben wollte. Dabliz war erleichtert, als man ihm sagte, daß der Kleine abgesehen von der Unterkühlung, die er erlitten hatte, wohlauf sei.

Ja, dem Kleinen ging es gut – nicht aber der Hündin, die weiterhin hungrig umherschweifen würde, um in Abfalleimern ihre kärgliche Nahrung zu suchen, und die kaum irgendwo ein warmes Plätzchen für die Nacht finden würde. Es tat Dabliz leid, daß er ihr das Baby hatte wegnehmen müssen. Er konnte nicht vergessen, wie traurig die Hündin dreingeblickt hatte. Vielleicht hatte sie das kleine Menschenkind als einen Freund betrachtet.

Natürlich, dachte Dabliz schließlich – es war ihm nichts anderes übriggeblieben; ein Hund konnte nun einmal kein Menschenkind aufziehen. Trotzdem empfand er ein ungeheures Mitgefühl mit dem einsamen, gutherzigen Tier.

Etwas später an diesem Tag fuhr Dabliz noch einmal zu jener Gasse zurück, um nach dem Hund zu suchen. Und er kehrte auch in den folgenden Wochen noch mehrmals an diesen Platz zurück – doch ohne Erfolg. Er war zutiefst betrübt.

Auch heute fragt er sich noch manchmal, was wohl aus diesem wundervollen Hund geworden ist, den vielleicht auch einst jemand aus dem Haus gejagt hat – so wie die junge Mutter ihr Neugeborenes auf der Straße zurückließ. Dabliz jedenfalls bedauerte beides zutiefst.

Streunende Hunde vollführen oft erstaunliche Taten, um Menschen zu retten. Manchmal scheinen sie geradezu magisch angezogen zu werden von Menschen, die sich in einer Notsituation befinden. Obwohl sie keinerlei Bindung zu irgendeinem Lebewesen haben, entwickeln sie oft großes Mitgefühl mit Menschen, die sie nie im Leben gesehen haben. Solche Tiere haben rein gar keinen Nutzen von ihren Taten – und doch zögern sie nicht, zu helfen.

Als der österreichische Bergführer Armin Liedl einmal vier deutsche Bergsteiger auf den Aconcagua, einen beinahe 7000 Meter hohen Berg in den Anden, führte, war allen Beteiligten bewußt, worauf sie sich einließen. Nicht wenige Bergsteiger waren bereits bei dem Versuch, diesen Berg zu bezwingen, ums Leben gekommen.

Die Männer kamen recht gut voran, als plötzlich wie aus dem Nichts ein Hund auftauchte – weit von jeder menschlichen Behausung entfernt. Er schloß sich ihnen an, um nach einer Weile wieder seiner eigenen Wege zu gehen; doch wenig später kehrte er zu ihnen zurück. Als Liedl ihn eines Morgens zitternd vor seinem Zelt im Schnee liegen sah, war ihm klar, daß dieser Hund wohl niemandem gehörte. Das Tier tat ihm leid – und so gab er ihm zu fressen.

Einige Tage später, als Liedl mit zwei Bergsteigern bereits an die 6000 Meter hochgeklettert war, begann der Hund plötzlich zu bellen und zu winseln, um ihre Aufmerksamkeit auf sich zu ziehen. Liedl hatte den Verdacht, daß irgend etwas nicht in Ordnung war, und ging zu dem Hund hinüber. Da sah er die beiden anderen Bergsteiger neben dem Tier liegen – offensichtlich litten die Männer an der Höhenkrankheit. Der Hund hatte sich, wie es schien, um ihr Wohlergehen gesorgt. Ohne die Warnung des Tieres hätte Liedl nicht gewußt, daß die beiden Hilfe brauchten.

Fast schien es, als wäre der Hund eigens dafür aufgetaucht, um die Bergsteiger zu warnen und das Leben der beiden Männer zu retten. Und nachdem er die Gruppe auf den Gipfel des Aconcagua begleitet hatte, verschwand der Hund genauso still und leise, wie er gekommen war.

Als Nils Haugejorden eines Nachts in Alberta, Kanada, durch den Schnee stapfte, rutschte er aus und verletzte sich dabei so schwer, daß er nicht mehr aufstehen konnte. Hilflos lag er in der eisigen Kälte, ohne Hoffnung, daß ihn vor dem nächsten Morgen jemand finden würde. Bis dahin, das war ihm bewußt, würde er höchstwahrscheinlich erfroren sein.

Da tauchte plötzlich ein streunender Hund auf und schmiegte sich an ihn. Er leckte Haugejordens Gesicht – offensichtlich um ihn aufzumuntern und ihn wach zu halten. Der Hund verließ ihn nur einmal für kurze Zeit, um die nahegelegene Siedlung aufzusuchen und zu versuchen, durch lautes Gebell irgend jemanden auf sich aufmerksam zu machen. Schließlich gelang es ihm, jemanden zu wecken und dazu zu bewegen, nachzusehen, was los war, so daß Haugejorden tatsächlich entdeckt wurde. Er wurde ins Krankenhaus eingeliefert, wo man schwere Erfrierungen feststellte. Als er das Krankenhaus wieder verlassen konnte, nahm er den Hund, der ihn gerettet hatte, zu sich und taufte ihn auf den Namen „Lonesome".

Als der Farmer William Foy aus Indiana in seinem Schuppen eine Ladevorrichtung baute, geriet eine schwere Metallplatte ins Rutschen, stürzte herab und begrub den Mann, der kaum noch in der Lage war zu atmen, unter sich. Sein Sohn Billy, der sich im Haus aufhielt, hatte nichts von dem Unglück bemerkt. Dafür hatte der Cockerspaniel der Familie etwas gehört.

Er sprang sogleich zum Fenster und begann so eindringlich zu winseln und zu bellen, daß sie ihn ins Freie ließen und ihm zum Schuppen folgten. Dort fanden sie den Mann eingeklemmt auf dem Boden liegen. Billy versuchte mehrmals vergeblich, seinen Vater zu befreien, bis es ihm schließlich mit Hilfe eines Wagenhebers gelang. Wenn der Cockerspaniel nicht gewesen wäre, hätte Foy wohl mehrere Stunden hilflos im Schuppen gelegen.

Besonders bemerkenswert ist dabei, daß die Familie den Hund erst drei Tage zuvor von der Straße aufgelesen hatte.

An einem kalten Nachmittag sah Josh Carlyle, ein zehnjähriger Junge mit Down-Syndrom, zwei streunende Hunde, die sich in der Nähe des Hauses in Missouri herumtrieben: einer von ihnen ein Dackel-Mischling und der andere ein Australischer Schäferhund-Mischling. Die beiden Tiere faszinierten den Jungen so sehr, daß er ihnen in den nahegelegenen dichten Wald folgte. Zu spät merkte er, daß er sich verirrt hatte und den Weg nach Hause nicht mehr fand.

Als Joshs Mutter aus dem Küchenfenster blickte, um ihn zum Essen zu rufen, war von dem Jungen weit und breit nichts zu sehen. Sie ging nach draußen und suchte die ganze Nachbarschaft nach ihm ab – doch ohne Erfolg. Zutiefst beunruhigt rief sie Sheriff Ralph Hendrix an, der auch sofort kam, um zu helfen. Allmählich wurde es dunkel und empfindlich kalt – und Hendrix wußte, daß die Lage nun ziemlich kritisch wurde.

Er parkte seinen himmelblauen Schulbus in der Nähe des Hauses der Familie Carlyle, um von dort aus die Suchaktion zu koordinieren. Innerhalb weniger Stunden hatten sich an die dreihundert Freiwillige eingefunden, die sich an der Suche beteiligten.

Von benachbarten Counties wurden Suchhunde bereitgestellt, so daß Hendrix die ganze Nacht hindurch Teams mit acht bis zehn Mann losschicken konnte, um die Gegend Meter für Meter zu durchkämmen.

Als Josh am folgenden Morgen noch immer nicht gefunden war, zwang sich Hendrix, seine Enttäuschung zu verbergen und die Suche unvermindert fortzusetzen – doch insgeheim hegte er die Befürchtung, daß der Junge tot sein könnte. Er schickte noch mehr Freiwillige los, die nicht nur die Wälder, sondern auch die Höhlen und felsigen Gebiete durchstreiften. Als die zweite Nacht hereinbrach, sank die Temperatur unter Null – doch die einzige Spur, die man bis dahin von dem Jungen entdeckt hatte, war ein Abdruck seines Stiefels. Hendrix befürchtete, daß der Junge bereits erfroren sein könnte.

„Seht euch weiter nördlich um", wies er eine Gruppe von berittenen Männern am nächsten Tag an. „Und kommt nicht vor dem Abend zurück – es sei denn, ihr findet ihn vorher."

Einer der Männer, Oscar Nell, ritt in den Wald hinein. Plötzlich weigerte sich das Pferd, einen Hügel hinaufzulaufen; statt dessen hielt das Tier auf eine Senke zu. Nell dachte sich, daß das Pferd vielleicht besser wußte als er selbst, wo der Junge zu suchen sei, und ließ dem Tier freien Lauf.

Nach einer Weile hörte Nell einen Hund bellen und spähte durch die Bäume hindurch, um herauszufinden, woher das Gebell gekommen war. Da sah er einen Australischen Schäferhund, der laut kläffend einen Hügel hinauf- und hinunterlief, ehe er schließlich keuchend stehenblieb. Ganz offensichtlich versuchte der Hund, Nells Aufmerksamkeit auf sich zu lenken.

Er folgte dem Hund tiefer in den Wald hinein und sah schließlich Josh auf dem Boden liegen; dicht bei ihm lag der Dackel.

„Josh! Josh!" rief Nell und sprang vom Pferd, um sich um den Jungen zu kümmern.

Der Schäferhund knurrte ihn so drohend an, daß Nell erst einmal innehielt. Der Hund hatte ihn zwar alarmiert, aber nun schien er ihn als Bedrohung zu empfinden. Nell redete in ruhigem, aber bestimmtem Ton auf das Tier ein. Immer noch schien der Hund ihm nicht ganz zu trauen, doch er ließ den Mann nun wenigstens an den Jungen heran.

Als Josh den Kopf hob, war Nell sehr erleichtert. Er lebte also noch. Nell half ihm, sich aufzusetzen und gegen einen Baum zu lehnen.

„Hast du Hunger?" fragte Nell.

Angst und Kälte machten es dem Jungen unmöglich, zu antworten.

Nell gab ihm ein Sandwich, doch mit seinen klappernden Zähnen war Josh unfähig, etwas zu sich zu nehmen. Sein Mund war blutig. Er war über und über mit Schmutz und Laubwerk bedeckt, doch sein Gesicht war sauber – offensichtlich hatte es ihm der Dackel mit der Zunge gereinigt.

Nell half dem Jungen, ein wenig Wasser zu trinken, ehe er ihn auf das Pferd setzte und sich hinter ihm in den Sattel schwang. Und während er mit dem Jungen zurückritt, liefen die beiden Hunde hinter ihnen her.

Nach einer Weile mußte Nell stehenbleiben, denn Josh hatte so starke Erfrierungen an den Zehen davongetragen, daß das Reiten ihm unerträgliche Schmerzen verursachte. Nell errichtete ein Lager und machte ein Feuer, an dem der Junge sich wärmen konnte.

„Ich hole Hilfe", versprach er ihm.

Als er fortritt, schmiegten sich die beiden Hunde wieder an den Jungen, um ihn zu schützen und zu wärmen, bis die Rettungsmannschaft schließlich mit dem Jeep eintraf, um Josh zu einem Helikopter zu bringen.

Vorsichtig legten sie den Jungen auf den Rücksitz und fuhren los, worauf die beiden Hunde ein lautes Gebell und Geheul anstimmten; offensichtlich waren sie gar nicht damit einverstanden, daß man ihren Schützling wegbrachte. Der Dackel lief sogar hinter dem Jeep her, bis er mit seinen kurzen Beinen nicht länger mithalten konnte.

Die beiden Hunde liefen zu Joshs Haus zurück, um nach ihm zu suchen. Einer der Freiwilligen der Suchaktion nahm den Dackel mit sich; währenddessen entdeckten Joshs Nachbarn den Schäferhund und legten Futter für ihn aus, um ihn anzulocken. Nachdem ein Tierarzt die beiden Hunde untersucht und festgestellt hatte, daß sie gesund waren, kamen Joshs Eltern überein, die beiden bei sich aufzunehmen.

Am selben Nachmittag, als die beiden Hunde der Familie übergeben werden sollten, wurde auch Josh aus dem Krankenhaus entlassen. Als Sheriff Hendrix die Tiere überbrachte, stürmten sie außer sich vor Freude auf den Jungen los; sie waren ebenso freudig überrascht über dieses Wiedersehen wie Josh selbst.

Der Dackel sprang sofort auf Joshs Rollstuhl, um dem Jungen über das Gesicht zu lecken. Der Schäferhund verhielt sich etwas zurückhaltender und begnügte sich damit, Josh von Kopf bis Fuß zu beschnuppern, um sicherzugehen, daß er in Ordnung war.

Die Zuneigung, die die beiden Hunde dem Jungen entgegenbrachten, rührte Hendrix zutiefst. „Der Himmel hat diese beiden Hunde geschickt, damit sie sich um Josh kümmern", sagte der Sheriff. „Daß er überlebt hat, ist ein Wunder."

Ein Wunder, das erst durch das fürsorgliche Verhalten der beiden streunenden Hunde möglich wurde.

David Bruce schob seinen zwei Jahre alten Sohn David jr. im Kinderwagen zur St. Bede's Kirche in Hayward, Kalifornien. Doch es war kein netter kleiner Spaziergang, den die beiden da unternahmen – nein, David ging zur Kirche, um dort ein Wohlfahrtsessen in Empfang zu nehmen. Ihm war erst kürzlich als Lagerarbeiter gekündigt worden, und bisher war er auf seiner Suche nach einer neuen Stelle noch nicht erfolgreich gewesen. Er fühlte sich zutiefst verunsichert und besorgt.

Als er zusammen mit seinem kleinen Sohn den Bürgersteig einer verkehrsreichen Straße entlangging, tauchte plötzlich ein Rottweiler-Mischling vor ihnen auf. Die Hündin sah wirklich bemitleidenswert aus; ihre Rippen traten deutlich unter dem schmutzigen braunen Fell hervor, das wohl monatelang nicht gereinigt worden war. Mit gesenktem Kopf stand sie vor ihnen, so daß Bruce erkannte, daß die Hündin sich genauso unsicher und elend fühlte wie er.

Als der kleine David den Hund sah, bat er seinen Vater, ihn aus dem Kinderwagen zu lassen, damit er das Tier streicheln konnte. Der Hund sah wirklich harmlos aus, so daß Bruce nichts dagegen einzuwenden hatte. Er hob den Jungen aus dem Wagen. Als er sich für einen Augenblick bückte, um sich das Schuhband zuzubinden, trat der kleine David plötzlich vom Randstein hinunter und lief auf die Straße hinaus. Zutiefst erschrocken eilte Bruce hinter ihm her.

Im nächsten Augenblick tauchte ein Wagen auf, der direkt auf den kleinen David zuraste; dieser war jedoch noch hinter einem parkenden Auto verborgen, so daß der Fahrer des heranbrausenden Wagens ihn nicht sehen konnte. Bruce erkannte entsetzt, daß er zu weit von seinem Sohn entfernt war, um ihn noch rechtzeitig erwischen zu können.

Der Mann schrie dem Jungen zu, stehenzubleiben, während er ihm nachlief, doch die Hündin war schneller bei dem Kleinen. Sie sprang auf ihn zu und schob ihn beiseite, bevor der Fahrer des Wagens den Hund und den Jungen sah und sofort bremste. Nur wenige Zentimeter vor der Stelle, an der der Junge kurz zuvor noch gestanden hatte, kam das Auto zum Stillstand.

Die Hündin stand schützend neben David und blickte Bruce mit traurigen Augen schwanzwedelnd an, um seine Aufmerksamkeit auf sich zu ziehen. Immer noch zitternd, hob er seinen Sohn hoch und setzte ihn wieder in den Kinderwagen. Dann bückte er sich hinunter, um den Hund zu streicheln und ihm so seine Dankbarkeit zu zeigen.

Die Hündin war offenbar so begierig nach ein wenig Zuwendung, daß sie nicht von Bruces Seite wich. Sie folgte ihm zur Kirche, wartete geduldig, bis die beiden wieder herauskamen, und ging dann mit ihnen nach Hause. Sie trottete neben den beiden her – offensichtlich von dem Bedürfnis nach etwas mehr Aufmerksamkeit getrieben. Bruce blieb kurz stehen, um sie hinter den Ohren zu kraulen. Er nannte sie Minnie.

Bruce hatte das Gefühl, daß er der Hündin etwas schuldete, nachdem sie seinen Sohn auf so selbstlose Weise gerettet hatte. Er konnte den Gedanken nicht ertragen, daß sie sich weiterhin hungernd und frierend auf den Straßen herumtreiben mußte. Gerne hätte er Minnie für immer bei sich aufgenommen – doch er wußte, daß das nicht möglich war. Er durfte in seiner Wohnung keine Haustiere halten, und der Vermieter würde für Minnie bestimmt keine Ausnahme machen.

Doch andererseits hatte Bruce auch keinen Job und somit auch kein Geld, um sich eine andere Wohnung zu suchen. Es blieb ihm nichts anderes übrig, als auf Minnie zu verzichten. Er hatte Gewissensbisse, als er beim Tierheim von Hayward anrief; nach einer Weile kam ein Angestellter des Heimes und nahm Minnie mit. Doch Bruce schwor sich, daß sie nur kurze Zeit dort würde verweilen müssen. Er war fest entschlossen, ihre früheren Besitzer zu finden, damit sie wieder ein Zuhause hatte.

Im Tierheim wurde Minnie gefüttert, gewaschen und gebürstet, damit sie einen etwas ansprechenderen Eindruck machte und sich ein neuer Besitzer für sie finden würde. Tag für Tag saß sie in ihrem Käfig und wedelte mit dem Schwanz, wenn sie die Familien sah, die kamen, um sich ein Tier auszusuchen. Doch niemand entschied sich für sie, da sie kein allzu schönes Tier war. Die Familien wollten einen hübschen Hund – und nicht einen „gewöhnlichen Straßenköter" wie Minnie.

Bruce war überzeugt, daß Minnie einst verlorengegangen war und daß ihre Familie sie schon lange suchte. Er konnte sich nicht vorstellen, daß ein solcher Prachtkerl von einem Hund ausgesetzt worden wäre. Bruce wußte, daß Minnie nicht ewig in dem Tierheim bleiben konnte. Er schrieb an jeden Tierarzt in der Umgebung – doch keiner schien die Hündin zu kennen.

Nur drei Wochen nachdem er sie im Tierheim abgegeben hatte, erfuhr Bruce, daß dort die Fußböden erneuert würden; dazu war es nötig, das ganze Haus zu leeren. Da aber nicht für alle Tiere eine vorübergehende Bleibe gefunden werden konnte, mußten einige der Bewohner des Tierheims eingeschläfert werden. Dazu gehörten wohl vor allem jene Tiere, die äußerlich nicht allzu ansprechend waren und somit die geringsten Chancen hatten, ein neues Zuhause zu finden. Minnie gehörte zu den Tieren, die keine großen Überlebenschancen hatten.

Bruce war zutiefst besorgt um die Hündin und gab die Suche nach ihren früheren Besitzern auf. Statt dessen verlegte er sich darauf, einfach ein gutes Zuhause für sie zu finden. Er hatte bereits wieder einen Job gefunden, so daß er bereit gewesen wäre, die Gebühr von 50 Dollar an das Tierheim zu bezahlen, wenn sich nur eine Familie bereitfand, Minnie zu sich zu nehmen. Doch allmählich wurde die Zeit knapp – und immer noch fand sich niemand, der sich für das Tier interessierte.

Minnie wußte nicht, welche Gefahr ihr drohte. Sie saß wie immer in ihrem Käfig, wedelte mit dem Schwanz und warf den Menschen, die vorbeikamen, sehnsuchtsvolle Blicke zu. Sie hatte zwar in den letzten Wochen wieder mehr gefressen und auch ein wenig zugenommen, doch ihr Rückgrat trat immer noch hervor, so daß man sie vielleicht nicht so gern streichelte wie einen hübschen wohlgenährten Hund. Und auch das Fell, das sie aufgrund der Unterernährung büschelweise verloren hatte, war noch nicht wieder nachgewachsen. Die Besucher des Tierheims betrachteten sie gleichgültig und gingen weiter.

Immer drohender wurde die Gefahr, daß man die Hündin einschläfern würde. In seiner Verzweiflung wandte sich Bruce an einige lokale Zeitungen und Fernsehstationen. Er berichtete über Minnies bedrohliche Situation und bat die Journalisten, jemanden für die Hündin zu finden, der ebenso gut zu ihr war, wie sie zu seinem Sohn gewesen war. Seine Bemühungen führten dazu, daß Minnies Geschichte veröffentlicht wurde.

Am nächsten Morgen – noch bevor das Tierheim geöffnet hatte – waren bereits 45 Nachrichten auf den Anrufbeantworter gesprochen – und zwar von Menschen, die Minnie unbedingt bei sich aufnehmen wollten. In den nächsten Tagen trafen noch über hundert weitere Anfragen ein. Die Angestellten des Tierheims gingen die Angebote durch und luden schließlich Annie Urbanos und ihren fünfjährigen Sohn Nicholas ein, um Minnie zu treffen. Die Hündin sprang sogleich voll Freude auf Nicholas los, so daß sie ihn beinahe umgeworfen hätte. Sie leckte ihm über das Gesicht und die Hände und schmiegte sich dann an die Frau, so als wären diese Menschen ihr weitaus wichtiger als Nahrung oder die Luft, die sie atmete.

„Wie kann ein Hund, der soviel durchgemacht hat, so liebevoll sein?" fragte Mrs. Urbanos einen der Mitarbeiter des Tierheims. „Sie ist einfach wundervoll. Wir möchten sie unbedingt bei uns haben."

Und so nahmen sie Minnie bei sich auf.

Als sie ihr neues Zuhause betrat, begann sie gleich die Teppiche zu beschnuppern, als könnte sie es kaum glauben, daß ihr Wunsch doch noch in Erfüllung gegangen war. Doch sie hatte offensichtlich immer noch Angst, wieder auf die Straße geworfen zu werden. Von all der Aufregung und Sorge fielen ihr alle Haare am Schwanz aus, so daß ihre rosige Haut zum Vorschein kam. Aber die Liebe und Zuwendung, die sie in der neuen Familie erfuhr, ließen Minnie schließlich an Leib und Seele gesund werden, wie sie es verdient hatte.

Sie wurde sogar ein wenig rundlich und fand ihre Zuversicht und Sicherheit wieder. Und auch das Fell an ihrem Schwanz wuchs dicht und buschig nach. Die Selbstlosigkeit und Güte, mit der sie den kleinen David beschützt hatte, kam nun an sie zurück.

Dadurch, daß sie einem Menschen geholfen hatte, der ihr völlig fremd war, hatte sie letztlich ein neues Zuhause gefunden.

Rettung vor dem Feuer

Paula Howton aus Grand Rivers, Kentucky, hatte dieses Jahr einen Zwergspitz als Weihnachtsgeschenk für ihre Mutter ausersehen. Die Hündin erinnerte Paula an einen winzigen Fuchs; sie hatte helle Augen, eine spitze Schnauze, einen buschigen Schwanz und ein langhaariges rötliches Fell, das ein wenig an einen Mop erinnerte. Außerdem hatte sie kleine spitze Zähnchen, mit denen sie gelegentlich die Fußknöchel von Passanten bearbeitete. Als ausgewachsener Hund war sie nicht mehr als 15 Zentimeter hoch und wog nicht einmal ein Kilogramm. Paula taufte das Tier auf den indianischen Namen Shukota.

Als ihre Mutter Betty den kleinen Hund sah, wirkte sie nicht allzu begeistert. „Wieviel hat dieser Hund denn gekostet?" wollte sie wissen.

„Fünfhundert Dollar", antwortete Paula.

„Fünfhundert Dollar!" Betty konnte es kaum glauben. „Was hätte man dafür nicht alles bekommen können."

Immer wieder erinnerte Betty ihre Tochter daran, daß man das Geld für den kleinen Spitz bedeutend sinnvoller hätte verwenden können. Fünfhundert Dollar für einen Hund, der kaum größer war als eine Maus – das war in ihren Augen pure Verschwendung. Wann immer Paula nicht genug Geld hatte, um sich irgend etwas leisten zu können, erinnerte Betty sie daran, wie unvernünftig es von ihr gewesen war, den Hund anzuschaffen.

Und Shukota spürte, daß sie nicht allzu willkommen war, weshalb sie Betty so weit wie möglich aus dem Weg zu gehen versuchte. Sie versteckte sich zumeist unter Stühlen und reagierte gar nicht, wenn man sie rief. Sie sah durch Betty hindurch, als wäre sie gar nicht vorhanden.

Schließlich mußte Paula einsehen, daß dieses Geschenk ein Mißerfolg war, und nahm Shukota bei sich auf. Bald schon entwickelte Paula große Sympathie für das kleine Tier, das seinerseits die Rolle des Beschützers übernahm. Wann immer jemand Paula zu nahe kam, richtete sich Shukota zu ihrer vollen Größe auf und machte ein ziemlich grimmiges Gesicht; auch vor einem Angriff auf die Fußknöchel des Betreffenden schreckte sie nicht zurück.

Einige Jahre später unternahmen Betty und Paula einmal zusammen mit Paulas Neffen Charlie und ihrer Tante Cookie eine Reise mit dem Wohnmobil nach Mexiko, wo sie Decken für ein Importgeschäft einkaufen wollten, das die Familie zu gründen beabsichtigte. Shukota, die Betty mittlerweile nicht mehr so ablehnend gegenüberstand, war ebenso mit von der Partie wie Token, ein Spitz von ungefähr eineinhalb Kilo Körpergewicht.

Nachdem die Waren für das künftige Familienunternehmen eingekauft waren und Betty noch Munition für ihre Waffen – ihr großes Hobby – besorgt hatte, machten sie sich auf die Rückreise. Betty lenkte den Wagen, während Tante Cookie auf dem Beifahrersitz ein Nickerchen machte und Paula sowie Charlie zusammen mit den Hunden auf einem Bett ein Schläfchen hielten. Es war ein sonniger und milder Novembertag. Bald waren gelegentliche Schnarchlaute das einzige, was im Wohnmobil zu hören war.

Etwa 60 Meilen hinter der amerikanischen Grenze begann Shukota plötzlich aufgeregt zu kläffen. Paula wachte auf und versuchte sie zu beruhigen, damit die Hündin nicht auch noch Tante Cookie und Charlie weckte – doch ohne Erfolg. Shukota bellte so laut, wie ihre kleinen Lungen es zuließen. Bald schlug auch Tante Cookie die Augen auf.

„Was ist denn mit dem Hund los?" fragte Betty, für die Shukota immer noch „der Hund" war. „Was hast du denn mit ihm angestellt? Hast du dich etwa auf ihn gelegt?"

„Nein", erwiderte Paula.

Shukota war einfach nicht zu beruhigen. Es hatte fast den Anschein, als bemühte sie sich mit aller Macht, irgend etwas mitzuteilen. Doch mit einem Mal wurde sie still und schloß die Augen.

„Irgend etwas ist mit ihr nicht in Ordnung, Mama. Halt doch mal rasch an." Paula drückte die kleine Hündin fest an sich.

Währenddessen schienen Token und Charlie immer noch friedlich zu schlafen. Plötzlich sah Paula schwarzen Rauch unter dem Bett hervorquellen, und im nächsten Moment schoß eine Stichflamme empor. Schlagartig war Paula alles klar: Shukota hatte mit allen Mitteln versucht, die Familie zu warnen, daß ein Feuer im Wagen ausgebrochen war. Nun jedoch hatte der Rauch, den sie eingeatmet hatte, sie verstummen lassen.

„Halt an! Schnell!" rief Paula ihrer Mutter zu. „Der Wagen brennt! Halt an!"

Betty brachte den Wagen zum Stillstand und sprang ins Freie. Paula reichte ihrer Tante die beiden Hunde. „Schnell hinaus!" rief sie ihr zu. Dann zog sie ihren Neffen, der sich immer noch im Halbschlaf befand, aus dem Bett und zur Tür hinaus. „Lauf so schnell du kannst", wies sie ihn an.

Draußen versuchte Betty mittlerweile, Shukota durch Mund-zu-Mund-Beatmung wieder zum Leben zu erwecken, was nach einer Weile tatsächlich gelang. Währenddessen schnappte sich Paula noch rasch einige Kleidungsstücke und Decken und warf sie aus dem Wagen ins Freie.

Als sie noch einmal ins Wageninnere zurückkehren wollte, um noch mehr zu retten, hielt ihre Mutter sie zurück. „Nein, geh nicht", redete sie ihr zu. „Der Wagen wird gleich brennen."

Während Tante Cookie und Charlie zusammen mit den Hunden die Straße hinunterliefen, wichen Paula und ihre Mutter von dem Wohnmobil zurück – gerade noch rechtzeitig, denn nur wenig später ging der Benzintank in die Luft. Die Fenster barsten, und im nächsten Augenblick schlugen riesige Flammen aus dem Wagen empor. Dunkle Rauchschwaden stiegen hoch, und Bettys Munition explodierte, als wären es Feuerwerkskörper. Sie konnten nur zusehen, wie das Wohnmobil völlig ausbrannte.

Paula spürte die Hitze des Feuers in ihrem Gesicht, doch sie fühlte sich vor Angst wie zu Eis erstarrt. Wenn Shukota sie nicht gewarnt hätte, wären sie alle hilflos in dem Wohnmobil verbrannt. Es hätte nicht viel gefehlt, und sie wären in dieser Flammenhölle eingeschlossen gewesen. Statt dessen hatte sich Paula lediglich an den Händen leichte Verbrennungen zugezogen.

Bald waren Feuerwehr, Polizei und Krankenwagen zur Stelle. Die Sanitäter kümmerten sich um sie.

„Sie müssen ins Krankenhaus", sagte einer von ihnen. „Ihre Hände müssen verbunden werden."

Paula weigerte sich, ihren kleinen Spitz zurückzulassen. „Wenn sie mir schon das Leben gerettet hat, dann wird sie mich wohl auch ins Krankenhaus begleiten dürfen", beharrte sie.

Die Sanitäter hatten Verständnis und gestatteten Paula, die beiden Hunde mitzunehmen. Als der Krankenwagen losfuhr, blickte Paula noch einmal zurück. Bald waren die Überreste des Wohnmobils nur noch als kleiner dunkler Punkt am Straßenrand zu sehen.

In dem Feuer waren viertausend Dollar sowie Waren in ebenso hohem Wert verbrannt. Damit waren auch Paulas Hoffnungen zunichte gemacht, ein eigenes Geschäft zu eröffnen. Und dennoch konnte sie sich nicht beklagen: Ihre Familie hatte überlebt – und das verdankten sie ausschließlich Shukota. Paula konnte gar nicht sagen, wie dankbar sie der kleinen Hündin war.

„Findest du immer noch, daß sie die fünfhundert Dollar nicht wert ist?" fragte Paula später ihre Mutter.

„Und ob sie das wert ist", gab Betty zu. Es fiel ihr nicht schwer, ihren Irrtum einzugestehen.

Einige Monate später wurde einmal ein Fremder auf der Straße auf Shukota aufmerksam und begann, sie zu streicheln. „Dieser Hund würde mir gefallen. Würden Sie ihn mir verkaufen?"

„Shukota verkaufen?!" gab Betty zurück. „Diese Hündin hat uns das Leben gerettet. Ich würde sie nie im Leben verkaufen – nicht einmal für eine Million Dollar."

Immer wieder kommt es vor, daß Hunde und Katzen Menschen auf ein Feuer aufmerksam machen. Wenn der Brand in der Nacht ausbricht, tun die Tiere oft alles Erdenkliche, um ihre zweibeinigen Gefährten zu wecken, damit sie sich in Sicherheit bringen können.

Donald und Rose Sylvester aus Lowell, Massachusetts, wurden eines Nachts von ihrem Hund Blackie, einem Mischling, geweckt, der wie verrückt bellte, um ihnen mitzuteilen, daß ein leerstehendes Haus auf der anderen Straßenseite in Flammen stand. Nur wenige Wochen später, am Weihnachtsabend, geriet ihr eigenes Haus in Brand. Und wieder war es Blackie, der von Zimmer zu Zimmer eilte und Alarm schlug. Er stupste die Kinder mit der Schnauze an und zog sie an den Haaren, um sie zu wecken – gerade noch rechtzeitig, damit sich die zehn Familienmitglieder sowie die Gäste in Sicherheit bringen konnten.

In Paul Simons *Pet Heroes* wird von Samantha, einer schwarzen Birmakatze in Rancho Mirage, Kalifornien, berichtet, die eines Nachts auf das Bett von Francesca und Robert Goldbraith sprang und versuchte, die Decke herunterzuziehen, um die beiden zu wecken. Als sie endlich die Augen öffneten, stellten sie fest, daß das Schlafzimmer voller Rauch war, und riefen sofort die Feuerwehr. Dann alarmierten sie die anderen Mieter des Hauses. Das Feuer, das im Keller ausgebrochen war, breitete sich rasch im ganzen Haus aus. Samantha hatte mit ihrer Hartnäckigkeit 44 Menschen das Leben gerettet.

Eines Nachts im Sommer brach über New Bern, North Carolina, ein heftiges Gewitter aus, während Rosevelt und Linda Matthews tief und fest schliefen. Ein Blitz nach dem anderen zuckte über den Himmel, gefolgt von mächtigen Donnerschlägen.

Plötzlich wurde Linda von einem lauten Dröhnen geweckt. Erschrocken sprang sie aus dem Bett. „Hast du das gehört?" fragte sie ihren Mann. „Was war das bloß?"

„Vielleicht hat irgendwo der Blitz eingeschlagen." Immer noch im Halbschlaf erhob sich Rosevelt langsam und steckte den Fernsehapparat aus. Dann kehrte er ins Bett zurück, und die beiden versuchten wieder einzuschlafen. Doch nun war außer dem regelmäßigen Donnern auch noch das ferne Gebell eines Hundes irgendwo auf der Straße zu hören. Sie dachten zunächst, daß es Roc, ihr junger Rottweiler-Chesapeake Bay Retriever-Mischling war, der sich da bemerkbar machte. Roc war ein äußerst aufmerksamer Wachhund. Doch wenn er bellte, klang es für gewöhnlich etwas lauter.

„Meinst du, daß das Roc ist?" fragte Linda.

„Es scheint von weiter weg zu kommen", antwortete Rosevelt. „Wahrscheinlich ist es ein Hund aus der Nachbarschaft."

Das Bellen wurde etwas lauter.

„Das *ist* Roc. Bestimmt schleicht irgend jemand da draußen herum."

Rosevelt blickte aus dem Fenster in den Hof hinaus, wo Roc im Regen stand und zu ihm heraufsah. Irgend etwas schien ihn zu beunruhigen, denn er hörte nicht auf zu bellen – obwohl niemand da draußen zu sehen war.

„Da ist niemand", versicherte Rosevelt seiner Frau.

Doch sie war nicht recht überzeugt. Als Rosevelt ins Bett zurückkehrte, ging sie ans Fenster, um selbst nachzusehen. Roc lief wie wild von einem Ende des Hauses zum anderen, während sein Bellen immer drängender wurde.

„Mach dir keine Sorgen", sagte ihr Mann. „Er fürchtet sich bloß vor dem Donnern."

„Das glaube ich nicht. Roc hat schon mehr als ein Gewitter erlebt – und noch nie hatte er Angst, wenn es donnerte."

Er war auch noch nie so aufgeregt gewesen, ohne einen guten Grund dafür zu haben. Vielleicht hatte der Hund sich verletzt, vielleicht war er auch krank.

Rosevelt stand erneut auf und ging durch das ganze Haus, um nachzusehen, ob irgend etwas nicht in Ordnung war. Doch er konnte nichts Außergewöhnliches feststellen und ging wieder zu Bett. Roc wollte jedoch nicht aufhören zu bellen.

Allmählich begann der Regen ans Fenster zu trommeln – und Linda konnte einfach keine Ruhe finden. Sie drehte sich im Bett hin und her und nahm sich vor, gleich bei Sonnenaufgang hinauszugehen und nach Roc zu sehen. Sie wünschte, es wäre schon soweit.

Da klingelte es an der Tür. Linda und Rosevelt sprangen augenblicklich aus dem Bett. Vor dem Fenster sahen sie riesige Flammen emporschlagen.

Sie weckten ihre Söhne und riefen die Feuerwehr, ehe sie aus dem Haus eilten. Im Regen stehend, mußten sie mitansehen, wie ein Teil ihres brennenden Dachs einstürzte – genau an der Stelle, wo sie zuvor noch versucht hatten, zu schlafen.

Der Blitz hatte in das Dach eingeschlagen und dabei Stromkabel im Dachgeschoß getroffen, die leise und nahezu rauchlos zu brennen begannen. Das Feuer hatte sich durch keinerlei Knistern und Knacken bemerkbar gemacht, so daß Linda und Rosevelt keine Möglichkeit hatten, die Gefahr zu erkennen. Wären sie noch länger im Bett geblieben, so wäre die brennende Decke unweigerlich auf sie herabgestürzt und hätte sie augenblicklich getötet.

„Wer hat bloß an der Haustür geläutet, um uns zu warnen?" fragten sie sich noch stundenlang.

Am Morgen fanden sie die Antwort: Auf der Türklingel war ganz deutlich Rocs Pfotenabdruck zu erkennen.

Die Frage ist nun – warnen die Tiere ihre zweibeinigen Gefährten vor allem, damit sie selbst rechtzeitig ins Freie und in Sicherheit kommen? Handeln sie also aus Eigeninteresse oder doch eher aus Mitgefühl und Zuneigung?

Budweiser, ein ausgewachsener Bernhardinerhund, lag gerade im Garten, als sich im Haus von Mrs. B. M. Carter in John's Island, South Carolina, eine Explosion ereignete. Der Hund sprang augenblicklich hoch und lief ins Haus, um nach Mrs. Carter und ihren sechs Enkelkindern zu sehen. Budweiser packte das jüngste der Kinder – ein vierjähriges Mädchen – am Hemd und zog es nach draußen in den Garten des Nachbarhauses. Dann kehrte er in das brennende Haus zurück, um das fünfjährige Kind am Arm ins Freie zu führen.

Mittlerweile hatte Mrs. Carter bereits ihre übrigen vier Enkelkinder in Sicherheit gebracht. Doch Budweiser kehrte noch einmal in die Flammen zurück, um auch den Chihuahua von Mrs. Carter zu retten – doch das Feuer hatte sich bereits so stark ausgebreitet, daß er schließlich wieder umkehren mußte; nur wenige Minuten später stürzte das Dach in sich zusammen.

King, ein Deutscher Schäferhund-Mischling, schlief gerade, als im Hobbyraum von Mr. und Mrs. Howard Carlson in Granite Falls, Washington, ein Feuer ausbrach. Neben seinem Bett befand sich eine Glasschiebetür, die stets offen war, damit er ins Freie konnte, wann immer er wollte. Doch er verließ das Haus nicht, um vor dem Feuer zu flüchten. Statt dessen arbeitete er sich mit Zähnen und Krallen durch eine Sperrholztür, die in den Hobbyraum führte.

Mühsam wand King sich durch das Loch, das er in die Tür geschlagen hatte, wobei er sich eine klaffende Wunde am Rücken zuzog. Er stürmte mitten durch die Flammen zu dem Zimmer der Tochter, wobei er sich die Pfoten verbrannte, was ihn jedoch nicht davon abhielt, das Mädchen zu wecken. Danach eilte er zum Schlafzimmer der Eltern. Mr. Carlson litt an einer Lungenkrankheit, weshalb er nicht so rasch nach draußen eilen konnte wie seine Frau und seine Tochter. King beschloß deshalb, bei ihm zu bleiben. Während das Haus rund um die beiden allmählich niederbrannte, arbeiteten sie sich langsam Seite an Seite ins Freie.

In der Nacht vor Thanksgiving sah der Kater Sam der Hausfrau Mae Udovitch zu, wie sie einen Truthahn in das Backrohr schob. Danach ging die Frau zu Bett und schlief auch gleich ein. Um etwa zwei Uhr dreißig begann sich plötzlich Rauch im Haus auszubreiten. Sam sprang auf das Bett der Frau und riß an ihrem Haar, wobei er aufgeregt miaute. Als Mrs. Udovitch schließlich die Augen öffnete, sah sie den Rauch und eilte sofort zur Küche, wo gerade der Truthahn verbrannte.

Sie eilte zur Haustür, um Sam nach draußen in Sicherheit zu bringen, ließ die Tür aber offen, damit der Rauch abziehen konnte. Dann bemühte sie sich, das Feuer in der Küche mit Tüchern zu ersticken; als sie einen Blick hinter sich warf, sah sie, daß Sam wieder da war. Erst als Mrs. Udovitch die Flammen erstickt hatte, ging er wieder nach draußen. Die Frau war sich sicher, daß er sich erst vergewissern wollte, daß ihr nichts geschah, bevor er sie allein ließ.

Duke, ein Collie, saß neben Penny Grantz, einem zehnjährigen Mädchen, das im Hinterhof der Familie in Niles, Ohio, Papier verbrannte. Plötzlich wurde durch einen kräftigen Windstoß der Rock des Mädchens von den Flammen erfaßt. Penny lief schreiend auf das Haus zu, in dem sich ihr Vater befand. Doch Duke schien zu wissen, daß sie nicht genug Zeit hatte, um ins Haus zu gelangen.

Er stürmte auf sie zu, packte ihren brennenden Rock mit den Zähnen und riß ihn ihr herunter, wobei er sich böse Verbrennungen am Maul zuzog. Das Feuer hatte bereits auf die Bluse des Mädchens übergegriffen, als ihr Vater herausgeeilt kam und ihr auch die Bluse herunterriß. Penny mußte zur Behandlung ihrer Verbrennungen neun Wochen im Krankenhaus bleiben. Die Ärzte waren überzeugt, daß das Mädchen ohne Dukes Eingreifen keine Überlebenschance gehabt hätte. Und auch Duke brauchte einige Zeit, bis seine Brandwunden wieder völlig geheilt waren.

Ohne Rücksicht auf das eigene Wohl

Es war früh am Morgen, als Benji, der Hund des achtundachtzigjährigen Clarence Lea, diesem auf die geschlossene Veranda seines Hauses in Portland, Indiana, folgte. Clarence wollte Benji wie jeden Morgen hinauslassen, doch als er die Tür öffnen wollte, rutschte er auf dem Schnee aus, der durch den Spalt unter der Tür hereingeweht worden war. Er stürzte, schlug mit dem Kopf auf dem Fußboden auf und verlor das Bewußtsein.

Obwohl die Veranda geschlossen war, herrschte eine Temperatur von unter null Grad. Der Wind blies noch mehr Schnee unter der Tür herein. Clarence, der nur einen dünnen Sweater über dem Hemd trug, lag hilflos auf dem Boden. Immer wieder erlangte er für kurze Zeit das Bewußtsein, wurde aber jedesmal erneut ohnmächtig. Da er nicht mehr in der Lage war, sich aus eigener Kraft in Sicherheit zu bringen, lief er Gefahr, zu erfrieren. Allein Benji war bei ihm, um sich um ihn zu kümmern.

Um drei Uhr nachmittag hörte Clarences Sohn David, der im Haus gegenüber lebte, den Briefträger vorbeikommen und ging hinaus, um die Post zu holen. Um seinem Vater den Gang zum Briefkasten zu ersparen, nahm er dessen Post und ging zum Haus, um sie ihm zu bringen.

Als er durch das Fenster blickte, sah er seinen Vater halbtot auf dem Fußboden liegen; Haare und Kleidung des alten Mannes waren bereits steifgefroren. Er war zwar bei Bewußtsein, doch so stark unterkühlt, daß er sich nicht mehr bewegen konnte.

Da sah David den Hund seines Vaters, der zwischen ihm und der Türe lag und so den Spalt zudeckte, durch den der Schnee hereindrang – offensichtlich in der Hoffnung, den alten Mann vor Schnee und Kälte zu schützen. Der Hund war selbst schon so alt, daß er seine arthritischen Knochen kaum noch bewegen konnte; und dennoch hatte er zehn Stunden in der Eiseskälte vor der Tür gelegen, um Clarence vor dem Erfrieren zu bewahren.

Wenn Menschen in Gefahr geraten, kommt es immer wieder vor, daß Tiere selbst kein Risiko scheuen, um sie zu beschützen – und zwar auch dann, wenn dies mit unliebsamen bzw. schmerzhaften Konsequenzen verbunden ist. So wurde etwa die 20 Monate alte Cassandra Vance in Nashville, Illinois, einmal von einem Schwarm Wespen angegriffen. Die Alaskan-Malamute-Hündin Sheba warf sich schützend auf sie, so daß die kleine Cassandra mit nur einem Stich davonkam, während Sheba selbst 27 Stiche abbekam und nur knapp dem Tod entging.

Ursula Tait aus Alberta, Kanada, brach eines Morgens auf, um mit ihren beiden Berner Sennenhunden Balloo und Jessie und ihrer Freundin Nina Hofer eine Gebirgswanderung zu unternehmen. Am späten Nachmittag legten sie eine Rast ein, nachdem sie einen

relativ steilen Hang hochgestiegen waren. Da Ursula Kopfschmerzen hatte, beschlossen sie umzukehren. Als sie sich erhob
und die Hunde herbeirief, fiel sie plötzlich in Ohnmacht und
stürzte den Abhang hinunter. Immer schneller und schneller rollte
sie hinab, während Nina ihr hilflos und wie versteinert nachblickte; ihre Freundin stürzte direkt auf einen Baum zu – und nichts
würde mehr verhindern können, daß sie gegen den Baum prallte
und starb.

Einer der beiden Hunde, nämlich Balloo, begriff jedoch, in
welcher Gefahr das Mädchen schwebte. Er sprang auf und
stürmte hinter ihr her. Als er an ihr vorbeigelaufen war, wandte er
sich plötzlich um und stellte sich ihr in den Weg. Ursula prallte
mit voller Wucht gegen ihn, so daß er zurückgeschleudert wurde.
Doch er erreichte damit, daß das Mädchen tatsächlich wenige
Zentimeter vor dem Baum zum Stillstand kam.

Ursula Tait lag bewußtlos am Boden – aus mehreren Wunden
an den Beinen, am Rücken und am Kopf blutend. Balloo beugte
sich über sie und stupste sie sanft an, wobei er seine eigenen
Wunden, die gewiß schmerzhaft waren, gar nicht zu beachten
schien. Als Nina Hofer schließlich zu den beiden hinabgestiegen
war, hatte ihre Freundin das Bewußtsein schon wiedererlangt.
Doch sie hatte starke Rückenschmerzen – und vor allem spürte
sie ihre Beine nicht mehr. Die beiden Mädchen beschlossen zu
warten, bis eine Rettungsmannschaft eintraf.

Allmählich wurde es dunkel und empfindlich kalt; zu allem
Überfluß begann es auch noch zu regnen. Nina machte ein Feuer,
und wieder war es Balloo, der sich um Ursula kümmerte und sie
wärmte, indem er sich zusammen mit Jessie an das Mädchen
schmiegte. Sie verließen Ursula höchstens, um zu versuchen, mit
lautem Gebell auf sich aufmerksam zu machen, oder um das Geheul der Kojoten und Wölfe zu erwidern.

Als am nächsten Morgen die Sonne aufging, entdeckte die
Rettungsmannschaft, die von den Eltern der beiden Mädchen los-
geschickt worden war, das Feuer und forderte sofort einen Hub-
schrauber für die Verletzte an. Balloo und Jessie versuchten mit
ihrem aufgeregten Bellen die Rettungsmannschaft zu größerer
Eile anzutreiben. Die Ärzte im Krankenhaus stellten fest, daß Ursula zwei angebrochene Rückenwirbel hatte – eine Verletzung, die
mit der Zeit heilen würde. Und jedesmal wenn sie später Rücken-

schmerzen bekam, erinnerte sie sich daran, wieviel schlimmer es wohl gekommen wäre, wenn Balloo sich nicht zwischen sie und den Baum geworfen hätte.

Als hinter Brian McMullans Haus in Belfast eines Tages eine Autobombe explodierte, erlitt sein zwölf Jahre alter Terrier-Labrador-Retriever-Mischling Bruno einen schweren Schock. Die Explosion war so heftig, daß McMullan vom Garten bis in die Küche geschleudert wurde. Sein Hund Bruno zog sich durch Glassplitter Schnittwunden an den Pfoten zu und hatte seither große Angst vor Explosionen.

Bestimmt erinnerte er sich an den schrecklichen Vorfall, als jugendliche Rowdies tagelang Knallkörper über die Mauer in den Garten warfen. Jedesmal reagierte Bruno mit wütendem Gebell, ehe er davonlief und sich zutiefst erschrocken irgendwo verkroch.

Als die Jugendlichen wieder einmal Feuerwerkskörper warfen, war McMullan gerade im Garten mit Reparaturarbeiten an seinem Wagen beschäftigt. Anne-Marie, seine einjährige Tochter, war ebenfalls bei ihm. Einer der Feuerwerkskörper landete direkt neben dem Mädchen und zischte bedrohlich. Als Anne-Marie sich hinunterbeugte, um ihn aufzuheben, vergaß Bruno seine Furcht vor Explosionen. Er sprang auf das Mädchen zu und packte den Feuerwerkskörper mit den Zähnen. Dieser explodierte mit solcher Gewalt, daß Bruno auf den Rücken geworfen wurde. Zitternd lag er am Boden und streckte die Pfoten von sich. Ringsum waren Blutspritzer zu sehen. Sein Maul war eine einzige klaffende Wunde.

McMullan war sich sicher, daß Bruno tot war, als er zu ihm eilte – doch der Hund atmete noch, wenngleich seine Schmerzen schier unerträglich sein mußten. McMullan hob ihn hoch und brachte ihn zum Tierarzt. Die Folgen der Verletzung würden wohl sein ganzes Leben lang deutlich sichtbar bleiben – doch Bruno kam mit dem Leben davon. Und die kleine Anne-Marie hatte er vor einem schlimmen Schicksal bewahrt.

Das Eingreifen von Tieren zum Schutz eines Menschen geht oft so weit, daß sie aktiv auf die drohende Gefahr zugehen und – so wie Bruno – einen hohen Preis dafür bezahlen müssen.

Als die neunundsiebzigjährige Lillian Woodside einmal im Vorgarten ihres Hauses in Buffalo, New York, Laub mit dem Rechen zusammenkehrte, kam plötzlich der 40 Kilo schwere Akita des Nachbarn auf sie zu und biß sie. Die Frau versuchte verzweifelt, sich zu wehren, doch der Hund ließ nicht von ihr ab, bis Oliver, ein kleiner Yorkshire-Terrier aus der Nachbarschaft, auf die verzweifelte Lage der Frau aufmerksam wurde und herbeigeeilt kam, um ihr zu helfen. Als Oliver den Akita angriff, brachte dieser dem kleinen Terrier tiefe Bißwunden bei. Doch Oliver gab nicht nach und verteidigte die Frau so lange, bis schließlich zwei Nachbarn zu Hilfe eilten, den Angreifer stoppten und die Frau ins Krankenhaus brachten. Olivers Bißwunden mußten mit neun Stichen genäht werden. Er hatte sein Leben aufs Spiel gesetzt, um einer Frau zu helfen, die er kaum kannte.

An einem Ostermorgen in Scranton, Iowa, öffnete der Landarbeiter Richard Meiner den Stall mit jenen Schweinen, die bald werfen würden bzw. schon geworfen hatten, damit sich die Tiere ein wenig Bewegung verschaffen konnten. Begleitet wurde er von Buddy, einem fünf Monate alten Basset, der Meiners Chef gehörte. Das Hündchen war ebenso erschrocken wie Meiner selbst, als dieser beim Eintreten mit der Tür gegen ein 240 Kilo schweres Mutterschwein stieß, das sich irgendwie aus seinem Pferch befreit hatte. Das Tier hatte erst kürzlich geworfen und hatte deshalb nur ein Interesse – seine Ferkel zu schützen; und dazu war es seiner Ansicht nach nötig, Meiner aus dem Stall zu vertreiben. Das Schwein stieß ein wütendes Schnauben aus und senkte den Kopf, ehe es auf Meiner losging. Das Tier biß Meiner kräftig ins Knie, so daß der Mann vor Schmerz laut aufschrie – doch sein Chef war nicht in der Nähe, um ihm zu helfen. Da stürmte das kleine Hündchen bellend auf das massige Schwein los.

Das Mutterschwein stieß mit seinem Rüssel zu und warf den Hund in hohem Bogen gegen die Wand. Trotz seiner Schmerzen ging Buddy noch einmal auf das Schwein los, so daß Meiner genug Zeit hatte, um sich in Sicherheit zu bringen und seinen Chef zu alarmieren. Gemeinsam schafften sie es schließlich, das Schwein wieder in seinen Pferch zu treiben.

Dann brachten sie Buddy eiligst zum Tierarzt, der sich um das gebrochene Bein des kleinen Hundes kümmerte. Daß er sein ganzes Leben lang hinken würde, war der hohe Preis, den er dafür bezahlte, daß er Meiner vor dem wütenden Schwein so beherzt in Schutz genommen hatte.

Chelsea, ein Golden-Retriever-Weibchen, saß geduldig da, während sich Chris Dittmar eines Abends mit seinen Nachbarn Bill und Jeannie Ridlehuber vor deren Haus in Houston unterhielt. Plötzlich fuhren vier zwielichtige Kerle mit dem Wagen vor, stiegen aus und schlenderten auffällig vor den Häusern auf und ab.

„Wissen Sie zufällig, wie spät es ist?" wandte sich einer von ihnen an Dittmar.

Es lief ihm eiskalt über den Rücken, als die beiden jungen Männer sich wieder entfernten; Dittmar hatte eine böse Vorahnung, die ihm sagte, daß die Kerle mehr wollten, als bloß nach der Uhrzeit zu fragen, und so flüsterte er Jeannie zu, sie solle schnell ins Haus gehen und die Polizei rufen.

Sein Gefühl hatte ihn nicht getäuscht, denn wenige Augenblicke später kamen die vier Männer zurück – zwei von ihnen mit Pistolen bewaffnet, die sie Dittmar und Ridlehuber an die Schläfe setzten.

„Raus mit euch auf die Straße", stieß einer der Männer hervor.

Doch bevor sie einen Schritt tun konnten, war plötzlich Chelsea zur Stelle und stürmte knurrend auf die Kerle zu. Sie sprang einen der Bewaffneten an, um ihn an der Kehle zu packen. Der Mann schien solche Angst zu haben, daß er die Pistole auf den angreifenden Hund richtete und abdrückte. Chelsea wurde an der Schulter getroffen – doch sie gab nicht auf und griff erneut an.

Währenddessen liefen Dittmar und Ridlehuber um ihr Leben und verschanzten sich in der Garage. Die Männer schossen noch viermal auf den Hund, ehe sie in ihrem Wagen das Weite suchten. Chelsea hinkte die Straße entlang, doch es war niemand da, der sich um sie gekümmert hätte.

Nach einer Weile lud Dittmar seine Schrotflinte und suchte die Nachbarschaft nach dem Hund ab. Er hegte die Befürchtung, Chelsea irgendwo tot aufzufinden. Schließlich sah er sie abseits der Straße daliegen. „Chelsea!" rief er ihr zu – erleichtert darüber, daß sie noch am Leben war.

Chelsea humpelte auf ihn zu und legte den Kopf auf seine Knie. Blut tropfte ihr aus dem Fell. Doch zum Glück waren keine lebenswichtigen Organe getroffen worden, und sie erholte sich nach und nach von den Schußwunden, die sie für Menschen auf sich genommen hatte, die ihr nahestanden.

Als Lisa Funderburk ihre Tochter Lyndsey zur Welt brachte, befürchtete sie, daß ihr Dackel-Beagle-Mischling namens Klutz eifersüchtig sein könnte. Doch bald schon zeigte sich, daß ihre Sorge unbegründet war. Im Gegenteil, Klutz fühlte sich offensichtlich zu der kleinen Lyndsey noch mehr hingezogen als zu Lisa selbst – und das, obwohl er schon seit acht Jahren bei Lisa lebte.

Wenn Lyndsey in ihrem Bettchen weinte, lief Klutz sogleich zu Lisa und zerrte an ihrem Hosenbein, damit sie sich um ihr Töchterchen kümmerte. Wenn Lisa nicht sogleich aufstand, lief er so lange bellend im Kreis um sie herum, bis sie endlich reagierte. Klutz hatte stets ein wachsames Auge auf die Kleine; wenn Lyndsey zum Beispiel eine Treppe hochkriechen wollte, schnappte er sie am Hosenboden und brachte sie in Sicherheit. Er schien sich für das Wohlergehen der Kleinen verantwortlich zu fühlen.

Eines Tages kurz vor Weihnachten – Lyndsey war bereits drei Jahre alt – stand das Mädchen vom Küchentisch auf, um Klutz ins Haus zu lassen. Sie öffnete die Tür zum Garten und rief den Hund herbei, doch Klutz kam nicht. Für gewöhnlich lag er draußen auf seinem Lieblingsplätzchen in der Sonne und kam sogleich auf seinen kurzen Beinen dahergewatschelt, wenn sie nach ihm rief. Lyndsey ging in den Garten hinaus, um nach ihm zu sehen, als sie ihn plötzlich bellend und kläffend hochspringen sah.

Klutz trampelte wie wild mit seinen kurzen Beinchen auf dem Boden herum, wobei er unentwegt bellte. Der Hund schien nicht mehr zur Ruhe kommen zu wollen, doch erst als sein Bellen in lautes Jaulen überging, standen Lisa und ihre Eltern schließlich auf, um nach ihm zu sehen. Lisa lief zur Tür und zog Lyndsey ins Haus, als sie ein eigenartiges rasselndes Geräusch hörte – eine Klapperschlange lag zusammengerollt im Gebüsch, bereit, jeden Moment zuzuschlagen.

„Zurück!" schrie Lisa dem Hund zu.

Doch es war schon zu spät. Klutz hörte mit einem Mal zu jaulen auf und brach zusammen. Dennoch schien er immer noch wild entschlossen, Lyndsey vor der Schlange zu schützen. Er kam noch einmal auf die Beine und taumelte auf die Schlange zu, ehe seine Beinchen erneut unter ihm wegsackten. Noch einmal zwang er sich, auf die Schlange zuzukriechen, worauf diese ein zweites Mal zubiß.

Lisa war starr vor Schreck. Sie konnte nicht zusehen, wie ihr geliebter Hund vor ihren Augen starb, ohne daß sie zumindest versuchte, ihm zu helfen. Sie mußte unbedingt zu ihm, doch die Schlange war zwischen ihr und dem Hund, so daß sie zum Vordereingang eilte und von dort zu Klutz lief, der – obwohl seine Beine ihn nicht mehr trugen – immer noch versuchte, der Schlange Widerstand zu leisten, indem er mit den Pfoten nach ihr schlug.

Lisa hob den Hund rasch auf und eilte zum Wagen. Sie legte ihn auf den Beifahrersitz und fuhr zum nächsten Tierarzt. „Nicht sterben", redete sie dem Hund zu. „Bitte halt durch!" Sie erinnerte ihn daran, daß Weihnachten vor der Tür stand. „Du mußt doch deine Geschenke öffnen. Du bekommst ein neues Körbchen. Bitte, halt durch!"

Klutz zitterte am ganzen Körper; er konnte kaum noch atmen. Seine Augen waren nach oben gedreht, als er sich in Krämpfen zu winden begann.

Was konnte sie nur tun, um ihm zu helfen? Wenn sie selbst krank war, hatte Klutz sich stets um sie gekümmert, indem er zu ihr aufs Bett sprang und bei ihr blieb, bis sie sich besser fühlte. Als sie einst fern von zu Hause in ein Krankenhaus eingeliefert werden mußte, schien er zu spüren, daß mit ihr etwas nicht in Ordnung war. In ihrer Not hatte sie damals seinen Namen gerufen – und es war, als hätte er sie „gehört", denn er kratzte so heftig an ihrer Schlafzimmertür, daß seine Pfoten bluteten. Was konnte sie nur tun, um ihm seine jahrelange treue Zuneigung zu vergelten?

Als sie beim Tierarzt angelangt war, wurde Klutz zunächst gründlich untersucht. Die Schlange hatte ihn zweimal gebissen – und zwar in das Augenlid und den Augapfel. An dem Abstand zwischen den Abdrücken, die die Giftzähne hinterlassen hatten, konnte Dr. Griebel erkennen, daß es sich um eine riesige ausgewachsene Schlange gehandelt haben mußte. „Sie muß mindestens eineinhalb Meter lang gewesen sein", teilte er Lisa mit.

Und er fügte hinzu, daß eine Schlange um so mehr Gift in sich habe, je größer sie sei. Auf der anderen Seite würde die Widerstandskraft eines gebissenen Hundes mit dem Alter abnehmen. Mit seinen elf Jahren standen die Chancen für Klutz also nicht allzu gut.

„Ich weiß nicht, ob es sinnvoll ist, wenn wir versuchen, ihn am Leben zu erhalten", wandte sich Dr. Griebel bedauernd an Lisa.

„Wir müssen es ganz einfach versuchen", erwiderte Lisa. „Tun Sie, was Sie können. Es ist mir egal, wieviel es kostet."

Dr. Griebel verabreichte dem Hund intravenöse Antibiotika sowie ein Schlangenserum, ehe er ihn in einen Käfig legte, wo das Tier unter ständiger Beobachtung sein würde.

„Während der ersten beiden Tage ist die Gefahr am größten", warnte er die Frau. „Wenn er es so lange schafft, dann hat er gute Chancen."

Lisa hing so sehr an ihrem Klutz, daß sie sich nicht sicher war, ob sie selbst diese beiden Tage überstehen würde. Mit Tränen in den Augen saß sie an seinem Käfig und erinnerte sich daran, wie oft er ihr schon die Tränen von den Wangen geleckt hatte.

„Du darfst so nicht sterben", redete sie auf ihn ein. „Ich könnte es nicht ertragen, wenn du sterben mußt, weil du Lyndsey beschützen wolltest."

Klutz versuchte, sich ihr zuzuwenden, um ihre Hand zu lecken, doch es war ihm unmöglich. Kopf und Hals waren ebenso wie sein ganzer Körper dick angeschwollen. Er schloß die Augen und zog sich – von Schmerzen gepeinigt – ganz in sich selbst zurück.

Lisa stand auf, um zu gehen, damit er Ruhe fand. „Du mußt es einfach schaffen", flüsterte sie ihm zu. „Du mußt wieder zu uns nach Hause kommen."

Sie fuhr nach Hause, um die Kreditkarte ihrer Mutter zu holen, damit sie Dr. Griebels Honorar bezahlen konnte. Dabei erfuhr sie, daß ihr Vater die Schlange mit einer Schaufel erschlagen hatte. Auf dem Weg zurück zum Tierarzt kaufte sie einen Teddybären für ihren Klutz, den sie zu ihm in den Käfig legte. In diesem Moment öffnete er die Augen und versuchte, etwas näher zu ihr zu rücken – doch er konnte sich immer noch nicht bewegen. Als Lisa ihn winseln hörte, traten ihr erneut Tränen in die Augen.

Am nächsten Tag kehrte sie mit besonderen Leckerbissen, die ihre Mutter zubereitet hatte, zu ihrem Hund zurück, – Spaghetti, Fleischklößchen, Hamburger mit Reis, Rührei sowie Apfelkuchen. Zum ersten Mal seit dem Unglück nahm Klutz wieder etwas zu sich – er aß nicht viel, aber immerhin. Die ersten 24 Stunden waren gut vorübergegangen.

Und auch in den darauffolgenden 24 Stunden geschah nichts Bemerkenswertes. Klutz schien seinen Kampf ums Überleben zu gewinnen. Die Schwellung ging so weit zurück, daß er sich aufsetzen konnte und sogar wieder in der Lage war, auf seinen kurzen Beinen zu stehen. Durch den Käfig streckte er Lisa die Pfote hin.

Sie tätschelte ihn voller Freude. „Du bist ein wunderbarer Hund", sagte sie begeistert.

Obwohl es ihm schon viel besser zu gehen schien, hatte Lisa es vermieden, ihre Tochter mitzunehmen. Sie befürchtete, daß sein angeschwollener Körper und seine offensichtliche Schwäche die Kleine allzusehr beunruhigen würde. Doch der Zustand des Hundes schien sich so zu verbessern, daß der Arzt ihn am Heiligen Abend zu seiner Familie zurückkehren ließ. Voller Freude watschelte er zu Lisas Wagen, so als könne er es kaum noch erwarten.

Als Klutz zu Hause ankam und die kleine Lyndsey sah, winselte er vor Freude und lief schwanzwedelnd auf sie zu, um ihr über das Gesicht zu lecken. Lisa setzte ihn in einen Laufstall, wo sie ihn auf Kissen und Decken bettete, so daß Lyndsey davor sitzen konnte, um sich mit ihm zu unterhalten. Sobald die Kleine das Zimmer verließ und Klutz feststellte, daß er ihr nicht folgen konnte, begann er so herzzerreißend zu jaulen, daß sie sofort wieder zu ihm kam. Sie sang ihm Weihnachtslieder vor und erzählte ihm alles, was sie über das Weihnachtsfest wußte.

Kurz vor Mitternacht brach die Familie zur Mette auf, um Gott zu danken, daß Klutz sich wieder zu erholen schien. Doch als sie nach Hause kamen, ging es ihm wieder schlechter. Er schien kaum Luft zu bekommen, sein Herz schlug schneller, und seine Augen waren glasig. Lisa blieb die ganze Nacht bei ihm, um ihn zu tätscheln und für ihn zu beten.

Am nächsten Morgen rief sie Dr. Griebel an. „Klutz geht es nicht gut", teilte sie ihm betroffen mit.

„Bringen Sie ihn in die Praxis. Wir treffen uns dort."

Lisa war froh, daß Dr. Griebel sogar zu Weihnachten bereit war, den Kreis der Familie zu verlassen, um Klutz zu helfen. Er hob den Hund hoch und legte ihn auf den Untersuchungstisch.

„Das Schlangenserum hat Komplikationen verursacht", teilte er Lisa mit. „Er braucht eine Bluttransfusion."

Danach gab es nichts mehr zu tun als zu warten, wie die Lage sich entwickelte. Es folgten qualvolle Stunden für Lisa, Lyndsey und Lisas Eltern. Doch in der darauffolgenden Nacht starb Klutz schließlich.

Um sechs Uhr rief Griebel, der fast 24 Stunden bei dem Hund geblieben war, Lisa an und teilte ihr die Nachricht mit. „Er hat sein Leben für Lyndsey gegeben", fügte er hinzu.

Lyndsey wog 13 Kilogramm – genausoviel wie Klutz. Wenn die Schlange Lyndsey gebissen hätte, wäre der Weg ins Krankenhaus noch um einiges weiter gewesen, als er für Klutz zum Tierarzt war. Mit Sicherheit wäre jede Hilfe zu spät gekommen. Sie wäre unweigerlich an dem Schlangenbiß gestorben. Doch Klutz hatte die Schlange angegriffen, um das Kind zu retten.

Klutz hatte auch mit aller Kraft darum gekämpft, noch möglichst lange am Leben zu bleiben. „Er muß den festen Willen gehabt haben, noch einmal nach Hause zurückzukehren, damit er sich vergewissern konnte, daß Lyndsey wohlauf war", teilte Dr. Griebel Lisa mit. „Das war notwendig, damit er beruhigt sterben konnte."

Klutz starb in der Gewißheit, daß sein Einsatz für Lyndsey nicht vergeblich war.

Wenn Tiere Heilung bringen

Florence Nightingale sagte einmal: „Für einen kranken Menschen ist ein Haustier oft ein wunderbarer Gefährte." Diese Tatsache, die sie intuitiv bzw. aufgrund von Erfahrungen feststellte, wurde nun auch durch wissenschaftliche Untersuchungen bekräftigt. Die bloße Gegenwart eines Tieres führt nicht nur dazu, daß der Kranke seine Ängste vergißt, sondern bewirkt bisweilen auch, daß Blutdruck, Puls und sogar der Cholesterinspiegel sinken. Außerdem ist durch Studien belegt, daß Menschen mit Haustieren deutlich seltener zum Arzt gehen als solche, die kein Haustier haben. Des weiteren hat sich gezeigt, daß sich Patienten nach einem Krankenhausaufenthalt infolge einer schweren Herzerkrankung besser erholen, wenn sie einen vierbeinigen Gefährten haben.

All diese Untersuchungen bekräftigen nur, was für viele ohnehin längst erwiesen ist: Tiere sind ideale Begleiter für kranke Menschen und können bisweilen sogar eine heilende Wirkung ausüben. Sie scheinen zu spüren, daß mit dem betreffenden Menschen etwas nicht in Ordnung ist, und bemühen sich dann, diesem auf ihre Weise zu helfen. Allein ihr Mitgefühl ist oft eine unschätzbare Medizin.

Andrea Leigh Ptak führte in der Zeitschrift *Alert* ein sehr anschauliches Beispiel für die Wirksamkeit dieser „Medizin" an. Die Hündin Emma, ein Lhasa Apso, gehörte einer Frau, die schon viele Arzneimittel gegen ihre Migräne ausprobiert hatte – doch nichts half ihr wirklich. Irgendwann stellte sie jedoch fest, daß ihre Kopfschmerzen nachließen, wenn Emma zu ihr auf den Schoß sprang, um sich streicheln zu lassen. Manchmal verschwanden die Schmerzen sogar völlig. Die Ärzte erklärten sich dieses Phänomen folgendermaßen: Emma wärmte die Hände der Frau, wodurch Blut vom Gehirn abgeleitet wurde, was zu einer Verminderung der Kopfschmerzen führte. Aber mindestens genauso wichtig dürfte die tröstende Wirkung gewesen sein, die von Emma ausging. Wann immer die Frau sich an einen Ort mit grellem Licht begab, nahm sie ihre Hündin mit, die ihr viel besser half als jedes Kopfschmerzmittel.

Die Perserkatze Handsome wurde in ein Pflegeheim gebracht, um mit einer Frau namens Marie zu leben, die an Einsamkeitsgefühlen und Depressionen litt. Wenn diese Gefühle zum Durchbruch kamen, rollte die Frau sich wie ein Embryo auf dem Bett zusammen und weigerte sich, mit irgend jemandem zu sprechen. Außerdem hatte sie die Angewohnheit, die wunden Stellen an ihren Beinen aufzukratzen. Handsome schien von Anfang an den Wunsch zu haben, ihr zu helfen. Jedesmal wenn die Frau sich an den Beinen kratzte, sprang die Katze auf ihre Hand, um sie daran zu hindern. Nach wenigen Wochen waren die wunden Stellen verschwunden – zusammen mit ihren Depressionen und ihrer übertriebenen Verschlossenheit. Von nun an erzählte sie jedem, der es hören wollte, von ihrer außergewöhnlichen Katze.

In der Zeitschrift *Cat Fancy* wurde über einen orangefarbenen Tabby-Kater namens Alpha berichtet, der sehr besorgt zu sein schien, als sein Frauchen eines Nachts mit Bauchschmerzen aufwachte. Als sie sich im Bett aufsetzte, verließ er seinen Schlafplatz und schmiegte sich an sie.

Sie sagte ihm, daß sie Bauchschmerzen habe, und er schien sie tatsächlich zu verstehen. Er blickte sie mit seinen gefühlvollen orangefarbenen Augen an, schnurrte und legte seine Pfote genau an die Stelle, wo es ihr weh tat. Der sanfte Druck seiner Pfote linderte seltsamerweise den Schmerz. Als sie sich nach einer Weile wieder niederlegte, waren die Bauchschmerzen verschwunden.

Mickey Niego litt so sehr an ihren ständigen Asthmaanfällen sowie an ihrer entsetzlichen Migräne, daß sie ihren Job in Manhattan aufgab und sich immer mehr in sich zurückzog. Sie fühlte sich fast ständig unwohl. Da schenkte ihr eine Freundin einen kleinen Bullmastiff-Welpen namens Jake, um sie ein wenig aufzumuntern. Doch bald schon wurde der Hund kränker als Mickey Niego selbst es war, so daß sie ihn pflegen und umsorgen mußte, damit er über seine Lungenentzündung, seine Staupe sowie eine Viruserkrankung hinwegkam.

Als er schließlich wieder gesund war, wurden die Rollen vertauscht; nun wurde Jake zum fürsorglichen Gefährten, der sich liebevoll um sie kümmerte.

Wenn sie zusammen einkaufen gingen, was Mickey Niego haßte und deshalb nicht öfter als unbedingt nötig tat, trottete er neben ihr her und schien fast darauf zu warten, daß sie einen ihrer asthmatischen Hustenanfälle bekam. Wenn sie tatsächlich zu husten begann, schmiegte er sich eng an sie, um sie dazu zu bewegen, langsam und gleichmäßig zu atmen, während ihre Hand auf seinem Hals lag. Allein dadurch, daß sie ihn berühren konnte, wurde, wie sie es nannte, „ein Stromkreis geschlossen", und sie fühlte sich „irgendwie geerdet". Und es dauerte nicht lange, bis der Asthmaanfall vorüberging.

Einige Monate später fühlte sie sich wieder stark genug, um eine Stelle in der „Amerikanischen Gesellschaft zur Verhinderung von Grausamkeit gegenüber Tieren" anzunehmen. Sie mußte dazu jedoch täglich nach Manhattan fahren – eine Vorstellung, die ihr ein wenig Angst machte, weil sie gerade bei solchen Gelegenheiten früher regelmäßig Kopfschmerzen bekommen hatte. Wenn sie nun in die Stadt fuhr, saß Jake neben ihr in seinem Schalensitz – den Kopf in ihren Schoß gelegt. Sein langsames, gleichmäßiges Atmen war für sie so beruhigend „wie die Wellen des Ozeans", wie Mickey es ausdrückte. Wenn sie seinen Kopf streichelte, hatte sie das Gefühl, daß sich seine Ruhe auf sie übertrug, und die Kopfschmerzen verschwanden.

Ein Bestandteil ihres Jobs war es, gelegentlich Live-Interviews für das Fernsehen zu geben. Als sie sich auf das erste dieser Interviews vorbereitete, hatte sie Bauchschmerzen vor lauter Nervosität. Jake schmiegte seinen Kopf an sie, als wolle er sie ermutigen, die Aufgabe furchtlos in Angriff zu nehmen. Er war auch noch an ihrer Seite, als die Kameras auf sie gerichtet waren. Wann immer sich Nervosität in ihr breitzumachen drohte, blickte er sie aufmunternd an – und die Bauchschmerzen verschwanden.

Eines Tages stellte die Frau fest, daß sie ihre Asthmamedikamente schon seit Monaten nicht mehr genommen hatte. Auch ihre Kopfschmerzen machten sich immer seltener bemerkbar, bis sie eines Tages ganz verschwanden.

„Jakes Blick hat mir gesagt: ‚Ich werde es nicht zulassen, daß dir irgend etwas zustößt.'", sagte sie. „Seine bloße Anwesenheit war so, als würde mich jemand schützend in den Armen halten."

Das beruhigende Gefühl, Jake an ihrer Seite zu haben, hatte sie schließlich gesund werden lassen.

Als Joan Price eines Tages unweit ihres Hauses in Sebastopol, Kalifornien, mit dem Auto unterwegs war, kam ihr plötzlich ein Wagen entgegen, der sie mit voller Wucht rammte. Dabei zog sie sich einen komplizierten Beinbruch zu. Nach zehn Tagen im Krankenhaus kam sie niedergeschlagen und wütend nach Hause – immer noch aufgewühlt von dem schrecklichen Ereignis. Nachts durchlebte sie den Unfall in Alpträumen immer wieder. Und tagsüber hatte sie trotz der Medikamente ständig Schmerzen.

„Mein Bein fühlt sich an, als würde es inwendig brennen", klagte sie ihren Freunden ihr Leid.

Ihre Freunde besuchten sie regelmäßig und kauften für sie ein, da sie allein lebte. Und Ylla, ihre goldäugige Katze, trug das Ihre zu dem Genesungsprozeß bei – und das, obwohl sie bis dahin stets sehr einzelgängerisch gelebt hatte und nie auf den Gedanken gekommen wäre, sich in Joans Schoß zu setzen oder auf ihrem Bett zu schlafen.

Ylla hatte zuvor bei einem Mann gelebt, der für Katzen rein gar nichts übrig hatte. Er hatte es zugelassen, daß sein Hund sie biß, und warf sie gegen die Tür, wenn sie sich an ihn schmiegen wollte. Um das Tier ein für allemal loszuwerden, brachte er es zu Joans Nachbarin.

„Nehmen Sie sie", sagte er zu ihr, „sonst bringe ich das Vieh noch um."

Als die Katze sich einmal zu Joan verirrte und sie mit ihren verzweifelten Augen anblickte, wußte die Frau, daß sie das Tier retten mußte. Und so nahm sie die Katze bei sich auf.

Obwohl Ylla ein sehr gutmütiges Tier zu sein schien, war sie doch stets auf Distanz bedacht. Zumindest bis zu dem folgenschweren Unfall. Als Joan vom Krankenhaus nach Hause zurückkehrte, sprang die Katze sogleich zu ihr aufs Bett, um ihr Gipsbein zu beschnuppern, ehe sie sich auf ihrer Brust niederließ. Den ganzen Tag und die ganze Nacht behielt Ylla diese Position bei, wobei sie unentwegt schnurrte. Wenn die Frau sich umdrehte oder das Gewicht verlagerte, drehte sich Ylla mit ihr, ohne jedoch ihren Platz zu verlassen. Wie eine Klette klebte sie an der Frau und verließ nur kurz ihren Platz, um eine Kleinigkeit zu sich zu nehmen oder ein Weilchen im Garten herumzustreifen.

Yllas Fürsorge und Aufmerksamkeit bewirkten, daß Joan sich nicht allein fühlte. Außerdem gewann sie durch das Tier auch die Zuversicht, daß sie wieder gesund werden würde. Schon wenige Wochen nachdem sie das Krankenhaus verlassen hatte, war die Frau imstande, das Bett für eine Weile zu verlassen. Danach mußte sie sich noch einige Monate auf Krücken fortbewegen. Während Joan sich nach und nach erholte, war Ylla immer bei ihr, um ihr mit ihrem ständigen Schnurren Mut zuzusprechen.

„Nimm doch die Katze zu dir", sagte Michelles Freund und hielt ihr ein orange-weißes Kätzchen entgegen. „Sie ist krank. Wahrscheinlich hat ihre Mutter sie verlassen. Wie du siehst, ist das arme Tier am Verhungern."

„Ich will sie nicht", gab Michelle lustlos zurück.

„Nimm sie", beharrte ihr Freund.

„Ich hab' keine Zeit für so ein Vieh."

„Dann nimm sie wenigstens so lange, bis ich jemanden für sie gefunden habe. Wenn du's nicht tust, stirbt sie bestimmt."

Michelle hatte mit sich selbst Probleme genug. Sie war jetzt zweiundzwanzig und nahm seit acht Jahren Drogen; außerdem trank sie viel zuviel. Sie war zumeist in einer solch schlechten Verfassung, daß ihr Freund schließlich mit ihr nach Woodstock, New York, fuhr, damit sie sich in einem Wochenendhaus in aller Ruhe regenerieren konnte. Nicht nur körperlich, sondern auch seelisch litt sie unter ihrem Zustand. In diesem Herbst war es ihr passiert, daß sie eines Tages aus dem Haus ging und feststellte, daß der Sommer vorübergegangen war, ohne daß es ihr überhaupt aufgefallen war. Immer wieder brach sie in Tränen aus und drohte sogar, sich das Leben zu nehmen.

„Ich will die Katze nicht", sagte sie zu ihrem Freund.

Er legte das Tier jedoch auf ihr Bett.

Michelle nahm das erbarmungswürdige Geschöpf etwas genauer unter die Lupe. Der kleine Kerl war ziemlich schmutzig und wirkte so schwach und krank wie sie selbst. Schließlich erklärte sie sich bereit, ihn bei sich aufzunehmen – wenn auch nur so lange, bis er wieder bei Kräften war. Um gar nicht erst irgendwelche Gefühle für das Tier aufkommen zu lassen, weigerte sie sich, ihm einen Namen zu geben.

Einige Tage später packte Michelle ihren Koffer, um wieder nach New York City zurückzukehren. Während der Fahrt machte das Kätzchen einen so matten und kränklichen Eindruck, daß Michelle und ihr Freund unterwegs haltmachten, um einen Tierarzt aufzusuchen.

„Seine Überlebenschance liegt bei höchstens 55 Prozent", erklärte der Arzt. Er gab Michelle ein Fläschchen mit Babynahrung mit, damit das Tier zumindest die Fahrt nach Manhattan überstehen würde. Er riet ihr außerdem, das Kätzchen sofort behandeln zu lassen, sobald sie angekommen seien.

Sie fütterte das Tier mit dem Fläschchen und redete sich dabei ein, daß es ihr egal sei, ob die Katze überlebte oder nicht. Sie hatte einfach nicht die Energie, um sich um eine kranke Katze zu kümmern, sagte sie sich selbst. Das Tier mußte es aus eigener Kraft schaffen – sie konnte ihm dabei nicht helfen.

Ein Tierarzt in Manhattan behandelte das Kätzchen schließlich mit Antibiotika. Michelle nahm den kleinen Kater mit zu sich in ihre Einzimmerwohnung, wo sie ihn zunächst noch mit dem Fläschchen fütterte, um ihn nach und nach an Cottage Cheese und Eier zu gewöhnen. Bald hing der Kleine an ihr, als wäre sie seine Mutter. Er folgte ihr überallhin und schien unter ihrer Fürsorge richtig aufzublühen.

Dann trat eines Tages ein eigenartiger Ausfluß an einem Auge auf, so daß sie erneut mit ihm zum Tierarzt mußte. Dieser stellte eine schwere Infektion fest.

„Das Auge muß entfernt werden", teilte er ihr mit.

Während der Operation ging Michelle unruhig in ihrer Wohnung auf und ab. Sie trank Wodka-Tonic und blätterte alte Zeitschriften durch. Als sie den einäugigen Kater am nächsten Tag nach Hause holte, taufte sie ihn auf den Namen „Zyklop". Als sie sich später für die Koseform Clopsy entschied, war ihr bereits bewußt, daß sie den kleinen Kerl nie mehr hergeben würde. Er war ihr längst ans Herz gewachsen.

Wenn Michelle im Bett lag und all ihre Kraft zusammennahm, die nötig war, um mit dem Trinken aufzuhören und ihr Leben wieder in den Griff zu bekommen, schmiegte sich Clopsy in ihre Arme und saugte an ihrem Pullover. Jeden Tag hinterließ er auf diese Weise einen großen feuchten Fleck auf ihren Kleidern. Woche für Woche häuften sich in ihrem Wäschekorb Blusen, Pyjamas und Rollkragenpullover, deren Flecken Zeugnis abgaben, daß Clopsy stets zu ihr kam, um gesäugt zu werden.

Es bestand kein Zweifel, daß das Kätzchen sie brauchte. Und für Michelle wurde die Katze zu einem wichtigen Grund, um ihr Leben wieder in den Griff zu bekommen.

„Warum ziehst du nicht einfach bei mir ein?" schlug ihre Mutter eines Tages vor. „Ich kümmere mich um dich. Du kannst währenddessen eine Entziehungskur machen."

„Ich weiß nicht – ich habe Angst."

Michelle stimmte schließlich zu, und sie und Clopsy zogen bei ihrer Mutter ein. Während der nächsten Monate machte Michelle eine Entziehungskur durch, ehe sie sich den Anonymen Alkoholikern anschloß. Und nach und nach befreite sie sich von ihrem früheren Leben, das durch Drogen- und Alkoholmißbrauch gekennzeichnet war.

Der Heilungsprozeß ging nicht ohne gelegentliche Rückschläge vor sich. Michelle fühlte sich zumeist sehr schlecht und mußte oft ganze Tage im Bett verbringen. Nicht selten war sie so niedergeschlagen und verängstigt, daß sie sich weigerte, mit irgend jemandem zu sprechen. Doch egal wie sie sich verhielt – Clopsy war ihr ein treuer Gefährte, der stets das Bett mit ihr teilte.

Egal, ob sie auf die Toilette ging oder in die Küche – stets war Clopsy an ihrer Seite. Fast schien es, als wollte er ihr zeigen, wie wichtig sie ihm war. Und anstatt bloß ihre Fürsorge in Anspruch zu nehmen, war *er* es jetzt, der sich um *sie* kümmerte, denn allein seine Anwesenheit hatte eine beruhigende Wirkung auf sie.

Als Michelle schließlich die Sucht überwunden hatte, zog sie mit Clopsy wieder in ihre Wohnung. Sie fand einen Job und lernte einige Jahre später einen Mann kennen, den sie schließlich heiratete. Und all die positiven Veränderungen in ihrem Leben, so erzählte sie ihm, waren erst durch ihren orange-weißen Kater möglich geworden.

„Er hat mir gezeigt, daß ich in der Lage bin, mich um ein anderes Wesen zu kümmern", sagte sie.

Mittlerweile ist aus Clopsy ein stattlicher Kater geworden – doch in Michelles Armen schmiegt er sich immer noch an sie wie ein Baby, das von der Mutter gesäugt werden will. Doch es ist nicht bloß so, daß sie *ihm* „Muttermilch" und Wärme gibt – auch er gibt ihr etwas, das absolut lebensnotwendig ist, nämlich das Gefühl, geliebt zu werden.

„Er ist immer für mich da", sagt Michelle. „Er mag mich so, wie ich bin - ohne Wenn und Aber." Wie dankbar er ihr war, daß sie ihn einst als halbtotes kleines Kätzchen bei sich aufgenommen hatte, bewies er nicht zuletzt auch dadurch, daß er ihr half, gesund zu werden.

Wenn Tiere drohendes Unheil abwenden

Cheryl Essex' Ehemann befand sich auswärts auf einer Geschäftsreise, als die Frau eines Abends in der Küche saß und mit einer Freundin telefonierte. Mitten in ihrem Gespräch lief der graufarbene Schnauzer-Terrier-Mischling Rosie zur Balkontür ihrer Wohnung, wo die Hündin ihre kleine schwarze Schnauze gegen das Glas preßte und zu bellen begann.

„Still, Rosie", rief Cheryl ihr zu und wandte sich wieder ihrem Telefongespräch zu.

Doch Rosie wollte sich nicht beruhigen. Sie eilte zur Eingangstür der Wohnung und begann auch dort laut zu bellen. Als die Frau sie immer noch ignorierte, kam Rosie in die Küche gelaufen und bellte sie an, wie um ihr etwas Wichtiges mitzuteilen. Doch auch jetzt war Cheryl nicht bereit, ihrer Hündin Aufmerksamkeit zu schenken.

Rosie geriet immer mehr außer sich und lief wie wild zwischen der Eingangstür und dem Balkon hin und her. Doch sie bellte nun nicht mehr wie zuvor, sondern ließ ein tiefes, heiseres Knurren vernehmen, wobei sich ihre Haare aufstellten.

„Ich rufe dich später zurück", sagte Cheryl schließlich zu ihrer Freundin. „Irgend etwas stimmt da nicht. Entweder ist Rosie krank, oder es ist wieder jemand unten in der Garage."

Doch Rosie machte ganz und gar nicht den Eindruck, als ob ihr etwas fehlte. Andererseits waren alle Fenster geschlossen, und die Klimaanlage lief, so daß Rosie kaum etwas hören konnte, falls unten jemand in die Garage eingedrungen war. Doch nachdem die Polizei zwei Tage zuvor vier Ganoven festgenommen hatte, die in der Garage Autos aufgebrochen hatten, war Cheryl nun doch etwas besorgt um ihren Wagen. Sie entschloß sich deshalb, nach unten zu gehen und nachzusehen.

Kaum hatte sie die Wohnungstür geöffnet, als Rosie auch schon an ihr vorüberschoß und die Treppe hinunterstürmte. Unten angekommen, wartete sie knurrend, bis Cheryl bei ihr war. Dann lief die Hündin auf die Straße hinaus und begann plötzlich laut zu jaulen, als zwischen den Bäumen ein Rascheln zu hören war. Sie zögerte keine Sekunde und lief auf das Gebüsch zu. In diesem Moment nahm Cheryl den Geruch von Benzindämpfen aus der Garage wahr und lief sofort zu ihrem Wagen. Tatsächlich hatte ihn jemand aufgebrochen und versucht, das Radio zu stehlen. Und auf dem Bürgersteig stand eine Milchkanne, die mit Benzin gefüllt war.

Als Rosie zur Garage zurückgelaufen kam, wurde Cheryl klar, daß da jemand die Absicht hatte, die ganze Wohnanlage in Brand zu stecken. Und ihr wurde auch bewußt, daß ihr Hund verzweifelt versucht hatte, sie zu retten. Cheryl hob ihre Rosie hoch und lief, so rasch sie konnte, in ihre Wohnung hinauf, um die Polizei zu rufen. Sie hatte Rosie immer noch im Arm, als sie zusammen mit einem Nachbarn von Tür zu Tür eilte, um die übrigen Bewohner zu alarmieren. Als sie in der Garage versammelt waren, zeigte einer ihrer Nachbarn ihr einige Tücher, die mit Benzin getränkt waren und die an der Treppe gelegen hatten.

Die Polizei ging von der Vermutung aus, daß die Bande zurückgekommen war, um sich dafür zu rächen, daß vier ihrer Mitglieder festgenommen worden waren. Ein einziges Streichholz hätte genügt, um die benzingetränkten Lappen und damit das gesamte Gebäude anzuzünden. Die Bewohner – darunter auch viele ältere Menschen – hätten hilflos in der Falle gesessen. Die Brandstifter konnten zwar nicht gefaßt werden, doch was vor allem zählte, war, daß Rosie die Kerle noch rechtzeitig weggejagt und dadurch 120 Menschenleben gerettet hatte.

Während man von Hunden ohnehin erwartet, daß sie Brandstifter und Einbrecher verscheuchen, würde man ein solches Verhalten bei Katzen nicht unbedingt vermuten. Und doch sind auch sie dazu in der Lage. Genauso wie Hunde neigen auch Katzen dazu, die Menschen, mit denen sie sich verbunden fühlen, zu beschützen.

In *Cat Fancy* berichtet David Blume von einer Calico-Katze, die eines Abends im Schlafzimmer des Ehepaares, bei dem sie lebte, aufgeregt von einem Fenster zum anderen lief. Die beiden Eheleute dachten sich nichts Besonderes dabei, doch am nächsten Morgen mußten sie feststellen, daß jemand die Batterie aus ihrem Auto gestohlen hatte.

David Blume erzählte auch die Geschichte einer älteren Frau, die eines Abends hörte, wie jemand an die Tür klopfte. Als sie das Licht auf der Veranda aufdrehte und sich anschickte, die Tür zu öffnen, benahm sich ihr Kater Tug ziemlich seltsam. Er sprang auf einen Stuhl, der bei der Türe stand, nahm eine lauernde Stellung ein und legte die Ohren flach an. Die Haare auf seinem Rücken stellten sich steil auf.

Die Frau öffnete schließlich die Tür und sah vor sich eine junge Frau, die fragte, ob sie das Telefon benutzen dürfe, da ihr Wagen eine Panne habe.

Die ältere Frau blickte ihren Kater an, der den Eindruck

machte, als wolle er sich jeden Augenblick auf die Fremde stürzen – und beschloß, die Frau nicht ins Haus zu lassen. Sie sagte ihr, daß sie kein Telefon habe. Dann verschloß sie die Tür.

Am nächsten Tag erfuhr die Frau, daß sich zwei Männer neben dem Haus versteckt gehalten hatten, als die junge Frau mit ihr gesprochen hatte. Wenige Stunden nach dem Vorfall war nämlich nur etwa eine Meile entfernt ein älterer Mann ermordet worden. Als sie davon erfuhr, meldete sich die Frau sofort bei der Polizei, und eine Woche später wurden die junge Frau sowie die beiden Männer verhaftet, die schließlich auch ein Geständnis ablegten.

Lauren MacLaren schlief tief und fest, als ihre schwarzgoldene Calico-Katze namens Cali wie gewohnt auf dem Fensterbrett hockte. Sie war einst als kleines Kätzchen sehr schlecht behandelt worden und war danach im Tierheim von Toronto gelandet. Das Tier blickte in die Nacht hinaus und beobachtete, wie ein Mann an dem Schlafzimmer der Frau vorüberschlich und die Verandatreppe hinaufeilte.

Cali spitzte augenblicklich die Ohren. Ihr war bewußt, daß der Mann kein Freund war, und als er versuchte, die Tür zu öffnen, sprang sie auf das Bett der Frau und versuchte verzweifelt, sie zu wecken. Schließlich öffnete Mrs. MacLaren die Augen und hörte, daß draußen jemand versuchte, die Tür aufzubrechen.

Ihr Herz pochte wie wild, als sie sah, wie der Türknopf sich bewegte – und sie schlich rasch zum Telefon, das sich in einem anderen Zimmer befand, um die Polizei zu rufen, die wenig später eintraf und den Mann festnehmen konnte. Nach getaner Arbeit zog sich Cali wieder auf ihren Beobachtungsposten auf dem Fensterbrett zurück.

Doch es kommt durchaus vor, daß Tiere nicht nur ihre Mitbewohner vor Einbrechern warnen, sondern selbst eingreifen, um die Menschen zu verteidigen, die ihnen nahestehen. Das Erstaunliche daran ist, daß diese Tiere offensichtlich keine Gefahr scheuen und es auch mit übermächtigen Gegnern aufnehmen. Der Wunsch, zu helfen, ist oftmals stärker als der Instinkt, das eigene Leben zu schützen.

Tinkerbelle, ein sechs Kilo schwerer Mischling, saß an der Seite des zehnjährigen Tim Dawson in Indianapolis, der krank war und deshalb die Schule nicht besuchen konnte. Als ein Mann in das Haus einbrach, stürzte sich der kleine Tinkerbelle furchtlos auf den Einbrecher und biß ihn in die Hand, worauf der Mann das Weite suchte.

Eines Abends begleitete Meatball, ein deutscher Schäferhund, Mrs. Keith in ihr Gewächshaus in Morris, Alabama. Sie hatte mit ihrer Mutter telefoniert, und dabei war ihr das Geräusch aufgefallen, das zu hören ist, wenn jemand den Hörer am Nebenanschluß abhebt. Und tatsächlich zeigte sich, als sie dort ankamen, daß sich ein Mann im Gewächshaus herumtrieb. Ihr Hund stürmte sofort auf den Eindringling zu, der sich zu seinem Wagen flüchtete – doch ehe er die Tür zuschlagen konnte, erwischte ihn Meatball am Bein und ließ nicht los, selbst als der Mann den Wagen startete und losfuhr. Meatball wurde mit dem Auto mitgeschleift, wobei er sich die Pfoten empfindlich verletzte, was ihn jedoch nicht daran hinderte, seiner Aufgabe, Mrs. Keith zu beschützen, nachzukommen.

Brandy, ein junger Springer-Spaniel, griff einen jugendlichen Einbrecher an, der in ein Haus in Tucson, Arizona, eingedrungen war. Der Eindringling schoß zunächst die Frau nieder, bei der Brandy lebte, ehe er dem Hund mehrere Schußwunden in die Brust, den Kiefer, den Bauch und die Beine zufügte. Obwohl der Hund viel Blut verlor und schreckliche Schmerzen erdulden mußte, war er immer noch fest entschlossen, die Frau zu beschützen, und jagte den Einbrecher aus dem Haus, wo Polizisten ihn stellten und in einem Schußwechsel erschossen. Der Hund überstand seine schweren Verletzungen und wurde wieder gesund.

Oskar, ein Chesapeake-Bay-Retriever, war ein sehr geselliges Tier. Schon im Alter von sieben Wochen fuhr er auf Segelbooten ebenso gern wie in Schiliften mit und schlief zufrieden an der Seite von Chris Eschenberg, wenn dieser eine Abendgesellschaft gab. Auch Eschenbergs Freunde waren ihm stets willkommen; überhaupt schien Oskar der festen Überzeugung zu sein, daß alle Menschen gut waren.

Doch der beste Mensch von allen war für Oskar natürlich Eschenberg selbst. Sobald er hörte, daß sein Herrchen in die Garage einfuhr, begann er zu winseln und zu bellen, als wolle er ihn auffordern, so rasch wie möglich zu ihm ins Haus zu kommen. Und wenn Eschenberg dann endlich eintrat, sprang ihm Oskar voller Freude entgegen – eine Begrüßung, wie der Mann sie jeden Tag erlebte.

Aus diesem Grund war Eschenberg auch etwas besorgt, als er eines Abends nach Hause kam und im Haus alles still war. Er stieg aus dem Wagen und ging den schmalen Weg entlang, der zur Haustür führte – doch statt Oskars Winseln und Bellen hörte er Rascheln und leises Gemurmel, das aus der Garage drang. Wahrscheinlich ein Obdachloser, der sich hier für die Nacht eingerichtet hat, dachte Eschenberg ein wenig beunruhigt; doch es war bereits dunkel, und er konnte nichts erkennen, so daß er rasch zum Haus eilte.

Im nächsten Augenblick stand ein Mann vor ihm, der ihn mit einer Pistole bedrohte.

„Na los, rasch ins Haus", stieß er hervor.

Der Mann schien ziemlich nervös zu sein. Aufgrund seiner Erfahrung als Arzt vermutete Eschenberg, daß er wahrscheinlich unter Drogeneinfluß stand. Es war dies nun schon das dritte Mal während der letzten paar Monate, daß Eschenberg überfallen und beraubt wurde. Doch diesmal würde er wohl nicht so glimpflich davonkommen wie zuvor, als man ihm bloß die Geldbörse gestohlen hatte. Diesmal würde der Mann ins Haus eindringen.

Und hinter der Tür stand wohl schon Oskar, um ihn, wie immer, überschwenglich zu begrüßen. Aber sein Gruß würde nicht nur Eschenberg selbst gelten, sondern auch dem Einbrecher, den der Hund unweigerlich für einen von Eschenbergs Freunden halten würde. Dies würde den ohnehin schon ziemlich nervösen Mann wahrscheinlich so aus der Fassung bringen, daß er den Hund sofort erschießen würde. Wenn Eschenberg jetzt die Tür öffnete, war das Schicksal seines Hundes wohl besiegelt.

Doch es blieb ihm nichts anderes übrig; der Mann bedrohte ihn mit der Waffe und verlangte, daß er die Tür öffnete. Eschenberg sperrte auf und öffnete die Tür zunächst nur einen Spaltbreit. Oskar verhielt sich völlig still – es schien, als wäre er gar nicht zu

Hause. Eschenberg öffnete die Tür etwas weiter, doch von Oskar war weit und breit nichts zu sehen.

Voller Sorge trat Eschenberg schließlich ein, und der Einbrecher folgte ihm. Im nächsten Augenblick schoß Oskar herbei, sprang den Mann an und biß sich in seinem Arm fest. Der Mann schrie laut auf und riß sich los, ehe er Eschenberg einen Schlag auf den Kopf versetzte und das Weite suchte.

Eschenberg schaltete das Licht ein und sah Oskar in einer Blutlache stehen. Gesicht, Brust, Beine und Pfoten – alles war über und über blutverschmiert.

„Er hat auf dich geschossen!" Eschenberg bückte sich, tief besorgt, um seinen Hund zu untersuchen – doch er konnte keine Wunde finden.

Es war nicht das Blut des Hundes, sondern das des Einbrechers. Oskar hatte damit bewiesen, daß er sehr wohl in der Lage war, Freund und Feind zu unterscheiden.

Ein über 140 Kilo schweres Schwein, welches Rick Charles schon als kleines Ferkel besessen hatte, lebte im Garten des Hauses in Houston und war ein gutmütiges Mitglied der Familie. Tagsüber wühlte das Schwein im Schlamm oder spielte mit den Kindern; nachts schlief es in einem riesigen Blätterhaufen.

Eines Morgens streiften vier Einbrecher durch die Gegend, gingen von Haus zu Haus, klopften an die Tür und drangen schließlich ein, wenn niemand sich meldete. Bis Mittag war ihr Kleinlastwagen vollbeladen mit Möbeln, Schmuck, Münzsammlungen sowie Elektrogeräten, die sie aus den Häusern gestohlen hatten.

Die Einbrecher brausten schließlich mit so hoher Geschwindigkeit davon, daß ein Polizist sie im Radar erfaßte und sie verfolgte, um sie wegen Geschwindigkeitsüberschreitung zur Kasse zu bitten. Die vier Männer nahmen jedoch an, daß der Polizist wegen der Einbrüche hinter ihnen her war. Sie versuchten mit allen Mitteln zu entkommen, der Fahrer verlor jedoch die Herrschaft über den Wagen und rammte einen anderen Wagen.

Die Einbrecher setzten daraufhin die Flucht zu Fuß fort, worauf der Polizist, der ihnen gefolgt war, Verstärkung rief. Kurze Zeit später waren 20 Polizisten zur Stelle, die die Gegend durchkämmten.

Einer der Flüchtigen befand sich ganz in der Nähe von Rick Charles Haus. Als die Polizisten näherkamen, flüchtete der Mann in den Garten der Familie Charles. Möglicherweise hatte er die Absicht, sich in dem großen Laubhaufen zu verstecken; genausogut kann es aber auch sein, daß er ins Haus eindringen wollte, um Geiseln zu nehmen und schließlich mit dem Wagen der Familie zu entkommen.

Wie die Pläne des Mannes auch immer ausgesehen haben mochten – das Schwein wollte davon jedenfalls nichts wissen. Um die Familie zu beschützen, griff es den Mann an, warf sich mit seinem ganzen Gewicht gegen ihn und biß ihn ins Bein. Blut schoß aus der Wunde hervor. Der Mann schrie und versuchte zu fliehen, doch das Schwein warf ihn nieder und nagelte ihn mit seiner Körpermasse am Boden fest. Das Tier ließ ihn nicht entkommen, bis schließlich die Polizei eintraf.

Donald Morgan, ein pensionierter Polizist, tat so, als würde er seine Frau Pat schlagen. Und die Frau wiederum schrie, als hätte sie große Schmerzen, und versuchte zum Schein, ihren Mann zurückzustoßen.

Ihr Schäferhund Yogi hörte, was geschah, und kam sogleich angelaufen. Mit einem drohenden Knurren kam er auf Donald zu, wodurch er ihm deutlich zu verstehen gab, daß er sofort aufhören solle, seiner Frau weh zu tun. Da Donald seiner Warnung nicht Folge leistete, packte ihn Yogi am Arm und biß ihn leicht in die Hand. Wenn auch diese Drohung nichts nützen würde, so war der Hund entschlossen, Ernst zu machen.

„Ich frage mich, was wohl passiert, wenn mich einmal tatsächlich jemand angreift", sagte Pat zu ihrem Mann, nachdem sie die Situation wieder einmal trainiert hatten. „Meinst du, Yogi würde sich tatsächlich auf den Angreifer stürzen?"

„Ich weiß es nicht", antwortete Donald.

Pat und er hofften, daß sich eine solche Situation überhaupt nie ereignen würde.

Als Donald starb, lebte Pat weiterhin zusammen mit Yogi in einem einsamen Haus am See bei Abilene, Texas. Eines Abends, nachdem sie sich zum Schlafengehen fertiggemacht hatte, brachte sie Yogi in den Verschlag, in dem er stets die Nacht verbrachte. Als sie bereits im Schlafzimmer war, hörte sie plötzlich, daß jemand sich an der Haustür zu schaffen machte. Da die Tür versperrt war, glaubte sie, genügend Zeit zu haben, um Yogi wieder ins Haus zu lassen, falls sie seine Hilfe bräuchte. Sie griff nach ihrem schnurlosen Telefon, um die Polizei zu rufen, falls dies nötig sein sollte, und ging rasch zur Tür, um nachzusehen, wer draußen war. Doch als sie ins Wohnzimmer kam, stand der Mann bereits vor ihr.

Pat war so erschrocken, daß sie das Telefon fallenließ, während sie die „0" wählte. Sie lief zur Hintertür, um zu Yogi zu gelangen, doch der Mann ließ sie nicht entkommen. Ohne ein Wort zu sagen, versetzte er ihr einen so wuchtigen Faustschlag ins Gesicht, daß sie ins Schlafzimmer zurückgeschleudert wurde.

Als sie benommen auf dem Boden lag, hatte sie nur einen Gedanken: „Jetzt werde ich sterben. Donald ist voriges Jahr gestorben, und jetzt bin ich an der Reihe."

Ihre einzige kleine Hoffnung, am Leben zu bleiben, war Yogi. Doch der Hund war in seinem Verschlag eingeschlossen und würde alle Mühe haben, um zu ihr zu gelangen. Als sie verzweifelt nach ihrem Hund rief, stürzte der Mann sich auf sie und schlug wieder und wieder auf sie ein. Er riß an ihrem Pyjamaoberteil und versuchte, es ihr vom Leib zu reißen. Pat wehrte sich mit Händen und Füßen und schrie nach ihrem Hund.

„Yogi! Yogi!"

„Hallo? Hallo!" drang es aus dem Telefon, das am Boden lag.

Der Mann schlug so lange auf sie ein, bis sie schließlich still war. Dann schnappte er sich eine Strumpfhose und begann sie damit zu würgen, bis sie immer schwächer und schwächer wurde. Noch ein letztes Mal rief sie nach Yogi, als der Mann ihr ein Messer an die Kehle setzte und ihr einen Schnitt zufügte, daß das Blut auf den Boden tröpfelte.

Doch Yogi hatte ihre Schreie sehr wohl gehört. Er übersprang den Zaun und stürmte auf das Haus zu. Er sprang durch ein Fliegengitter auf die Veranda – doch eine schwere Eisentür versperrte ihm den Weg in die Küche. Er warf sich immer wieder gegen die Tür, bis das Schloß schließlich nachgab.

Yogi stürmte in das Schlafzimmer und stürzte sich knurrend und bellend auf den Eindringling. Dieser versetzte ihm einen gezielten Fußtritt, so daß Yogi vor Schmerz jaulte, aber gleich einen neuen Angriff startete. Diesmal warf das Gewicht des Hundes den Mann zu Boden. Er sprang auf und versuchte zu flüchten, doch Yogi biß sich in seinem Bein fest.

Pat wußte, daß sie nun in Sicherheit war, und sank in eine tiefe Ohnmacht. Als sie wieder zu sich kam, war der Hund immer noch an ihrer Seite, um sie zu beschützen, doch diesmal vor den Polizisten, die mittlerweile eingetroffen waren. Die Frau von der Telefonvermittlung hatte Pats Schreie gehört und sofort die Polizei verständigt.

„Mrs. Morgan! Mrs. Morgan!" rief einer der Polizisten zum Fenster herein. „Ihr Hund will uns nicht hereinlassen, um Ihnen zu helfen."

Yogi stand schützend über der Frau und knurrte drohend.

Sie griff nach seinem Halsband. „Ist schon in Ordnung, Yogi", flüsterte sie. „Das sind Freunde. Laß sie reinkommen."

Da Yogi des öfteren Donald und dessen Freunde in Uniform gesehen hatte, wurde ihm gleich, als die Männer eingetreten waren, klar, daß es sich um Freunde handelte. Er trat zur Seite und ließ es zu, daß sie sich um Pat kümmerten. Vor dem Haus fanden sie blutdurchtränkte Fetzen von Kleidungsstücken, die von Yogis wütendem Angriff kündeten.

An diesem Tag hatte Yogi deutlich bewiesen, daß er in der Lage war, Pat auch im Fall eines wirklichen Angriffs zu verteidigen. Wenngleich der Täter nie gefaßt werden konnte, war Yogi stets bereit, falls dieser wiederkehren würde. Doch er ließ sich nie wieder in der Gegend blicken.

Retter in Schnee und Eis

Eines Abends im Winter trottete ein Pferd namens Indian Red, ein Morgan-Quarter-Horse-Mischling, eine einsame Straße in Ontario, Kanada, entlang. Plötzlich blieb der Hengst stehen, scharrte mit dem Huf im Schnee und starrte unentwegt auf den Boden. Es wurde allmählich immer kälter, und eigentlich hätte er Unterschlupf für die Nacht suchen sollen, doch er tat es nicht. Statt dessen blieb er trotz Wind und Kälte am Straßenrand stehen.

Wenn hin und wieder ein Auto des Weges kam und ihn mit seinen Scheinwerfern anleuchtete, wieherte er laut auf. Und wenn das Auto vorüberfuhr, wartete er geduldig, bis sich eine neue

Chance ergab, daß jemand auf ihn aufmerksam wurde und stehenblieb. Irgendwann war es dann soweit, daß tatsächlich ein Fahrer anhielt, um nachzusehen, ob etwas nicht in Ordnung war.

Irgendwie war es dem Autolenker ungewöhnlich vorgekommen, daß ein Pferd so spät abends dort in der Kälte stand und wieherte.

Der Mann stieg aus dem Wagen und sah eine siebenundsiebzigjährige Frau neben der Straße in einem Graben liegen. Sie war offensichtlich nicht mehr imstande, sich aus eigener Kraft aus dem Graben zu befreien, so daß das Pferd alles versucht hatte, um für sie Hilfe zu holen, obwohl Indian Red die Frau nie zuvor gesehen hatte.

Es kommt gar nicht so selten vor, daß Tiere wie Indian Red Menschen helfen, die im Schnee oder Eis in Not geraten.

Es war ein eiskalter Morgen in Ontario, Kanada, als Brian Holmes seinen Schäferhund Samantha so wie jeden Tag losschickte, damit er auf Holmes Landgut seinen täglichen Rundgang unternahm. Samantha war eine stattliche, aber recht anmutige Hündin, die von ihren früheren Herren schlecht behandelt worden war; sie war sogar geschlagen worden, so daß sie auch jetzt noch zusammenzuckte, wenn sie einen Stock sah. Doch trotz der schlechten Behandlung, die ihr widerfahren war, hatte sie sich die Fähigkeit bewahrt, Zuneigung zu empfinden.

Auf flinken Beinen streifte sie durch den Schnee, während der Wind ihr um die Ohren pfiff. Sie hielt kurz inne, um die Einfahrt zum Haus nach Fußspuren oder anderen Zeichen abzusuchen, doch weit und breit war nichts Außergewöhnliches zu sehen. Ringsum war alles still. Es war ein trüber, grauer Tag.

Währenddessen kletterte eine halbe Meile entfernt der drei Jahre alte Donald Johnston aus seinem Bett und suchte das Haus nach seinem Vater ab. Dieser schlief gerade auf einem Sofa; er hatte allerdings auch allen Grund, müde zu sein – immerhin hatte in der Nacht zuvor seine Frau ein kleines Mädchen zur Welt gebracht. Darryl war bis Sonnenaufgang an der Seite seiner Frau gewesen.

Als der kleine Donald nun durchs Haus streifte, überkam ihn eine solche Sehnsucht nach seiner Mutter, daß er beschloß, sie im Krankenhaus zu besuchen, das allerdings etwa dreißig Meilen entfernt war. Er trug lediglich eine Trainingshose, ein T-Shirt sowie eine dünne Jacke, die nicht einmal zugeknöpft war. Er rollte sein großes batteriebetriebenes Spielzeugauto ins Freie, nahm auf dem Sitz Platz und fuhr los.

Zu beiden Seiten der Straße türmten sich die Schneemassen auf. Ein stürmischer Wind schüttelte die hohen Bäume. Es war eine eher abgelegene Gegend, so daß auf der Straße nur selten ein Fahrzeug vorbeikam. Nach etwa einer halben Meile legte Donald eine Rast ein, als ihm mit einem Mal bewußt wurde, daß er völlig allein war und nicht mehr wußte, wohin er sich wenden sollte. Er zitterte am ganzen Körper und konnte seine Finger kaum noch bewegen. Auch seine Füße wollten ihm nicht mehr gehorchen.

Währenddessen wachte zu Hause Darryl auf. Er spürte sofort, daß irgend etwas nicht in Ordnung war; es war viel zu still im Haus. Rasch lief er die Treppe hoch, um nach Donald zu sehen, und fand sein Bett leer. Er suchte seinen Sohn im ganzen Haus – jedoch ohne Erfolg. Daraufhin lief Darryl auf die Straße hinaus, ohne auch nur den Mantel anzuziehen.

„Donald!? Donald!" rief Darryl in die verschneite Landschaft hinein.

Doch alles, was er hörte, war das Pfeifen des Windes in den Baumkronen. In seiner Angst lief er die Straße hinunter, um nach seinem Sohn zu suchen.

Währenddessen stand Donald auf sein gelbes Auto gestützt und weinte. Er fühlte sich völlig allein und verlassen – doch zum Glück irrte er sich. Aus einiger Entfernung beobachtete ihn Samantha und hörte sein verzweifeltes Schluchzen. Sie lief zu ihm hin und begann ihn mit ihrer Schnauze anzustupsen und ihm die Tränen von den Wangen zu lecken. Er klammerte sich mit seinen kleinen Ärmchen an die Hündin, die ihn die Straße entlang zum Haus von Brian Holmes führte.

Holmes arbeitete gerade am Computer, als er Monty, seinen anderen Hund, in der Garage bellen hörte. Holmes stand auf, zog seine Stiefel an und ging nach draußen, um nachzusehen, ob etwa ein Auto angekommen war. Doch statt eines Autos sah er seine Samantha mit einem verängstigten kleinen Jungen daherkommen, der sich hilfesuchend an die Hündin klammerte. Der Kleine trug nicht einmal eine Mütze; seine Schuhbänder waren offen, und seine Fäustlinge hingen ihm an einem Wollfaden um den Hals.

Wer war bloß dieses Kind, das Samantha da mit nach Hause brachte? fragte sich Holmes ziemlich erschrocken. Seine Frau und er hatten hier draußen keine unmittelbaren Nachbarn. Seines Wissens gab es in dieser Gegend nur *eine* Familie mit Kindern, und dieser Junge hier gehörte nicht zu dieser Familie.

Holmes ging auf den kleinen Jungen zu. „Alles in Ordnung?" fragte er.

Der Kleine war vor Angst und Kälte nicht imstande, zu antworten. Samantha leckte ihm über das Gesicht, und er klammerte sich so fest an sie, als wäre sie seine letzte Hoffnung.

Holmes ging in die Knie und wandte sich erneut an den Jungen. „Wie heißt du denn?" fragte er ihn.

Der Kleine versuchte etwas zu sagen, doch seine Zähne klapperten so laut, daß Holmes nichts verstand.

„Na, komm erst mal rein", sagte Holmes. „Wärm dich erst mal auf."

Vor dem Kamin schmiegte sich der Junge an Samantha und Monty, der ihnen ebenfalls ins Haus gefolgt war.

„Kannst du mir sagen, wie du heißt?" versuchte es Holmes noch einmal.

„... Nolal ... ommiee."

Es war zumindest einmal ein Anfang.

Holmes beschloß hinauszugehen, um auf der Straße nach den Eltern des Jungen zu suchen. „Ich gehe ein paar Minuten weg", sagte er. „Samantha bleibt hier bei dir."

Anstatt hinter ihm herzueilen, wie sie es sonst stets tat, wenn Holmes nach draußen ging, rührte sich Samantha nicht von der Stelle. Sie wich nicht von der Seite des Jungen, für den sie sich offensichtlich verantwortlich fühlte. Währenddessen eilte Holmes hinaus, um nachzusehen, ob die Eltern des Jungen vielleicht einen Autounfall oder eine Reifenpanne hatten. Vielleicht steckten sie auch irgendwo im Straßengraben fest.

Doch alles, was er fand, war ein großes gelbes Spielzeugauto, das mitten auf der Straße stand. Er wußte nicht, was er von der ganzen Sache halten sollte, und stellte das Auto an die Straße direkt vor seiner Einfahrt, damit diejenigen, die den Jungen suchten, gleich wußten, daß er hier bei Holmes war. Dann ging er ins Haus zurück und gab dem Jungen Kekse zu essen. Samantha saß immer noch schützend an seiner Seite.

„Kannst du jetzt vielleicht sprechen?" wandte Holmes sich an den Kleinen. „Kannst du mir sagen, wie du heißt?"

„Donald", murmelte er.

Holmes rief seine Frau Michelle an, die in der Stadt arbeitete. „Kennst du eine Familie hier in der Gegend mit einem kleinen Jungen, der Donald heißt?" fragte er sie.

„Nein."

Holmes erklärte ihr die Situation und fügte hinzu: „Ich weiß einfach nicht, wo der Junge herkommt."

„Du solltest die Polizei rufen", riet ihm Michelle.

Holmes befolgte ihren Rat und erhielt die Zusicherung, daß in 20 Minuten jemand bei ihm sein würde. Inzwischen ging er mit dem Jungen nach draußen, um sich mit ihm in seinen Wagen zu setzen. Auf diese Weise würden Donalds Eltern ihren Jungen sehen, falls sie zufällig vorbeikämen. Seiner Hündin Samantha trug er auf, im Haus zu bleiben, was sie jedoch nur sehr widerwillig akzeptierte.

Als Holmes zur Straße hinausfuhr, kam ein benachbarter Farmer in seinem Wagen des Weges; auf dem Beifahrersitz saß Donalds Vater Darryl, den der Farmer gefunden hatte, wie er – nur in Hemd und Hose bekleidet – die Straße entlanglief und nach seinem Jungen rief. Als Darryl seinen Sohn wieder in den Armen hielt, war er so dankbar und erleichtert, daß er kein Wort herausbrachte. Tränen standen ihm in den Augen. Donald war eineinhalb Stunden fort gewesen, und Darryl hatte bereits die Befürchtung gehegt, daß sein Sohn tot sein könnte.

Samantha, die immer noch im Haus weilte, hörte weder Darryls Worte des Dankes, noch sah sie, wie Vater und Sohn wieder glücklich vereint waren. Doch sie hatte ihren Teil dazu beigetragen, daß der Vorfall ein so erfreuliches Ende fand. Mehr als eine Stunde lang hatte sie einem verzweifelten Kind Halt und Hoffnung gegeben.

An einem Nachmittag im Februar machte Jim Gilchrist einen Spaziergang mit seinem Rottweiler Tara und seinem Golden Retriever Tiree. Wie üblich gingen sie auch an diesem Tag am Ufer des Lake Simcoe entlang. Es war ein sehr schöner und anregender Spaziergang durch die tief verschneite kanadische Winterlandschaft. Die Hunde bewegten sich so geschickt durch den Schnee wie Huskies.

Doch allmählich wurde der Schneefall dichter, und ein eisiger Wind wehte über den See hinweg, so daß Gilchrist beschloß kehrtzumachen. Um nicht durch den tiefen Schnee stapfen zu müssen, rief er seine beiden Hunde herbei und führte sie ein Stück auf den vereisten See hinaus, wo sie besser vorankommen würden. Mittlerweile hatte ein heftiger Schneesturm eingesetzt, so daß Gilchrist nur noch wenige Meter weit sehen konnte. Der Schnee blieb an seinen Wimpern haften, häufte sich auf seinen Schultern an und tauchte auch seine beiden Hunde in ein weißes Kleid.

Während Gilchrist sich vorwärtskämpfte, liefen die beiden Hunde in verschiedene Richtungen, um das Eis zu erkunden. Plötzlich gab mit einem lauten Knacken das Eis unter ihm nach, und er stürzte ins eiskalte Wasser. Er kämpfte gegen die aufkommende Panik an und griff nach dem gezackten Rand des Eislochs, um sich aus dem Wasser zu ziehen; doch der Rand brach jedesmal weg, so daß er wieder in den See zurückglitt.

Bald war ihm klar, daß das Eis bei weitem nicht stark genug war, um seine 95 Kilo Körpergewicht zu tragen, während er sich aus dem Wasser hievte. Er schlug mit den Armen um sich, um in seinen schweren, durchnäßten Kleidern nicht unterzugehen. Gedanken an den Tod gingen ihm durch den Kopf. Er hatte gehört, daß auf diesem See bereits Leute mit dem Motorschlitten eingebrochen waren, die so schnell untergingen und starben, daß ihre Hände immer noch die Lenkstange umklammerten, als man sie später auf dem Grund des Sees fand. Auch bei Gilchrist würde es sehr schnell gehen. In diesem eiskalten Wasser, so dachte er, würde er höchstens fünf Minuten überleben können.

Mittlerweile fiel der Schnee so dicht, daß niemand ihn vom Ufer aus sehen würde. Und da er ziemlich weit draußen war, würde wohl auch niemand seine Hilferufe hören. Und selbst wenn doch jemand auf ihn aufmerksam werden sollte, würde wohl nicht mehr genug Zeit bleiben, damit man rechtzeitig zu ihm gelangte. Wenn er überleben wollte, dann mußte er sich auf sich selbst verlassen.

Gilchrist grub seine Fingernägel in das Eis und versuchte immer wieder, sich hochzuziehen – doch immer wieder brach der Rand ab, so daß er ins Wasser zurücksank. Nach mehreren mißlungenen Versuchen, sich zu retten, kam plötzlich seine Rottweilerhündin Tara gelaufen, um ihm zu helfen. Da gab auch unter ihr das Eis nach, so daß sie ebenfalls ins Wasser fiel. Und auch sie hatte Mühe, sich an der Oberfläche zu halten.

Gilchrist versuchte, sich weit genug aus dem Wasser zu heben, um über das Eis blicken zu können. Da sah er, daß auch Tiree auf ihn zugelaufen kam – und seine letzte Hoffnung löste sich in Nichts auf. Wie alle Retriever war auch Tiree quasi im Wasser zu Hause. Bestimmt würde sie zu ihm und Tara ins Wasser springen, um mit ihnen zu „spielen“, wenn nicht vorher das Eis unter ihr nachgab. In jedem Fall waren sie alle drei unweigerlich verloren.

Tiree kam schwanzwedelnd näher, um sich an dem „Spiel“ zu beteiligen. Doch als sie bis auf einige Meter herangekommen war, hielt sie plötzlich inne und legte sich flach auf das Eis. Sie hatte gemerkt, daß irgend etwas Schreckliches mit Gilchrist und Tara vor sich ging, und begann zu winseln und zu jaulen. Sie schien auch zu spüren, in welch großer Gefahr sie sich selbst befand. Alle viere von sich gestreckt, lag sie flach auf dem Eis und versuchte ihr Gewicht möglichst gleichmäßig zu verteilen. Auf diese Weise kroch sie langsam, Stück für Stück näher an Gilchrist und Tara heran.

Als sie die beiden erreichte, sprang sie nicht etwa zu ihnen ins Wasser oder fiel hinein, wie Gilchrist befürchtet hatte – nein, sie blieb vorsichtig am Rand des Lochs liegen, von wo sie ihnen vielleicht helfen konnte. Um sich über Wasser zu halten, griff Gilchrist nach ihrem Halsband und hielt sich daran fest. Einige Augenblicke später hörten sie die Stimme eines Mannes aus der Ferne.

„Halten Sie aus! Wir holen Sie da raus!“

Gilchrist hielt sich an Tirees Halsband fest; es war der seidene Faden, an dem sein Leben hing. Doch er hatte nicht mehr genug Zeit, um zu warten, bis der Mann bei ihm war, um ihn zu retten. Er half Tara, auf seine Schultern zu klettern. Während er sich weiter an Tirees Halsband festhielt, schob er Tara aus dem Wasser. Auf ihrem Fell bildeten sich sogleich Eiszapfen, während die Hündin, zitternd und immer noch geschockt von dem schrecklichen Ereignis, das rettende Eis erreichte. Bestimmt würde sie sogleich loslaufen, um sich selbst in Sicherheit zu bringen, dachte Gilchrist.

Doch sie blieb bei ihm, obwohl ihr der Schreck bestimmt noch in den Gliedern saß. Sie versuchte ebenfalls, ihm zu helfen. Zitternd und winselnd legte sie sich neben Tiree und bot Gilchrist ebenfalls ihr Halsband, um sich daran festzuhalten. Nun gruben die beiden Hunde ihre Krallen in das Eis und begannen langsam zu ziehen, Stück für Stück, um Gilchrist aus dem Wasser zu befreien.

Da er nichts hatte, um sich aufzustützen oder abzustoßen, konnte er ihre Bemühungen in keiner Weise unterstützen. Doch die Hunde ließen nicht locker und zogen immer weiter, während sich unter ihren Pfoten immer wieder Risse im Eis bildeten. Obwohl sie jeden Moment selbst im Wasser hätten landen können, zogen sie mit aller Vorsicht immer weiter, bis sie schließlich eine Eisschicht unter sich hatten, die dick genug war, um ihr Gewicht zu tragen. Dann zogen sie mit aller Kraft, bis sie Gilchrist aus dem eiskalten Wasser befreit hatten.

Vor Kälte und Angst zitternd lag er da, mit dem Gesicht nach unten, während er versuchte, noch einmal alle Kraft zusammenzunehmen, um aufzustehen. Die beiden Hunde sprangen währenddessen ausgelassen um ihn herum und gaben auf diese Weise ihrer Freude darüber Ausdruck, daß sie ihn gerettet hatten.

„Aufhören! Aufhören!" rief er ihnen zu. Wenn das Eis erneut brach, würden sie alle drei unweigerlich untergehen.

Die Hunde hielten inne und stellten sich schützend neben ihn, bis der Mann, der ihnen zuvor zugerufen hatte, sie erreichte. Er half ihnen, nach Hause zu gelangen, wo Gilchrist zuerst einmal ein heißes Bad nahm und auch die Hunde sich wärmen konnten.

Während der nächsten Tage dachte Gilchrist immer wieder über dieses Ereignis nach. Er hatte immer mehr das Gefühl, daß es irgendeine Bedeutung haben mußte, daß er so knapp am Tod vorbeigegangen war. Ohne Tara und Tiree wäre er hilflos untergegangen. Es war ihm, als schulde er der Welt etwas für sein Überleben. Aus lauter Dankbarkeit, daß er zwei so wunderbare Hunde hatte, beschloß Gilchrist, etwas zu tun, das nicht nur ihnen beiden, sondern *allen* Hunden zugute kommen würde. Er gründete ein Tierheim, wo er Golden Retriever züchtete und darüber hinaus mit allen Hunden, die zu ihm gebracht wurden, arbeitete und sie ausbildete.

Und allen, die es hören wollten, sagte er: „Ich bin der lebende Beweis dafür, daß der Hund tatsächlich der beste Freund des

Menschen ist." Er war wohl auch der lebende Beweis dafür, wie selbstlos diese Geschöpfe sein können.

Als sich Gale Coleman an einem Winterabend in ihrem Haus in Cambridge, Massachusetts, anschickte, zu Bett zu gehen, stellte sie fest, daß das Licht draußen auf der Veranda zu flackern begann – und so ging sie hinaus, um sich darum zu kümmern. Barfuß und nur mit dem Pyjama und einem Morgenmantel bekleidet, kletterte sie auf das Verandageländer und überprüfte die Lampe mit ihren feuchten kalten Händen. Plötzlich bekam sie einen elektrischen Schlag, der sie vier Meter tief abstürzen ließ.

Langsam versuchte sich die Frau an dem Zaun hochzurappeln, als sie einen so starken Schmerz in der Brust verspürte, daß sie sich nicht bewegen konnte. Während ihre Hände und Füße allmählich starr vor Kälte wurden und Angst sich in ihr breitzumachen begann, rief sie eine halbe Stunde, so laut sie konnte, um Hilfe. Doch niemand schien sie zu hören.

Wenn sie die ganze Nacht hier in dem Schnee und der Kälte liegen mußte, so würde sie wohl sterben, dachte sie in ihrer Panik. Doch mit der Zeit verschwand sogar die Angst, und sie lag nur noch hilflos da und dämmerte der Ohnmacht entgegen. Ein letztes Mal rief sie noch um Hilfe.

Niemand hörte sie, außer Kayla, einer Dänischen Dogge, die allein im Haus nebenan eingeschlossen war. Sie spitzte die Ohren, als sie die Schreie der Frau hörte, und versuchte, die Hintertür zu öffnen, was ihr jedoch nicht gelang. Und so ließ sie sich vor der Tür nieder und wartete.

Kayla war eine äußerst freundliche und sanftmütige Hündin, die bei Randy Foley lebte, seit dieser wegen Krebs behandelt worden war und sich einen Hund gewünscht hatte, damit etwas Leben ins Haus käme. Er rief eine Freundin an, die Dänische Doggen züchtete.

„Du hast ein unwahrscheinliches Glück", sagte sie. „Ich habe genau den Hund, den du suchst."

Kayla war erst sechs Monate alt und wog nur knapp über dreißig Kilo, was für eine Dänische Dogge sehr wenig ist. Ihr früherer Besitzer hatte sie so brutal mißhandelt, daß er ihr mehrere Knochen gebrochen hatte. Nachdem man dem Mann die Hündin weggenommen hatte, kümmerte sich erst einmal ein Tierarzt um sie.

„Du und Kayla, ihr würdet einander sehr guttun", redete die Frau ihm zu. Er brauchte Trost und Zuwendung, während er sich von seiner Krebserkrankung erholte – und auch Kayla brauchte wohl einigen Zuspruch, damit ihre körperlichen und seelischen Verletzungen heilen konnten.

Und während der folgenden Monate gaben Foley und Kayla einander neuen Mut, um gesund werden zu können. Die Dogge wuchs rasch zu einem kräftigen Hund heran, doch sie war immer noch äußerst scheu. Niemals hörte man sie bellen – nicht einmal, wenn Fremde an Foleys Haustür klopften.

Als Foley an diesem kalten Winterabend nach Hause kam, rief er Kayla zu: „Los, komm – machen wir noch eine Runde draußen, bevor zuviel Schnee liegt."

An jedem anderen Tag wäre sie bei einer solchen Aufforderung sofort voll Begeisterung zur Haustür gelaufen – doch diesmal blieb sie vor der Hintertür liegen. Immer wieder kratzte sie an der Tür und preßte ihre Schnauze dagegen.

Ihr seltsames Verhalten gab Foley zu denken. Aber wenn sie unbedingt bei dieser Tür hinauswollte, dann würde er ihr das nicht verwehren. Er öffnete die Tür, und Kayla eilte sogleich zu dem Zaun, der zwischen seinem und Mrs. Colemans Haus stand. Mit ihren mächtigen Pfoten begann sie den Schnee vor dem Gartentor wegzuschaufeln. Foley folgte ihr ziemlich verblüfft und blickte über den Zaun, um zu sehen, ob bei seiner Nachbarin vielleicht etwas nicht in Ordnung war. Doch er konnte nichts erkennen, außer den riesigen Schneemassen, die sich im Garten auftürmten.

„Komm doch, Kayla!" rief er seiner Hündin zu und ging zum Haus zurück. „Wenn wir noch einen Rundgang machen wollen, müssen wir uns beeilen."

Doch Kayla, die ihre abendlichen Spaziergänge über alle Maßen genoß, weigerte sich, ihm zu folgen. Sie rührte sich nicht von der Stelle und begann zu seinem größten Erstaunen sogar zu bellen – zum ersten Mal, seit Foley sie kannte. Er drehte sich um und lief zu ihr zurück. Was konnte wohl vorgefallen sein, das sie dazu brachte, ihr Schweigen zu brechen?

Foley blickte noch einmal über den Zaun. Doch auch diesmal sah er nichts als eine riesige Schneewehe.

„Kayla, was ist denn nur los mit dir?"

Als er wieder zum Haus zurückging, jaulte sie laut auf, um doch noch seine Aufmerksamkeit zu gewinnen. Und nun war sich Foley sicher, daß irgend etwas nicht in Ordnung war. Er schaufelte das Tor vom Schnee frei und öffnete es. Kayla eilte sofort zu der Schneewehe hinüber und begann mit aller Kraft zu graben.

Als Foley bei ihr war, sah er plötzlich, warum seine Hündin so hartnäckig gewesen war; unter dem Schnee kam das kastanienbraune Haar einer Frau zum Vorschein. Foley half Kayla, die Frau freizugraben, bis auch ihr blaugefrorenes Gesicht zu erkennen war. Es war Gale Coleman, seine Nachbarin, die da im Schnee verschüttet lag.

„Mein Gott, sie ist tot!" rief Foley aus. Aber er war sich nicht sicher, und so mußte er zumindest versuchen, sie zu retten. Falls noch ein Funke Hoffnung bestand, dann hing jetzt alles von ihm ab. Doch er hatte im ersten Schreck keine Ahnung, was er für die Frau tun konnte. Er biß die Zähne zusammen, während der kalte Wind ihm ins Gesicht blies und den Schweiß trocknete, der ihm auf die Stirn trat.

Foley drehte die Frau auf den Rücken, und Kayla legte sich zu ihr, um sie zu wärmen. Um das Gesicht der Frau vor dem Schnee zu schützen, legte er ihren Kopf auf den Bauch des Hundes. Dann lief er zum Haus zurück, um Hilfe herbeizurufen, während Kayla sich noch enger an die Frau schmiegte. Sie leckte ihr über das Gesicht, um sie wiederzubeleben.

„Verstehen Sie etwas von Erster Hilfe?" fragte der Sanitäter, mit dem Foley am Telefon sprach.

„Ich habe einmal einen Kurs gemacht, aber das ist lange her, und ich habe es nie wirklich anwenden müssen."

„Jetzt werden Sie es anwenden."

„Ich weiß nicht, ob ich das kann."

„Wir bleiben mit Ihnen in Verbindung und helfen Ihnen."

„Ich kann jede Hilfe gebrauchen."

Als Foley zu Mrs. Coleman zurücklief, sah er, daß Kayla bereits begonnen hatte, Erste Hilfe zu leisten. Sie hatte zumindest die Hälfte des Eises von Mrs. Colemans Gesicht entfernt und leckte sanft über Nase und Mund der Frau, damit sie wieder atmen konnte.

Foley mußte nichts anderes tun, als Kaylas Maßnahmen fortzusetzen. Über sein schnurloses Telefon folgte er den Instruktionen des Sanitäters und machte Mund-zu-Mund-Beatmung, bis die Frau wieder zu atmen begann. Dann holte er mehrere Decken herbei, um sie möglichst warm zu halten, bis schließlich der Krankenwagen eintraf. Während die Sanitäter die Frau auf einer Trage in den Wagen brachten, wandte sich einer von ihnen an Foley.

„Gute Arbeit", sagte der Mann – doch Foley fand, daß das Kompliment vor allem Kayla gebührte.

„Die Frau hätte keine zehn Minuten länger im Schnee liegen dürfen – sonst wäre sie hilflos erfroren", warf ein anderer Sanitäter ein.

Wie sich im Krankenhaus herausstellte, hatte Mrs. Coleman zwei gebrochene Rippen und einen Riß in der Lunge. Dort erfuhr die Frau auch, daß Foley nicht allein für ihre Rettung verantwortlich war. Wenn Kayla nicht gewesen wäre, hätte die Frau keine Überlebenschance gehabt.

Wenn Foley in den folgenden Monaten mit seinem Hund einen Nachmittagsspaziergang in den Park unternahm, dann eilte Mrs. Coleman rasch zu seiner Veranda, um ihrem vierbeinigen Retter einen Leckerbissen zu hinterlassen – ein Steak, ein Stück Hühnerfleisch oder ein Truthahnbrüstchen. Jeden Tag ließ sie Kayla eine andere Aufmerksamkeit zukommen, um ihr auf diese Weise zu danken.

Eines Abends läutete der Zusteller eines China-Restaurants bei Foley, um einige Kartons abzuliefern, aus denen verführerische Düfte aufstiegen. „Ich soll das für Kayla Foley abgeben", sagte der Mann.

Die dänische Dogge verzehrte das unverhoffte Abendessen mit großem Appetit.

Jedesmal wenn Mrs. Coleman Kayla sah, umarmte und küßte sie die Hündin. „Ich liebe dich", sagte sie. „Du bist mindestens so tapfer und hilfsbereit wie Lassie."

Foley staunte selbst am meisten über die Tat seiner Hündin. „Nachdem man sie so schlecht behandelt hat, wäre es doch verständlich, wenn sie einen Haß auf alle Menschen hätte", sagte er zu Mrs. Coleman. „Aber nein, sie ist das freundlichste Wesen, das man sich vorstellen kann."

Mehr als nur Pflichterfüllung

Tiere, die darauf trainiert sind, Menschen zu helfen, können oft weit mehr leisten, als man von ihnen erwarten würde. Sie scheinen zu spüren, wo das Problem liegt, und tun dann alles in ihrer Macht Stehende, um zu helfen. Sie versuchen ganz einfach, ihrer Aufgabe voll und ganz gerecht zu werden und für den Betreffenden da zu sein.

In dem Mitteilungsblatt der International Association of Assistant Dog Partners beschreibt Jean Levitt ihren Collie namens Gentleman Cole.

Als die Frau einmal langsam die Gangway hochstieg, um in ein Flugzeug einzusteigen, stützte sie sich auf ihren Cole, der ihr half, das Gleichgewicht zu bewahren. Plötzlich kam sie an einem Mann vorüber, der sich schützend vor eine Frau stellte, die anscheinend Angst vor Hunden hatte.

Der Mann erzählte Mrs. Levitt, daß seine Frau einst als Kind in Deutschland unter den Nationalsozialisten hatte mit ansehen müssen, wie ihre Eltern von Hunden getötet worden waren. Nachts kehrte der schreckliche Tod ihrer Eltern bisweilen immer noch in Alpträumen zurück. Jedesmal wenn sie einen Hund sah, erschrak sie zutiefst. Als sie erfuhr, daß Cole mit an Bord sein würde, war ihre Angst so groß, daß sie sich weigerte mitzufliegen. Erst als sie sah, wie rührend dieser Hund Mrs. Levitt an Bord half, entschloß sie sich, trotz ihrer Ängste in das Flugzeug einzusteigen.

Mrs. Levitt hatte einen Platz etwa in der Mitte des Flugzeuges, während Cole vor ihren Füßen lag und schlief. Die Frau, die sich vor Hunden so sehr fürchtete, sowie ihr Mann saßen im hinteren Abschnitt der Maschine. Als die Frau auf die Toilette mußte, begleitete sie ihr Mann, damit sie sich nicht fürchtete, wenn sie an Cole vorbeiging. Sie betrachtete den Hund mit ängstlicher Miene.

Nachdem die Maschine gelandet war, wartete Mrs. Levitt, bis die anderen Passagiere ausgestiegen waren. Die Frau, die sich vor Hunden so sehr fürchtete, sowie ihr Mann warteten ebenfalls. Als das Flugzeug nahezu leer war, kamen die beiden auf Mrs. Levitt zu. Die Frau teilte ihr mit, daß Cole sie auf irgendeine Weise geheilt habe. Sein vorbildliches Verhalten habe ihr gezeigt, daß Hunde nicht so böse seien, wie sie immer geglaubt habe.

„Möchten Sie ihn vielleicht streicheln?" fragte Mrs. Levitt.

Die Frau streckte so zögernd die Hand aus, als würde sie ins Feuer greifen. Tränen traten ihr in die Augen, als sie ihre Hand auf Coles Hals legte. Und der Collie schien zu verstehen, daß eine gewisse Verantwortung auf ihm lastete, und rührte sich nicht, um die Frau nicht zu ängstigen. Sie beugte sich zu ihm hinunter und flüsterte ihm etwas zu – doch Cole stand völlig regungslos da.

Als sich auch der Ehemann der Frau hinunterbeugte, wußte Cole instinktiv, daß er nun ganz er selbst sein durfte, und leckte ihm über das Gesicht.

Die beiden Eheleute dankten Mrs. Levitt und verließen das Flugzeug. Einige Minuten später, als sie mit ihrem Collie an der Crew vorüberkam, zeigte einer der beiden Piloten, der die Szene mitverfolgt hatte, dem Tier seine Anerkennung, indem er vor ihm salutierte.

In *Fetch the paper* schrieben Toni und Ed Eames darüber, wie Ed einmal an der „Educate Congress Week" der National Federation of the Blind teilnahm – und zwar zusammen mit seinem Blindenhund Kirby, einem Golden Retriever. Im Laufe der Woche begann der Hund so stark zu hinken, daß Ed bereits einen Tag vor dem Ende des Kongresses nach Modesto, Kalifornien, zurückflog und sofort einen Tierarzt aufsuchte. Ed erwartete, daß der Arzt seinem Hund höchstens schmerzstillende Mittel verschreiben würde, und war deshalb ziemlich erschüttert, als er hörte, daß das Tier Krebs hatte.

„Ein bösartiger Tumor hat einen Großteil der Elle in Kirbys rechtem Vorderbein zerstört", teilte ihm der Tierarzt mit.

In den darauffolgenden Wochen ließ Ed eine Gewebeuntersuchung, eine sogenannte Biopsie, vornehmen und konsultierte andere Tierärzte, um die bestmögliche Behandlung für seinen Hund zu garantieren. Doch es schien keinen anderen Ausweg zu geben, als das Bein zu amputieren. Und so brachten Ed und seine Frau Toni den wunderschönen Hund, der außerdem ein so pflichtbewußter Blindenhund war, ins Krankenhaus, um die Operation durchführen zu lassen. Die Fahrt ins Krankenhaus kam ihnen vor, als ginge es zu einer Hinrichtung.

Als Kirby nach Hause zurückkehrte, fehlte ihm jegliche Sicherheit, sich zu bewegen. Er haßte es, Treppen steigen zu müssen. Seine Behinderung schien ihm derart zu schaffen zu machen, daß er sich am liebsten gar nicht mehr von der Stelle gerührt hätte.

Die Frage war, ob er unter diesen Umständen noch als Blindenhund taugen würde. Ed überlegte wochenlang, ob er versuchen sollte, Kirby wieder seine früheren Aufgaben zu übertragen, oder ob er ihn ganz einfach als Haustier halten sollte.

Eines Tages hielt Ed eine Vorlesung an der tierärztlichen Fakultät der University of California, bei der ihm Studenten ihre Ansicht mitteilten, daß Kirby wieder als Blindenhund tätig werden sollte.

„Schäferhunde hüten ihre Herde mit drei Beinen genausogut wie mit vier", meinte einer der Studenten. „Warum sollte es bei einem Blindenhund anders sein?"

Doch Ed hörte auch Stimmen, die sich weniger optimistisch über Kirbys Zukunft äußerten.

„Ein Hund mit einer derart schweren Behinderung sollte nicht mehr für eine so verantwortungsvolle Aufgabe herangezogen werden", sagte ihm jemand.

Es betrübte ihn, wenn er die Leute so reden hörte, aber gab es denn eine wirkliche Chance für den Hund? „Nun", dachte er, wenn der Hund aufgrund seiner Behinderung nicht mehr arbeiten dürfte - müßte ich selbst als Blinder dann nicht auch aufhören zu arbeiten?

Das gab schließlich den Ausschlag. Ed liebte Kirby zu sehr, um ihm nicht zumindest die Chance zu geben, seine frühere Tätigkeit wiederaufzunehmen. In den folgenden Monaten widmeten sich Ed, Toni und einige Freunde dem Hund sehr ausgiebig, um ihm zu helfen, seine alte Sicherheit zurückzugewinnen. Doch Kirby war schwer verunsichert. Wenn er Ed um ein Hindernis herumführte, blieb er oft grundlos stehen – einfach weil ihn das Zutrauen in seine Fähigkeiten verließ.

Aus seiner eigenen Erfahrung wußte Ed, wie schwer es ist, eine Behinderung zu überwinden. Immer wieder versuchte er Kirby zu überreden, seine Arbeit wiederaufzunehmen. Aber er wußte, daß er ihn nicht ständig überreden konnte; Ed brauchte dringend einen Hund, der ihn führte – und zwar einen, der es tat, ohne sich lange bitten zu lassen.

Schließlich wandte er sich an einen Experten für das Verhalten von Hunden.

„Sie selbst haben doch den Eltern von behinderten Kindern immer gepredigt, daß sie ihre Kinder *nicht* so behandeln sollen, wie Sie jetzt Ihren Hund behandeln", redete er Ed zu.

Mit anderen Worten, Ed hatte seinen Hund verhätschelt. Wenn Kirby nicht sofort beim ersten Kommando loslief, um ihn zu führen, dann hatte Ed stets Mitleid gezeigt, was die Ängste des Hundes eher bestärkte.

Am nächsten Tag folgte Ed dem Rat des Experten: Er nahm seinen weißen Stock, spannte Kirby das Geschirr um und ging mit ihm auf die Straße hinaus. Als sie zu einer Kreuzung gelangten, war der Hund zu aufgeregt, um die Straße zu überqueren. Er setzte sich nieder, und Ed ließ die Leine los.

„Na schön, Kirby." Ed zwang sich, mit fester Stimme zu ihm zu sprechen. „Ich würde lieber mit dir gehen. Aber wenn du mich nicht führen willst, dann muß ich es eben alleine schaffen." Er tastete sich mit seinem Stock voran, um allein die Straße zu überqueren.

Kirby blickte ihm mit angsterfülltem Blick nach. Er wollte nicht allein zurückgelassen werden, aber er hatte andererseits zu große Angst, um weiterzugehen. Er winselte und jaulte, während Ed sich immer weiter von ihm entfernte, und bellte schließlich laut, um ihn zum Umkehren zu bewegen – vielleicht aber auch, um sich selbst Mut zu machen.

Als Ed die Straßenmitte erreicht hatte, faßte Kirby einen Entschluß: Es war wichtiger, Ed zu führen, als seinen eigenen Ängsten nachzugeben, und so humpelte er hinter ihm her und führte ihn schließlich über die Straße.

Von diesem Augenblick an führte Kirby ihn auf seinen drei Beinen überallhin, so, wie er es zuvor auf vier Beinen getan hatte.

Es war ein Uhr nachts in Fresno, Kalifornien, als Esther Warnes plötzlich ein gedämpftes Knurren hörte. Der Golden-Retriever-Mischling Sunny, der erst seit einem Tag bei ihr lebte, saß an ihrem Bett, die Pfote auf ihre Hand gelegt, so daß die Frau schließlich die Augen öffnete.

Sie hörte ganz deutlich Schritte im Wohnzimmer. Kein Zweifel – jemand war in ihr Haus eingedrungen.

Zutiefst erschrocken lag sie da und lauschte den Schritten des Einbrechers. Sie war ganz allein im Haus. Infolge einer Muskelsklerose war sie körperlich so geschwächt, daß es ihr schwerfiel, sich zu bewegen. Ihr neuer Hund konnte zwar Türen für sie öffnen, das Licht einschalten und ihr in den Rollstuhl und wieder heraus helfen – doch er war nicht dazu ausgebildet, sie zu beschützen.

Und dennoch war dieser Hund jetzt ihre einzige Hoffnung. Und in ihrer Verzweiflung wandte sie sich an Sunny und flüsterte der Hündin zu: „Los, Sunny! Jag ihn fort!"

Im nächsten Augenblick schoß Sunny bellend und knurrend aus dem Schlafzimmer, und Mrs. Warnes hörte, wie die Schritte des Mannes sich rasch aus dem Haus entfernten. Als schließlich das Gartentor quietschte, wußte sie, daß der Kerl fort war. Sie war in Sicherheit.

Langsam ließ sich die Frau in den Rollstuhl sinken, um sich in das Wohnzimmer zu begeben. Die Hündin hockte auf der Lehne des Sofas und beugte sich aus dem Fenster, das der Mann entfernt hatte, um ins Haus einzudringen, wobei sie ein drohendes Knurren vernehmen ließ. Die Hündin war fest entschlossen, den Mann nicht wieder ins Haus zu lassen.

„Du bist so ein braves Mädchen!" sagte Mrs. Warnes erfreut, auch wenn ihr der Schreck noch in den Gliedern saß.

Sunny drehte sich zu ihr um und kam auf sie zu. Die Hündin schien die Angst der Frau zu spüren. Sie schmiegte sich eng an sie und legte ihr den Kopf auf die Schulter. Mrs. Warner umarmte das Tier gerührt. „Braves Mädchen", murmelte sie. Sie fand keine Worte, um der Hündin mitzuteilen, wie dankbar sie ihr war.

Da sie jedoch das Fenster nicht wieder einsetzen konnte, hatte die Frau zu große Angst, um sich wieder schlafen zu legen. Immer wieder stellte sie sich vor, daß der Mann zurückkommen könnte, um ihr möglicherweise etwas anzutun. Und so saß sie in ihrem Rollstuhl im Schlafzimmer und las Psalmen, um sich zu beruhigen. Und auch Sunny trug das Ihre zur Beruhigung der Frau bei, indem sie an ihrer Seite saß und den Kopf in ihren Schoß legte.

Nach einer Stunde sagte sich Mrs. Warner: „Ich habe Gott und Sunny hier bei mir, um mich zu beschützen. Dieser Mann kommt ganz bestimmt nicht mehr zurück."

Dann ging sie zu Bett und drehte das Licht ab. Sunny sprang zu ihr aufs Bett, legte eine Pfote unter die Hand der Frau und die andere Pfote darüber.

„Oh, Sunny, danke", flüsterte Mrs. Warner, die es nicht glauben konnte, daß ein Hund, der sie doch kaum kannte, so mitfühlend und gütig sein konnte.

Als um sechs Uhr morgens die Sonne aufging, wachte Mrs. Warner auf. Sunny hatte sich die ganze Nacht über nicht von der Stelle gerührt. Immer noch lag sie dicht neben Mrs. Warner und hielt die Hand der Frau zwischen ihren Pfoten.

Dottie, der erste Akita, der in den USA als Blindenhund eingesetzt wurde, hatte eine Aufgabe, die ihr einiges abverlangte. Jeffrey Fowler, der Mann, den sie betreute, war in Louisville, Kentucky, als Herzspezialist tätig. Fowler, der seit seiner Studienzeit beinahe blind war, arbeitete oft bis spät in die Nacht, so daß er manchmal erst um halb vier Uhr morgens heimkam, zwei Stunden schlief und sich dann wieder seinen Patienten widmete.

Mit Hilfe einer vergrößernden Fernsehkamera konnte Fowler die Kardiogramme seiner Patienten lesen, und mit Dotties Hilfe konnte er sich ein Bild von der jeweiligen Stimmung seiner Patienten machen; auf diese Weise wußte er stets, wer besonderen Zuspruch und Trost brauchte. Immer wieder kam es vor, daß Dottie auf besonders niedergeschlagene Patienten in Fowlers Büro zuging, um sie zu trösten. Während Fowler die neuesten Laborergebnisse studierte, streifte Dottie oft durch das gesamte Krankenhaus, um nach trostbedürftigen Menschen Ausschau zu halten.

Eines Tages war sie sogar in der Intensivstation tätig. Dort lag eine gebrechliche ältere Frau, die sich einer Bypassoperation unterzogen hatte und die nicht sprechen konnte, weil sie einen Schlauch im Mund hatte. Sie schrieb deshalb eine Nachricht an Fowler auf ein Stück Papier, das sie einer Schwester übergab; folgende Worte standen auf dem Blatt: „Könnte Dottie mich besuchen kommen?"

Fowler rief seine Hündin sofort zu sich, um sie zu der Frau zu schicken, die Dottie bereits zuvor in Fowlers Büro getroffen hatte. Die Hündin betrat das Zimmer der Frau und begrüßte sie mit einem Winseln, ehe sie ihre Schnauze durch das Seitenteil des Bettes steckte und so nahe wie möglich heranrückte, um sich von der Frau streicheln zu lassen.

Am nächsten Tag, als die Frau den störenden Schlauch entfernt bekam und sie wieder sprechen konnte, fragte sie erneut nach Dottie. Und wieder kam die Hündin, um sie aufzumuntern. Als die Frau die Hand ausstreckte, um sie zu streicheln, leckte Dottie ihr liebevoll über die Finger.

Am dritten Tag nach der Operation war Fowler so beschäftigt damit, Anweisungen zu diktieren und einen Bericht zu schreiben, daß er Dottie ganz vergaß. Doch die Hündin spürte, daß die Patientin sie noch brauchte und ging erneut zu ihr, um sie zu besuchen. Dottie schien auch zu spüren, daß es der Frau bereits etwas besser ging. Sie stellte sich auf die Hinterbeine und lehnte sich mit ihren über 40 Kilo Körpergewicht auf das Bett der Patientin, worauf die Frau sie umarmte und sich an Dotties Fell schmiegte, um ihr zu danken.

In *Real Living with Multiple Sclerosis* berichtet Penny Gillett Silvius über Francine, ihren Golden Retriever, der darauf abgerichtet war, sie bei ihrem Leben im Rollstuhl zu unterstützen. Als die Frau von der Krankheit bereits so geschwächt war, daß sie ihre Arme und Beine nicht mehr bewegen konnte, und nicht einmal mehr fähig war zu sprechen, war sie schließlich ans Bett gefesselt. Wenngleich Francine nun nicht mehr so viel für die Frau tun konnte wie zuvor, versuchte sie doch, stets für sie da zu sein und alles zu tun, was in ihrer Macht stand.

Als Mrs. Silvius sich eines Abends über ihren Nachttisch beugte, verlor sie das Gleichgewicht und begann ganz langsam, aber unaufhaltsam aus dem Bett zu rutschen. Sie war nicht imstande, sich irgendwo festzuhalten oder aufzustützen, und konnte auch nicht um Hilfe rufen.

Wenn nicht rasch jemand kam, um sie aufzuhalten, würde sie kopfüber auf den harten Fußboden fallen, und lediglich ein dünner Teppich würde den Aufprall dämpfen. Selbst im günstigsten Fall würde sie wohl von blauen Flecken übersät sein.

„Oh, Gott", rief sie stumm aus. Wenn doch irgend etwas geschehen würde, um sie zu retten. Sie gab den einzigen Laut von sich, den sie noch hervorzubringen imstande war: „Psst. Psst.

Psst." Sie rutschte immer weiter aus dem Bett und wiederholte den Laut: „Psst. Psst."

Es war kaum hörbar, und die Frau hatte das Geräusch auch gar nicht als Aufforderung an ihre Hündin betrachtet – und dennoch hatte Francine, die es sich im Zimmer nebenan bequem gemacht hatte, sie gehört. Sie kam in das Schlafzimmer gelaufen, um nachzusehen, ob die Frau etwas brauchte. Einen Augenblick lang stand die Hündin neben ihr. Dann trat sie näher heran, als ob sie die Frau fragen wollte, wie sie helfen konnte.

Francine hatte zwar eine gründliche Ausbildung erhalten, doch sie hatte nicht gelernt, wie man einem Menschen ins Bett hilft. Und dennoch begann sie nun, die Frau mit der Schnauze – zunächst sanft und dann immer kräftiger – ins Bett zurückzuschieben. Sie hob Mrs. Silvius ein Stückchen hoch, so daß sie die Arme auf den Rücken der Hündin legen konnte. Anschließend schob Francine die Frau mit viel Kraft und Feingefühl ins Bett zurück.

Gott hatte sie wohl gehört, dachte Mrs. Silvius. Er hatte sie gerettet, indem er ihr diesen wunderbaren Hund schickte, um ihr zu helfen.

Vor dem Gebäude der Schulbehörde in Dallas hatte sich eine größere Gruppe von Jugendlichen versammelt, die gegen die Entlassung mehrerer Lehrer protestierten. Darryl Crow und drei andere Polizisten hatten die Aufgabe, die Schüler zu beruhigen. Langsam und vorsichtig ritten sie auf ihren Pferden auf die Demonstranten zu.

Da bog mit quietschenden Reifen ein blauer Wagen um die Ecke. Mit hoher Geschwindigkeit kam das Auto, das von einem Jugendlichen gelenkt wurde, näher. Er schien das schlingernde Fahrzeug nicht mehr unter Kontrolle zu haben und raste direkt auf Crow und sein Pferd namens Tom Tom zu. Crow spürte, wie jeder Muskel sich in ihm anspannte. Er war sich sicher, daß Tom Tom jeden Moment davonstürmen würde, so daß der Wagen sie unweigerlich von hinten niedermähen würde.

Tom Tom, ein wunderschöner Rotfuchs, war eigentlich darauf abgerichtet, einer Bedrohung direkt gegenüberzutreten, so daß der Reiter sich wehren konnte; genau das war es, was Crow nun gebraucht hätte. Doch er hatte sich Tom Tom erst an diesem Morgen ausgeborgt, weil sein eigenes Pferd krank war; es war also das erste Mal, daß Crow auf Tom Toms Rücken saß. Er konnte nicht erwarten, daß ein Pferd, das er noch kaum kannte, auf seinen Schutz bedacht war – insbesondere wenn dieses Pferd, so wie jedes andere Tier in einer solchen Situation, an nichts anderes dachte, als der Gefahr zu entrinnen und sich in Sicherheit zu bringen.

Doch Tom Tom war mehr auf Crows Sicherheit bedacht als auf seine eigene und stand regungslos da, während der Wagen auf ihn zuraste. Das Pferd erfüllte seine Pflicht – und das für einen Menschen, der ihm völlig fremd war. Ohne mit der Wimper zu zukken, erwartete Tom Tom das Fahrzeug.

Der Wagen rammte das Pferd mit voller Wucht, so daß es auf die Motorhaube geschleudert wurde. Crow, der immer noch auf dem Tier saß, prallte gegen die Windschutzscheibe. Als der Wagen schließlich anhielt, rollte sich Crow, der nur unwesentlich verletzt war, von der Motorhaube ab, während Tom Tom versuchte, wieder auf die Beine zu kommen. Er zitterte am ganzen Körper vor Schmerz, als er sich hochrappelte und zur Seite hinkte.

Der Wagen hatte ihm mehrere Wunden zugefügt. Ein Hinterbein war am Fesselgelenk gebrochen. Crow lief zu ihm hin, um ihm zu helfen, doch seine Kollegen und er konnten nichts anderes für das Tier tun, als die gebrochene Stelle mit einem Tuch so fest zu verbinden, daß das Bein durch den Druck ruhiggestellt wurde, bis sie beim Tierarzt ankommen würden.

Tom Tom wartete geduldig auf das Eintreffen des Pferdetransporters. Er hinkte auf seinen drei gesunden Beinen in den Wagen, mit dem er in das tiermedizinische Krankenhaus transportiert wurde. Nach dreistündiger Fahrt mußte er dort unter starken Schmerzen noch länger warten, bis der Polizeibeamte, der ihn begleitete, nach endlosen Telefongesprächen endlich die Mittel bewilligt bekam, um Tom Toms Operation zu finanzieren.

Es war bereits spätnachts, als ein zehnköpfiges Ärzteteam sich an die Arbeit machte und zunächst Tom Toms Wunden nähte. Anschließend wurde ein Stück seines Hüftknochens in das gebrochene Bein eingesetzt, um es zu stabilisieren. Um zwei Uhr nachts war es schließlich soweit, daß das Pferd wieder aufstehen konnte – wenn auch unter großen Schmerzen, die noch lange anhalten sollten.

Die Physiotherapeuten des Krankenhauses bemühten sich, ihm wieder zu einem normalen Gang zu verhelfen. Um sein verletztes Bein nicht zu strapazieren, belastete Tom Tom sein gesundes Hinterbein um so mehr, was zu einer Entzündung führte, die bald ebenso schmerzhaft war wie das gebrochene Bein.

Crow kam regelmäßig ins Krankenhaus, um Tom Tom zu besuchen. Er streichelte und umarmte das Tier jedesmal, um ihm zu zeigen, wie dankbar er ihm für seinen Mut war. Doch diese Besuche deprimierten ihn sehr, weil er sah, wie das Pferd litt. Alle Lebensfreude war aus den Augen des Tieres gewichen – und auch Crow selbst war ziemlich niedergeschlagen, wenn er vom Krankenhaus nach Dallas zurückfuhr.

Doch im Gegensatz zu anderen Pferden, die oft nicht die nötige Willenskraft aufbringen, um solche Verletzungen zu überwinden, gab Tom Tom nicht auf. Schließlich ging es ihm wieder gut genug, daß er zu den anderen Polizeipferden zurückkehren konnte, wo er sehr bemüht war, die Erwartungen seines Trainers, Corporal Tom Hall, zu erfüllen. Jeden Morgen hinkte er in die Arena, um die gestellten Aufgaben – sei es im Trab oder im Galopp – zu bewältigen.

Nach einigen Monaten des Trainings schien er genügend Kraft und Zutrauen zu haben, um die Arbeit auf der Straße wiederaufnehmen zu können. Zumindest war Hall dieser Ansicht. Doch bald schon zeigte sich, daß Tom Tom so entsetzlich hinkte, daß er als Polizeipferd in Pension geschickt werden mußte und fortan in der Rehabilitation mit Kindern arbeitete. Und wieder versuchte er, die in ihn gesetzten Erwartungen zu erfüllen. Tag für Tag, Woche für Woche trabte Tom Tom mit den Kindern auf dem Rücken dahin.

Doch so tapfer er auch gegen seine Behinderung ankämpfte – sein Zustand wurde immer schlechter. Es tat weh mitanzusehen, wie das Pferd sich die Schmerzen verbiß, um laufen zu können. Schließlich wurden ihm einige der Schrauben im Fesselgelenk entfernt, um seine Bewegungsfähigkeit zu verbessern. Zunächst schien die Operation eine Besserung zu bringen, doch mit der Zeit hinkte Tom Tom stärker als zuvor.

Die Schmerzen, die er nun bereits in *beiden* Hinterbeinen hatte, machten sich bei jedem Schritt bemerkbar.

Sechs Jahre nachdem der jugendliche Autolenker ihn niedergefahren hatte, wurde Tom Tom schließlich eingeschläfert – und das alles, weil er ohne zu zögern bereit gewesen war, Darryl Crows Leben zu schützen.

Wenn Tiere drohende Krankheiten aufspüren

In *Canine Grapevine* erzählte Nancy Sciotti die Geschichte von Lorenzo Abundiz, einem Feuerwehrmann aus Südkalifornien, der an einem warmen Tag im Mai mit seinen beiden Rottweilern Cinder und Reeno eine Wanderung in den San Bernardino Mountains unternahm. Die beiden Hunde trotteten gutgelaunt neben ihm den Weg entlang.

Plötzlich blieb Cinder ein wenig zurück. Sie begann zu winseln und hockte sich schließlich auf den Boden, als weigere sie sich, Abundiz weiter zu folgen. Als er nach ihr rief, drehte sie sich um und lief den Berg hinunter – bis sie plötzlich stehenblieb und wieder zu ihm zurückkam. Dann setzte sie sich erneut auf den Boden und blickte ihn an.

Für gewöhnlich war Cinder es, die vor Abundiz und Reeno herlief, deshalb war es um so seltsamer, daß sie nun anscheinend nichts mehr davon hielt, die Wanderung fortzusetzen. Fast konnte man glauben, daß sie aus irgendeinem Grund beunruhigt war.

Abundiz hatte Cinder einst als Geschenk von zwei Feuerwehrmännern bekommen, die er gerettet hatte, als sie unter einer brennenden Wand, die rund eine halbe Tonne wog, eingesperrt waren. Er kämpfte sich durch den Rauch zu ihnen vor, hob die Wand mit einer Hand hoch und zog die Männer mit der anderen heraus.

Schon als kleines Hündchen hatte Cinder ihn immer gern auf seinen Wanderungen begleitet. Doch an diesem Tag schien sie aus irgendeinem Grund lieber umkehren zu wollen. Sie weigerte sich so standhaft, ihm zu folgen, daß Abundiz befürchtete, sie könnte vielleicht krank sein. Er wollte die Hündin nicht zwingen weiterzugehen, wenn sie sich nicht wohl fühlte.

Und so kehrte Abundiz mit Reeno um und folgte Cinder zum Wagen, um nach Hause zu fahren. Als sie im Wohnzimmer saßen, wich Cinder nicht von seiner Seite; sie blickte ihn irgendwie besorgt an, so daß Abundiz noch mehr das Gefühl bekam, daß etwas mit ihr nicht in Ordnung war. Er stand auf und ging zum Telefon, um den Tierarzt anzurufen.

Plötzlich begann sein Herz heftig zu pochen, und ihm wurde schwarz vor den Augen. Er konnte kaum noch atmen und brach schließlich bewußtlos zusammen. Als er wieder zu sich kam, saß Reeno bei ihm und leckte ihm über das Gesicht. Abundiz fühlte sich so schwach, daß er sich nicht rühren, geschweige denn seine Frau Roxanne rufen konnte.

Cinder schien zu wissen, wie ernst die Lage war. Während Abundiz kreidebleich am Boden lag, lief sie in die Küche und stupste das schnurlose Telefon mit der Schnauze von der Anrichte herunter. Dann trug sie das Gerät ins Wohnzimmer hinüber, legte es neben Abundiz auf den Boden und schob es schließlich zu seiner ausgestreckten Hand hin.

Mit allergrößter Mühe gelang es dem Mann, mit dem Daumen die Notrufnummer zu wählen, um mit schwacher Stimme zu sagen, daß er einen Herzanfall hatte.

Bald waren die Sanitäter mit Sauerstoff und Medikamenten zur Stelle, die seinen Herzschlag unterstützten. Dann wurde er mit größter Eile ins Krankenhaus gebracht, wo es den Ärzten gelang, sein Leben zu retten. Während Abundiz sich langsam erholte, dachte er immer wieder an Cinder und ihr plötzliches Beharren, die Wanderung abzubrechen. Sie mußte gespürt haben, daß seine Gesundheit und sein Leben in Gefahr waren. Ohne sie wäre er wohl irgendwo in den Bergen zusammengebrochen, ohne jede Aussicht auf Rettung.

Tiere beobachten die Menschen, die ihnen nahestehen, mit besonderer Aufmerksamkeit. Ihr Einfühlungsvermögen ist so groß, daß sie auch kleinste Veränderungen in der Körpersprache, dem Geruch, der Stimme oder im Verhalten der Menschen wahrnehmen. Aufgrund solcher Veränderungen sind sie bisweilen in der Lage, bevorstehende Krankheiten oder Anfälle vorherzusehen. Wenn ein Tier bemerkt, daß ein Mensch krank zu werden droht, versucht es oft, den Betreffenden zu warnen, indem es ihn anspringt, laut bellt, winselt oder sich auf irgendeine andere Weise auffällig benimmt.

Ein weiteres Beispiel für ein Tier, das einen Menschen vor einer bevorstehenden Erkrankung warnte, ist Jessie, ein Golden Retriever aus North Dakota. Nachdem Pamela Woodbeck den als Helfer ausgebildeten Hund bekam, erwies sich das Tier gleich als äußerst nützlich, indem es alle möglichen Dinge für die Frau vom Boden aufhob, ihr beim Öffnen der Türen behilflich war und achtgab, daß ihr Rollstuhl nicht umkippte. Mit der Zeit begann der Hund auch eine große Zuneigung zu der Frau zu entwickeln.

Eines Tages wurde Mrs. Woodbeck plötzlich sehr bleich im Gesicht und starrte mit ausdrucksloser Miene vor sich hin. Wenig später bekam sie eine entsetzliche Migräneattacke, die sie für mehrere Tage ans Bett fesselte.

Jessie beobachtete sie während dieser Zeit mit ganz besonderer Aufmerksamkeit. Möglicherweise hatte die Hündin schon vor dem Eintreten der Kopfschmerzen bestimmte Signale wahrgenommen, die für sie fortan mit den Schmerzen in engem Zusammenhang standen – wie etwa minimale Geruchsveränderungen, die eventuell durch chemische Prozesse im Gehirn der Frau ausgelöst wurden. Auf jeden Fall schloß Jessie aus ihren Wahrnehmungen, daß die Frau besondere Aufmerksamkeit und Zuwendung brauchte, die Jessie ihr auch zu geben bereit war.

Einige Wochen später, als Mrs. Woodbeck wieder im Rollstuhl sitzen konnte, legte Jessie plötzlich die Pfoten in ihren Schoß und sah der Frau mit fragendem Blick in die Augen. Dann lief sie immer wieder zum Bett und wieder zu Mrs. Woodbeck zurück, so daß die Frau zu keinem anderen Schluß kommen konnte, als daß Jessie sie überreden wollte, sich ins Bett zu legen. Eine Stunde später spürte Mrs. Woodbeck, daß sie wieder Migräne bekam. Jessie hatte sie bereits um einiges früher gespürt als sie selbst.

Und auch später versuchte der Hund sie stets zu überreden, sich ins Bett zu legen, wenn der Frau eine Migräneattacke bevorstand.

In *Cat Fancy* berichtete Michelle Gonzales von einer Katze, die offensichtlich in ganz außerordentlichem Maße die Fähigkeit besaß, solche Veränderungen wahrzunehmen. Meep war eine extrem scheue Katze, so daß Mrs. Gomez sie sogar dazu überreden mußte, sich hin und wieder streicheln zu lassen. Doch eines Tages verwandelte sie sich plötzlich in eine wilde Löwin.

Als Mrs. Gomez eines Morgens aufstand und den Fernseher einschaltete, um ihre Lieblingsshow anzusehen, kam Meep plötzlich ins Zimmer gestürmt. Sie sprang die Frau an und krallte sich an ihrer Brust fest. Mrs. Gomez war ziemlich verblüfft über die plötzliche Aggressivität des ansonsten so scheuen Tieres und schob die Katze weg.

Sie rieb sich die blutende Brust, als sie auf einmal einen Knoten bemerkte. Sie erschrak über diese Beobachtung und rief sofort einen Arzt an. Nachdem eine Mammographie sowie eine eingehende Analyse des Brustgewebes vorgenommen worden waren, erfuhr die Frau, daß sie an einer äußerst bösartigen Form von Brustkrebs litt. Wenn Meep sie nicht auf so drastische Weise auf den Knoten hingewiesen hätte, dann wäre sie – so teilte der Arzt ihr mit – wahrscheinlich in einem Jahr an Brustkrebs gestorben.

Meep ist jedoch nicht das einzige Tier, von dem wir wissen, daß es einen Menschen auf eine Krebserkrankung hingewiesen hat. Eine Frau in London war überrascht, als ihr Hund Boo ein Muttermal an ihrem Bein so eingehend zu beschnuppern begann, daß sie seine Botschaft schließlich verstand und zum Arzt ging. Und tatsächlich wurde an dem Muttermal eine bösartige Veränderung festgestellt.

George, ein Riesenschnauzer in Tallahassee, Florida, tat das gleiche für Eddie Messer, wenngleich George eigens dafür ausgebildet war, Krebs zu erkennen.

Während einer der Lektionen, die George erhielt, ließ sein Trainer Duane Pickel den Hund an einem Proberöhrchen mit Krebszellen schnuppern. Dann ließ Pickel ihn an Messer schnuppern, der mit dem Gesicht nach unten in der Badehose dalag. Man hatte auf dem Rücken des Mannes mehrere Heftpflaster befestigt, wobei sich unter einem davon Krebszellen befanden; er hoffte, daß George diese Zellen finden würde, was jedoch nicht der Fall war. Statt dessen begann der Hund an einem anderen Heftpflaster zu schnuppern, unter dem sich ein Leberfleck befand, den der Mann einige Wochen zuvor von einem Arzt hatte untersuchen lassen; dieser hatte ihm jedoch versichert, daß er sich deswegen keine Sorgen zu machen brauche.

George schnupperte hartnäckig an dieser Stelle und blickte dazwischen immer wieder zu Pickel auf, um dessen Aufmerksamkeit zu erregen. Als Pickel schließlich George befahl, die anderen Heftpflaster zu untersuchen, weigerte sich der Hund. Immer wieder kehrte er zu dem Verband über dem Leberfleck zurück.

Während er von dem Hund beschnuppert wurde, spürte Messer, daß die feuchte Schnauze sowie die Pfote des Tieres immer wieder zur gleichen Stelle zurückkehrten. Der Mann ahnte, daß George weit mehr tat, als nur seinen Job zu erfüllen. Und er hatte den Eindruck, daß der Hund unbedingt helfen wollte und daß er mit allen Mitteln versuchte, seine und Pickels Aufmerksamkeit auf sich zu ziehen.

„Mir scheint, er will uns auf etwas hinweisen", sagte Messer schließlich zu Pickel.

Georges Hartnäckigkeit bewog Messer, noch einmal zum Arzt zu gehen und den Leberfleck untersuchen zu lassen. Die Diagnose war diesmal eine ganz andere als bei der ersten Untersuchung; es wurde nämlich bösartiger Hautkrebs festgestellt.

Seiko, ein schwarzer Pudel, übernahm eine äußerst schwierige Aufgabe, als man ihn der kranken Sue als Helfer zuwies, die an manchen Tagen 20 bis 30 Anfälle hatte, welche wahrscheinlich von einer Kopfverletzung in der Kindheit herrührten.

Während solcher Anfälle war es schon passiert, daß Sue eine Treppe hinunterfiel und sich beide Beine brach, daß sie von einem Auto angefahren wurde und sogar, daß man sie auf der Straße ausraubte. Nachdem sie ein zweites Mal ausgeraubt worden war, hatte sie so große Angst davor, auf die Straße zu gehen, daß sie wochenlang zu Hause blieb. Ihre Anfälle wurden so häufig und so schwer, daß ihre Kinder Angst hatten, mit ihr allein zu sein.

Als Seiko in die Familie kam, schöpften sie alle neue Hoffnung. Möglicherweise würde der Hund es schaffen, ihr Leben wieder erträglicher zu machen. Seiko war sorgfältig dafür ausgebildet zu erkennen, wann Sue einen Anfall hatte, der sofortige ärztliche Hilfe erforderlich machte. In diesem Fall würde er einen Knopf an einem Modem drücken, mit dem ein Krankenwagen alarmiert würde. Wenn Sue nicht in der Nähe des Modems war, sondern den Anfall irgendwo fern von zu Hause hatte, dann wußte Seiko ebenfalls, was zu tun war; er bewachte die Frau und bellte, um eventuelle Straßenräuber abzuschrecken – bis schließlich Hilfe eintraf oder Sue sich von allein wieder erholt hatte und ihm das Kommando „Aus" gab.

Im Laufe von wenigen Monaten hatte Seiko gleich mehrmals Gelegenheit, Sue das Leben zu retten. Ihre Familie war sehr erleichtert, und Sue selbst war begeistert von dem vierbeinigen Helfer. Sie liebte den Hund geradezu.

Und Seiko schien diese Gefühle durchaus zu erwidern. Nachdem er sich acht Monate lang um die Frau gekümmert hatte, stand er ihr so nahe, daß er bereits vorher wußte, wann sie einen Anfall bekommen würde. Während Sue selbst erst ungefähr fünfzehn Sekunden vor dem Ausbruch wußte, daß ein Anfall im Kommen war, spürte der Hund das Ereignis bis zu einer halben Stunde vorher.

Obwohl er dafür überhaupt nicht ausgebildet war, begann Seiko sie zu warnen, wenn ein Anfall drohte, indem er sie sanft mit der Pfote niederdrückte, damit sie sich nicht beim Umfallen verletzen konnte. Manchmal, wenn der Anfall vorüber war und sie ihm das Kommando „Aus" gab, ließ er die Pfote weiter auf ihr ruhen, weil er wußte, daß ein weiterer Anfall folgen würde. Statt sie loszulassen, leckte er ihr über die Hände und stupste sie mit der Schnauze, bis schließlich der zweite Anfall kam und wieder vorüberging.

Waren Sue und er gerade unterwegs, wenn er einen Anfall nahen fühlte, dann weigerte er sich, mit ihr weiterzugehen – selbst wenn sie ihn noch so sehr drängte. Er hockte sich nieder und zwang sie, ebenfalls stehenzubleiben. Wenn sie immer noch darauf bestand weiterzugehen, gehorchte er zwar, blieb aber schon nach wenigen Schritten wieder stehen; an der Anzahl der Schritte, die Seiko noch bereit war mitzugehen, konnte Sue mit der Zeit erkennen, wie lange es noch dauern würde, bis der Anfall einsetzte; je weniger Schritte er noch machte, um so kürzer war die Zeit bis dahin.

Mit seinem Einfühlungsvermögen und seinem Mitgefühl hatte Seiko ganz allein einen Weg gefunden, wie er Sue am besten helfen konnte. Es ist deshalb nur zu verständlich, daß die Frau immer wieder betont: „Seiko hat mein Leben wieder lebenswert gemacht."

Eines Abends arbeitete Karen Brazelton in ihrem Büro in einer Wohngemeinschaft für fünf behinderte Personen in Dickinson, North Dakota. Während sie ihrer Arbeit nachging, schliefen die fünf Bewohner bereits in ihren Zimmern. Im Haus war alles still.

Doch Mrs. Brazelton war schwerhörig und konnte so die Stille nicht wahrnehmen; sie hörte auch nicht, daß der Siamkater Shoo Shoo seinen Schlafplatz auf dem Sofa des Wohnzimmers verlassen hatte und durch die Wohnung streifte. Der Kater lief zu einem der Zimmer, wo er kurz schnupperte und mit den Pfoten an der Türe scharrte, ehe er in Mrs. Brazeltons Büro gelaufen kam. Er ließ sich auf der Türschwelle nieder und wedelte mit dem buschigen Schwanz, um die Frau auf sich aufmerksam zu machen. Doch sie merkte nicht, wie aufgeregt das Tier war, und arbeitete ahnungslos weiter.

Shoo Shoo hatte zuvor bei Mrs. Brazelton gelebt, bis ihre Kinder erwachsen wurden und auszogen. Da sie und ihr Ehemann den ganzen Tag über arbeiteten, begann sich die Katze mit der Zeit einsam und verzagt zu fühlen. Und so brachte Mrs. Brazelton den Kater in die Wohngemeinschaft, wo er bald der Liebling der Bewohner wurde, auch wenn er des öfteren ihre Kugelschreiber entwendete, aus ihren Gläsern trank und ihnen mit dem buschigen Schwanz im Gesicht herumwedelte.

Und nun hockte er in der Tür zu Mrs. Brazeltons Büro und starrte sie unentwegt an. Doch die Frau schenkte ihm nur einen kurzen Blick und wandte sich gleich wieder ihrer Arbeit zu. Es frustrierte den Kater offensichtlich sehr, daß sie ihn kaum zur Kenntnis nahm. Erneut lief er zu den Zimmern der Hausbewohner, ehe er zu Mrs. Brazelton zurückkehrte. Wie wild wedelte er mit dem Schwanz hin und her, doch die Frau ignorierte ihn weiterhin, so daß der Kater erneut zu den Zimmern der Schlafenden eilte.

Irgendwann wurde der Frau schließlich klar, daß Shoo Shoo sie überreden wollte mitzukommen. Sie wußte auch, daß die Bewohner des Hauses bei geschlossenen Türen in ihren Zimmern schliefen. Falls also bei einem von ihnen etwas vorgefallen sein sollte, konnte Shoo Shoo unmöglich davon wissen. Dennoch versuchte der Kater beharrlich, sie zum Mitkommen zu überreden.

Genauso hartnäckig war der Kater eines Morgens gewesen, als er laut miauend durch das ganze Haus lief und schließlich aufgeregt an Mrs. Brazelton hochsprang. Sie dachte damals, daß das Tier übergeschnappt sei, doch als sie ihm folgte, entdeckte sie, daß einer der Bewohner einen Anfall hatte. Von diesem Tag an wurden Shoo Shoos Rundgänge durch das Haus zur täglichen Routine.

Einmal streifte er zwei Nächte hindurch ständig um das Zimmer einer Bewohnerin herum, bis Mrs. Brazelton sich die Frau einmal näher ansah und feststellte, daß ihre Augen und ihre Haut einen gelblichen Schimmer zeigten; die Ärzte stellten eine gefährliche Funktionsstörung der Leber fest.

Mrs. Brazelton erhob sich also von ihrem Stuhl und folgte Shoo Shoo. Sie ging sogleich zum Zimmer einer Bewohnerin, die häufig von Anfällen heimgesucht wurde – doch als sie die Tür öffnete, fand sie die Frau friedlich schlafend vor. Aber Shoo Shoo wartete bereits ungeduldig, daß Mrs. Brazelton ihr weiter folgte, und lief zu einer anderen Tür. Als sie dort eintrat, sah sie, daß die am ganzen Leib zitternde Frau einen schweren Anfall hatte.

Shoo Shoo lief rasch zu ihr und stützte sich mit den Vorderpfoten am Bett auf, um den Kopf auf die Matratze zu legen. Mrs. Brazelton blieb bei der Frau, bis der Anfall vorüber war, während Shoo Shoo von der Bettkante aus über die Kranke wachte. Als es der Frau wieder besser ging, suchte der Kater beruhigt seinen Schlafplatz auf dem Wohnzimmersofa auf, um seine Nachtruhe fortzusetzen.

Tiere, die sich um Kinder kümmern

Belle, ein schwarzer Labrador-Retriever in Lunenburg auf der kanadischen Halbinsel Neuschottland, war eine liebevolle und treue Gefährtin. Wenn man sie rief, kam sie sofort gelaufen. Ihre Hauptaufgabe sah sie jedoch darin, dem kleinen, drei Jahre alten Kenny Knickles auf Schritt und Tritt zu folgen und ihn zu beschützen.

„Ich gehe hinaus zum Spielen", sagte Kenny an einem Wintermorgen zu Nancy, seiner Mutter.

Sie blickte von ihrer Zeitung auf, die sie am Küchentisch las. „Viel Spaß", sagte sie.

Belle folgte dem Kleinen wie üblich nach draußen. Es machte ihr großen Spaß, ihm den Fußball zuzuspielen, seine Eishockeyscheiben zurückzubringen und ihn auf seinem Schlitten durch den Garten zu ziehen, wozu sie sich die Leine zwischen die Zähne klemmte. Wenn Belle bei dem kleinen Kenny war, dann brauchte sich Nancy keine Sorgen zu machen.

Nachdem sie die Zeitung weggelegt und ein kurzes Telefonge-spräch geführt hatte, ging sie nach draußen, um nach Kenny zu sehen. Belle und er waren nicht mehr im Garten. Während sie te-lefoniert hatte, war ihnen wahrscheinlich kalt geworden, so daß sie ins Haus zurückgekehrt waren. Nancy suchte sie im ganzen Haus, konnte sie aber nirgends finden.

Sie ging wieder hinaus, diesmal zum nahegelegenen Wald hin-über, wo die beiden oft spielten. Doch auch dort war nichts von ihnen zu sehen. Sie rief nach ihnen – doch es kam keine Antwort. Was die Frau am allermeisten beunruhigte, war die Tatsache, daß auch Belle nicht auf ihr Rufen reagierte, was noch nie zuvor pas-siert war. Besorgt eilte Nancy nach Hause und rief ihre Nachbarn an, doch niemand hatte Kenny und Belle gesehen.

Tief beunruhigt rief sie ihren Mann Kenneth in seinem Büro an. „Sie müssen sich im Wald verirrt haben", teilte sie ihm mit.

„Hast du schon am Kanal nachgesehen?" fragte er. Der Hafen-kanal von Lunenburg, der zu diesem Zeitpunkt etwa drei Meter tief war, grenzte direkt an das Grundstück der Knickles.

„Sie gehen nie in die Nähe des Wassers. Das kann einfach nicht sein", erwiderte Nancy, um ihn – und sich selbst – zu beruhigen.

Kenneth eilte sofort nach Hause und ging in Gedanken alle möglichen Plätze durch, an denen sich der Kleine befinden konnte. Was ihn sehr beschäftigte, war die Tatsache, daß Belle nicht auf Nancys Zurufe reagiert hatte. Er überquerte die Brücke über den Kanal und blickte in das teilweise gefrorene Wasser hin-ab, als er plötzlich zutiefst erschrak. Da unten sah er Belle, die sich mit den Vorderpfoten am Ufer festhielt, so daß nur ihr Kopf und ihre Pfoten zu sehen waren.

Belle hätte sich leicht schwimmend in Sicherheit bringen kön-nen. Kenneth war überzeugt, daß sie nur deshalb dort hing, weil sie Aufmerksamkeit auf sich ziehen wollte; wahrscheinlich mar-kierte sie mit ihrem dunklen Körper vor dem weißen Hintergrund jene Stelle, an der sein Sohn zu finden war. Die Hündin hoffte wohl, daß jemand sie sah und herbeikam, um Kenny zu retten.

Kenneth stellte den Wagen ab und lief, so schnell er konnte, zu ihr hin. Er zog die völlig durchnäßte und zitternde Hündin an Land. Dann tauchte er den Kopf ins Wasser, um unter der Eis-schicht nach Kenny zu suchen, und entdeckte einen der Fäustlin-ge seines Jungen am Grund des Kanals.

Kenneths Herz pochte wie wild, und er warf seinen Hut ins Wasser, um zu sehen, wohin die Strömung ihn trieb, denn in dieser Richtung würde er auch seinen Sohn suchen müssen. Als er dem Hut nachblickte, sah er ein Stückchen von Kennys blauem Schneeanzug, nur etwa zweieinhalb Meter von jener Stelle entfernt, an der Belle gehangen hatte. Der Junge trieb offensichtlich mit dem Kopf nach unten im Wasser. Die Luft innerhalb seines Schneeanzugs hielt ihn so einigermaßen in der Nähe der Oberfläche.

Kaum hatte Kenneth seinen Sohn erblickt, als Belle auch schon ins Wasser sprang, um ihn zu retten. Auch Nancy hatte mittlerweile den Kanal erreicht, während Kenneth von Scholle zu Scholle sprang, um zu seinem Sohn zu gelangen. Er legte sich flach auf das Eis und zog zuerst Belle und dann Kenny aus dem Wasser. Aufgeregt bearbeitete er den Brustkorb des Jungen, dem das Wasser aus dem Mund hervorsprudelte.

Kenneth hob den Jungen hoch und sprang über das Treibeis ans Ufer zurück. In seinem Schock war er sich fast sicher, daß der Kleine bereits tot war. Nancy barg ihr Gesicht in den Händen und weinte. Die Hündin bellte so laut, als wolle sie Hilfe rufen.

Als schließlich ein Krankenwagen eintraf, war Belle ganz außer sich und sprang an den Männern hoch, um sie zu größerer Eile aufzufordern. Als der Krankenwagen mit Kennys leblosem Körper davonfuhr, lief die Hündin hinterher, bis Nancy und Kenneth sie durch Zurufe zum Umkehren bewegen konnten. Als sie zu Hause ankamen, lief Belle ruhelos von einem Zimmer ins andere; sie schien ganz und gar untröstlich.

Nancy und Kenneth ließen sie schließlich im Keller zurück, während sie tief bekümmert zum Krankenhaus aufbrachen. Sie hatten keine Hoffnung mehr, daß die Ärzte Kenny wieder ins Leben zurückrufen könnten.

„Er war eine halbe Stunde im Wasser", teilte einer der Ärzte ihnen mit. „Wenn es uns gelingt, ihn wiederzubeleben, wird er wohl gehirntot sein."

Dennoch versuchten die Ärzte, ihn ins Leben zurückzubringen. Sie konnten zwar einen Herzschlag feststellen, doch für allzu optimistische Hoffnungen sahen sie keinen Anlaß. „Die Überlebenschancen liegen etwa bei fünf Prozent", teilten sie den Eltern mit, um keine falschen Hoffnungen aufkommen zu lassen.

Vier Tage lang kämpfte Kenny um sein Leben, während Kenneth und Nancy täglich ins Krankenhaus kamen, um bei ihm zu sein. Belle war währenddessen zu Hause mit ihrer Trübsal allein. Hin und wieder lief sie zum Kanal und blickte ins Wasser hinunter – möglicherweise um nachzusehen, ob Kenny da war. Und wenn sie durch den Garten lief, hatte man ebenfalls den Eindruck, daß sie nach dem Jungen suchte. Wenn sie ihre Suche erfolglos abbrach, setzte sie sich auf die Veranda und behielt die Straße im Auge, um jederzeit auf sein Kommen gefaßt zu sein.

Nach drei Wochen kehrte Kenny nach Hause zurück; er hatte keinerlei Gehirnschaden davongetragen. Die Ärzte sprachen von einem Wunder.

Doch die Knickles wußten, daß dieses Wunder erst durch Belles kluges und aufopferungsvolles Handeln möglich geworden war. Immer wieder fragten sie sich, was wohl gewesen wäre, wenn die Hündin den Jungen allein gelassen hätte und Nancys Ruf gefolgt wäre. Wenn sie nicht zitternd und frierend am Ufer geblieben wäre, dann hätte Kenneth den Jungen niemals rechtzeitig gefunden.

Obwohl Belle sich wie die meisten Retriever im Wasser überaus wohl fühlte, schwamm sie doch nie wieder in dem Kanal, in dem Kenny beinahe ertrunken wäre. Manchmal stand sie am Ufer und bellte auf das Wasser hinaus. Wer weiß, woran sie in solchen Augenblicken dachte. Vielleicht durchlebte sie noch einmal jene schrecklichen Minuten, vielleicht versuchte sie aber auch nur Kenny vor der drohenden Gefahr zu warnen, so wie sie das schon immer getan hatte.

Bruno, ein Deutscher Schäferhund, trottete eines Tages hinter dem elfjährigen Donnie Skiffington her, der in der Nähe der Hütte seiner Eltern in Princeton, Neufundland, mit seinem Fahrrad unterwegs war. Plötzlich beschloß der Junge, einen anderen Weg einzuschlagen, und so fuhr er einen Hügel hinunter. Er verlor das Gleichgewicht, als er gegen einen Felsen fuhr, und stürzte vom Fahrrad. Aus mehreren klaffenden Kopfwunden blutend, blieb er schließlich bewußtlos in einem Graben am Fuße des Hügels liegen.

Bruno lief sogleich zu ihm und leckte ihm das Blut vom Gesicht, während der Junge nach und nach wieder zu sich kam.

Doch Donnie war noch völlig benommen und hatte große Schmerzen, so daß es ihm unmöglich war, allein nach Hause zu gehen. Deshalb entschloß sich Bruno, zurückzulaufen und Donnies Mutter Cindy zu alarmieren. Er packte sie an der Hand und versuchte sie mit sich zu ziehen. Die Frau dachte jedoch, daß Bruno bloß mit ihr spielen wolle, worauf sie jedoch keine Lust hatte, so daß sie sein Drängen ignorierte.

Doch Bruno gab nicht auf. Er eilte zu Donnie zurück, der – immer noch benommen und aus seinen Wunden blutend – am Boden lag. Als der Junge zu weinen anfing, traf der Hund offensichtlich eine Entscheidung: Wenn er schon nicht Hilfe herholen konnte, dann mußte er eben den Jungen dorthin bringen, wo man ihm helfen konnte. Er packte Donnie am Hemdkragen und zog ihn aus dem Graben und den ganzen Hügel hinauf. Als Donnies Vater Eric vom Holzhacken aufblickte, sah er, wie Bruno sich abmühte, um den Jungen zu ihm zu schleppen.

Eric und Cindy brachten ihren Sohn ins Krankenhaus, wo seine Wunden mit 20 Stichen genäht wurden. Als Donnie wieder zu Hause war, blieb der Schäferhund stets in seiner Nähe und behielt seinen Schützling im Auge wie eine besorgte Krankenschwester ihren Patienten.

Jenny, ein kräftiger, fast 50 Kilo schwerer Rottweiler, hielt sich besonders gern in der Nähe von Veronica Retana, der Babysitterin einer Familie in Pound Ridge, New York, auf. Die Hündin folgte ihr und den Kindern durch das ganze Haus. Und es schien ihr nicht das geringste auszumachen, wenn die Kinder ausgelassen mit ihr spielten und auf ihr herumkletterten.

Eines Nachmittags klopfte ein Mann mit einem roten Pferdeschwanz und einem dünnen roten Schnurrbart an die Tür. „Ich komme, um das Baby zu holen", sagte er.

Der Vater des Kindes, so behauptete der Mann, habe einen Autounfall gehabt und sei sofort ins Krankenhaus gebracht worden. Die Mutter sei ebenfalls auf dem Weg ins Krankenhaus und hätte gern ihr Baby bei sich.

Retana musterte das feiste, pockennarbige Gesicht des Mannes und sah ihr eigenes Gesicht in seiner Sonnenbrille gespiegelt. Sie traute ihm nicht recht und sagte ihm, er solle warten, damit sie erst die Mutter des Babys anrufen könne.

Die junge Frau schob die Tür zu und ging ins Haus zurück, um zu telefonieren. Jenny lag auf dem Fußboden und hütete das Baby. Der Mann drückte die Tür auf und trat ins Wohnzimmer, wo er, ohne zu zögern, das Baby an sich nahm. Dann lief er fort und Jenny hinter ihm her. Sie erwischte den Mann, bevor er in den Wagen springen konnte, der bereits mit laufendem Motor auf ihn wartete; es war ein weißer Kleinbus, hinter dessen Lenkrad eine Frau saß.

Jenny lief um den Mann herum, um ihn daran zu hindern, in den Wagen einzusteigen, ehe sie sich schließlich auf ihn stürzte. Sie grub ihre Zähne in seinen Arm, so daß er das schreiende Kind fallenließ. Dann sprang er in den Wagen, der sogleich davonraste. Als die Babysitterin aus dem Haus gelaufen kam, sah sie, wie Jenny das Baby zärtlich beschnupperte, das zwar lauthals schrie, aber zum Glück unverletzt war.

Tiere kümmern sich oft besonders hingebungsvoll um Kinder. Immer wieder hört man, daß sie Kinder aus gefährlichen Situationen retten oder daß sie Kindern helfen, die sich verirrt haben. In solchen Fällen bleibt das Tier entweder bei dem Kind und hält es warm, bis jemand zu Hilfe kommt, oder aber es versucht, irgendwen auf das Kind aufmerksam zu machen.

Lady, ein Collie-Schäferhund-Mischling, folgte dem drei Jahre alten Tommy Abel, der sich in den Wäldern in der Vorstadt von St. Louis verlaufen hatte. Irgendwann blieb Tommy im sumpfigen Gelände stecken und konnte sich nicht mehr befreien. Als die Sonne unterging und es empfindlich kalt wurde, war er bereits bis zu den Knien im Morast versunken und so erschöpft, daß er nicht einmal mehr um Hilfe rufen konnte.

Lady lief los, um Hilfe zu holen, und stieß auf zwei Arbeiter, die an einer Telefonleitung zu tun hatten. Sie winselte und eilte in Tommys Richtung, ehe sie wieder auf die Männer zugelaufen kam. Sie lief so oft hin und her, bis die beiden endlich verstanden, was sie von ihnen wollte. Sie packten ihr Werkzeug zusammen und folgten der Hündin, bis sie schließlich den Jungen fanden, der immer tiefer in den Sumpf geriet. Sie zogen ihn heraus und brachten ihn schließlich zusammen mit Lady nach Hause.

Ringo, der teilweise von Bernhardinern und teilweise von chinesischen Chow-Chow-Hunden abstammte, wurde unruhig, als der zweieinhalb Jahre alte Randy Saley sich plötzlich eine Meile von zu Hause entfernt mitten in einer schlecht einsehbaren Kurve auf die Straße setzte, weil er sich hoffnungslos verlaufen hatte und nicht mehr weiter wußte. Ringo postierte sich vor der Kurve, um die Autofahrer aufzuhalten, damit sie den Kleinen nicht überfuhren. Wenn die Fahrer nicht schnell genug reagierten, dann warf er sich dem Auto regelrecht entgegen.

Immer wieder eilte Ringo zu dem kleinen Randy zurück und versuchte ihn an den Randstein zu schieben. Aber der Kleine hielt das für ein Spiel und lief jedesmal wieder auf die Straße zurück. Doch Ringo dachte im Moment nicht daran, mit ihm zu spielen. Innerhalb von fünfzehn Minuten hatte er dafür gesorgt, daß sich vor der Kurve eine Schlange von etwa 40 Autos bildete, so daß er mittlerweile völlig erschöpft war.

Harley Jones, einer der Fahrer, die Ringo aufgehalten hatte, stieg aus und ging nach vorne, um nachzusehen, was da los war, wo er schließlich den kleinen Jungen auf der Straße entdeckte. Nachdem er Ringo beruhigt hatte, hob der Mann den Kleinen hoch und trug ihn an den Straßenrand. Doch Ringo wich nicht von der Seite des Mannes, um ihn seine Zähne spüren zu lassen, falls er Randy weh tun sollte. Erst als der Junge in Sicherheit war und nach Hause gebracht wurde, war Ringo bereit, die 40 Autos passieren zu lassen.

Als Joe Stadler eines Tages seine Wiesen in Oakdale, Kalifornien, bewässerte, trottete sein Border-Collie-Mischling namens Mutt neben ihm her und beschnupperte das Gelände am Ufer des Bewässerungskanals. Plötzlich blieb der Hund stehen, hob den Kopf und blickte auf das Wasser hinunter, ehe er den Abhang hinabeilte.

Stadler sah, daß der Hund auf ein kleines weißes Etwas zulief, das im Gras lag. Mutts Winseln und Schwanzwedeln schienen ihm anzuzeigen, daß er ihm folgen sollte – und so kletterte er ebenfalls hinab, um nachzusehen, was der Hund entdeckt hatte. Es handelte sich um ein weißes Handtuch mit einem Garfield-Aufdruck, und in das Handtuch war ein Baby eingewickelt. „Mutt hat gespürt, daß das kleine Geschöpf Hilfe brauchte", ist Stadler heute noch überzeugt.

Der Golden Retriever Ben lag wie üblich unter dem Schreibtisch des Anwaltes Wayne Sawyers. Als zwei Brüder – der eine acht, der andere neun Jahre alt – das Büro betraten, wollte Ben gleich auf sie zustürmen, doch er blickte erst zu Sawyers auf, um dessen Erlaubnis zu bekommen, die beiden zu begrüßen. Steif und ohne ein Wort zu sagen, setzten sich die Jungen auf das Sofa.

Sawyers war während der Scheidung ihrer Eltern vom Gericht damit betraut worden, mit den beiden zu sprechen und nach Möglichkeit zu einer Entscheidung zu gelangen, welcher der beiden Elternteile das Sorgerecht bekommen sollte. Die beiden Jungen hatten Sawyers nie zuvor gesehen. Schüchtern und mißtrauisch saßen sie da und blickten auf ihre Schuhe hinunter. Einer der beiden räusperte sich.

„Habt ihr Angst vor Hunden?" fragte Sawyers schließlich.

„Nein."

„Na fein. Also los, Benny! Geh zu ihnen!"

Benny kam sogleich unter dem Schreibtisch hervor. Wie jedesmal, wenn er Kindern begegnete, sprang er ausgelassen auf und ab und wedelte mit dem Schwanz, was eine Art Aufforderung war, ihn zu streicheln. Dann schmiegte er sich mit der Schnauze an die beiden und leckte ihnen über das Gesicht, bis ihnen endlich ein Lächeln auf die Lippen trat.

„Er ist mein Gehilfe. Er kann zum Beispiel das Licht einschalten oder im Gericht Akten hin und her tragen."

Während er zu ihnen sprach, blickten sie Sawyers zum ersten Mal direkt an.

„Einmal brachte er mir ein ganz kleines Kätzchen, ein andermal ein winziges Kaninchen mit einem gebrochenen Bein", erzählte Sawyers weiter. „Er wollte, daß ich ihnen helfe."

„Und haben Sie ihnen geholfen?"

„Klar."

Ihr Zutrauen wuchs wieder ein kleines bißchen.

„Habt ihr auch Haustiere?" fragte er.

Während sie von ihrer Katze und ihrer Wüstenmaus erzählten, begannen sie Ben zu streicheln. Es dauerte nicht lange, bis sie sich mit ihm auf dem Fußboden wälzten und lachten, wenn er wieder einmal übermütig aufjaulte.

Nach und nach brachte Sawyers das Gespräch auf ernstere Themen und stellte ihnen diese und jene Frage, die für ihn wichtig war, wie zum Beispiel: Was macht ihr, wenn ihr von der Schule nach Hause kommt? Hilft euch eure Mutter bei den Hausaufgaben? Hat euer Vater zu trinken aufgehört?

Und die Jungen antworteten ihm, weil Bens Anwesenheit ihnen alle Scheu nahm.

Nachdem er sich mehrmals mit den Jungen unterhalten hatte, trat Sawyers gemeinsam mit Ben vor das Gericht, um das gemeinsame Sorgerecht für die Eltern der beiden zu beantragen.

Und als der Richter den Saal betrat, erhob sich Ben genauso wie alle anderen Anwesenden.

Wenn Tiere Fremden zu Hilfe kommen

Im Zuge meiner Recherchen stellte ich folgende Frage an Marc Bekoff, einen Tierverhaltensforscher an der Universität von Colorado: „Warum begegnen Tiere uns Menschen mit soviel Wohlwollen?" Er bezog meine Frage ausschließlich auf Hunde und sagte: „Sie sind eben Teil des Familienlebens. Für mich gehört mein Hund zur Familie. Und ich glaube, er sieht das ganz genauso."

Man könnte also sagen, daß Tiere jenen helfen, denen sie nahestehen – genauso, wie Menschen ihren Verwandten und Freunden zu Hilfe kommen. Es ist Tieren offensichtlich durchaus nicht einerlei, wie es den Menschen geht, mit denen sie leben.

Doch diese Erkenntnis liefert keine Erklärung für jene Fälle, wo Tiere Mitgefühl gegenüber Menschen an den Tag legen, die ihnen völlig fremd sind. Immer wieder kommt es vor, daß Tiere der verschiedensten Gattungen Menschen helfen, denen sie noch nie zuvor in ihrem Leben begegnet sind.

Als einmal ein Hund eine Frau bewußtlos auf einem Reitweg liegen sah, setzte er sich neben sie und bellte so lange, bis jemand auf ihn aufmerksam wurde und Hilfe holte. Genauso kommt es oft vor, daß Hunde selbst für völlig Fremde Hilfe holen, wenn diese in Gefahr geraten, wie etwa im Falle von zwei Jungen, die sich verzweifelt an ein umgekipptes Kanu klammerten, das in einem eiskalten, reißenden Fluß trieb, oder bei einem Teenager, der sich beim Bergklettern in den Seilen verfangen hatte und hilflos unter einem Felsvorsprung hing, aber auch bei einem Mann, der in einem verlassenen Lagerhaus blutend unter einem mehr als eine Tonne schweren Reifen eines Planierpfluges lag.

Tara, ein Deutscher Schäferhund in Duncan, British Columbia, strich eines Tages durch die Wälder, als ein Motorradfahrer die nahegelegenen Bahngeleise entlangraste. An einem Bahnübergang stieß der Fahrer gegen eine Bahnschwelle, die neben den Schienen lag, und verlor die Herrschaft über sein Fahrzeug. Er flog in hohem Bogen durch die Luft und blieb blutüberströmt und stöhnend am Boden liegen. Durch den Aufprall waren seine Knie und Ellbogen zerschmettert worden.

Tara spitzte die Ohren und ging auf die Geleise zu, wo sie aufmerksam lauschte. Das Stöhnen sagte ihr, daß sich hier jemand in ernsten Schwierigkeiten befand. Sofort rannte sie nach Hause zu Helmut Langer, der gerade im Speicher hinter dem Haus arbeitete, und bellte so beharrlich, bis er schließlich seine Arbeit beiseite legte.

Langer stand vom Schreibtisch auf und sah durchs Fenster. Tara starrte ihn an, ehe sie sich plötzlich umdrehte und in Richtung der Bahngeleise lief. Doch nach einigen Metern blieb sie wieder stehen und drehte sich zu ihm um, wie um ihm zu sagen, daß er ihr folgen solle. Offensichtlich wollte sie ihm etwas Wichtiges zeigen.

Nachdem Langer seiner Hündin einige Zeit durch den Wald gefolgt war, vernahm er schwache Hilferufe. Gleich darauf sah er den jungen Mann, der regungslos mitten auf den Bahngeleisen lag. Obwohl der Verunglückte für Tara ein Fremder war, stand sie so lange bei ihm, bis ein Krankenwagen ihn abholte.

20 Minuten später donnerte an dieser Stelle ein Zug vorbei.

Als Veda Rhyne vom Kirchgang in Gastonia, North Carolina, heimkam, ließ sie ihren energiegeladenen kleinen Cockerspaniel Spud noch ein bißchen draußen herumtollen. Er jagte so ausgelassen die Straße hinunter, daß seine Ohren auf und ab wippten.

Etwa eine Viertelmeile vom Haus entfernt stieß Spud auf einen Mann, der neben einem Rasenmäher im Gras lag. Mark Pruitt hatte beim Mähen einen Herzanfall erlitten, doch niemand hatte seine schwachen Hilferufe gehört.

Spud sprang über einen Graben und rannte zu dem Haus, das ganz in der Nähe stand. Er lief zur Vorderseite des Hauses, wo

Ruth Moore in ihrem Schaukelstuhl auf der Veranda saß. Spud bellte zuerst kräftig und ließ dann ein klagendes Winseln folgen. Danach lief er wieder hinter das Haus.

„Ist vielleicht jemand da hinten in meinem Garten?" fragte Mrs. Moore.

Ihre Frage war nicht wirklich ernst gemeint, denn in ihrem Garten war bestimmt niemand, dessen war sie sicher. Sie blieb also sitzen, während Spud hinter dem Haus verschwand, aber gleich wieder auftauchte, um sich neben sie zu setzen und beharrlich zu bellen. Als er ein zweites Mal hinter das Haus rannte, begann sie sich doch Gedanken zu machen. Der Hund schien ihr etwas Dringendes mitteilen zu wollen. Konnte es sein, daß tatsächlich jemand in ihrem Garten war?

Mrs. Moore ging zur Hintertür, von wo sie in den Garten hinausblickte. Es war zwar niemand im Garten, doch jenseits des Grabens sah sie einen Mann regungslos im Gras liegen. Spud saß bei dem Mann und bellte aufgeregt.

„Fehlt Ihnen etwas?" rief sie zu Pruitt hinüber.

„Bitte helfen Sie mir!" stöhnte der Mann mit schwacher Stimme.

Mrs. Moore rief sofort einen Krankenwagen.

In diesem Jahr brachte Pruitt dem kleinen Cockerspaniel zu Weihnachten einen Sack voller Leckerbissen. Pruitt konnte immer noch nicht glauben, daß Spud zu einer fremden Frau gelaufen war, um sie aufzufordern, einem anderen Fremden zu helfen. Aus alldem schloß er, daß Gott das kleine Energiebündel von einem Hund dazu ausersehen hatte, sein Leben aus irgendeinem Grund zu retten. Was dieser Grund sein mochte, diese Frage beschäftigte Pruitt noch länger.

Eines Tages, als eine junge Frau gerade dem Auftrag ihres Chefs nachkam, die Außenfenster eines Hauses in Spencer, Indiana, zu putzen, tauchte plötzlich wie aus dem Nichts ein Koloß von einem Mann auf – über einen Meter neunzig groß und sicher weit über 100 Kilo schwer. Obwohl es ein kühler Nachmittag war, trug der Mann kein Hemd unter seinem Overall; die Füße steckten in derben Soldatenstiefeln. Er sah ziemlich schmuddelig und ungepflegt aus.

Der bloße Anblick des Mannes jagte der Frau augenblicklich

Angst ein. Ihre Vorahnung sollte sich bald bestätigen, doch sie hatte keine Zeit mehr, um wegzulaufen. Er hatte bereits sein Messer gezogen und setzte es ihr an die Kehle.

„Steig ins Auto", befahl er und stieß sie auf den Fahrersitz ihres Wagens. „Laß den Motor an."

Starr vor Angst drehte sie den Zündschlüssel um und fuhr los. Nachdem sie am Stadtrand angelangt waren, zeigte der Mann auf einen Waldweg. „Bieg da ein."

Kaum war sie eingebogen, kam nicht weit entfernt ein Haus in Sicht. Der Weg war also gleichzeitig die Zufahrtsstraße zu diesem Haus. Die Frau betete im Stillen, daß jemand im Haus auf sie aufmerksam werden möge.

Als der Mann ihr befahl kehrtzumachen, zitterte die junge Frau so heftig, daß sie kaum imstande war, den Rückwärtsgang einzulegen. Etwa 30 Meter vom Haus entfernt rollte der Wagen in den Straßengraben, und sosehr sie sich auch bemühte, wieder herauszukommen, es gelang ihr nicht – der Wagen steckte im Schlamm fest.

Der Mann wurde rot vor Zorn. „Steig aus", stieß er hervor.

Um sicherzugehen, daß sie ihm gehorchte, zog er sein Messer und schob sie zur Tür hinaus. Während er mit ihr auf den Wald zusteuerte, wurde die Frau von Panik erfaßt. An einem so entlegenen Ort würde ihr sicher niemand helfen können. Ja, es würde sie nicht einmal jemand finden, nachdem der Mann sie getötet hatte. Angst schnürte ihr die Kehle zu, doch sie marschierte zitternd weiter.

Zur gleichen Zeit strich ein stämmiger Deutscher Schäferhund-Mischling, dessen Beine nicht viel länger als die eines Bassets waren, ganz in der Nähe durch die Wälder. Trotz seiner kurzen Beine konnte er mühelos über den Gartenzaun springen, um auf den ausgedehnten Wiesen und Wäldern von Louis Brown, seinem Herrchen, herumzustreunen. Während Bruno die Umgebung erkundete, bemerkte er einen Mann auf der Straße, der eine Frau ziemlich grob vor sich herschob. Vielleicht erinnerte sie ihn an Louis Browns Töchter, die Bruno stets eifrig beschützt hatte.

Mit einem wütenden Knurren fiel der Hund den Mann an und sprang ihm an die Kehle. Als sich die scharfen Zähne des Tieres in seinen Hals bohrten, ließ der Mann schreiend von der jungen Frau ab und floh. Doch Bruno war noch nicht fertig mit ihm. Er hetzte hinter dem Mann die Straße hinunter, während die Frau schluchzend auf das Haus zurannte, an dem sie gerade vorbeigekommen waren. Der Besitzer rief sofort die Polizei.

Obwohl sofort intensiv nach dem Peiniger der Frau gefahndet wurde, fand man ihn nie. Jemand, auf den die Beschreibung paßte, wurde in einem Holzlager aufgegriffen, später jedoch wieder freigelassen. Wer immer die Frau entführt und bedroht hatte – er konnte nie gefaßt werden.

Einige Jahre später strich Bruno wieder einmal durch die Wälder und wagte sich dabei vielleicht ein Stück weiter vor als sonst. Auf diesem Streifzug wurde der Hund erschossen. Mr. Brown fand ihn mit einer Kugel im Bauch in einem Graben liegen. Bruno, der einst nicht gezögert hatte, einer Fremden zu helfen, war nun von einem Fremden getötet worden. Eine himmelschreiende Ungerechtigkeit, wie Brown immer wieder betonte.

In seinem Buch *Animal Heroes* erzählt Byron G. Wells die Geschichte eines jungen Mädchens, das im Prospect Park in Brooklyn zum ersten Mal auf einem Pferd ritt. Der gewundene Reitweg, auf dem das Pferd langsam dahintrottete, führte unter einer Steinbrücke hindurch. Als sie zu dieser Brücke gelangte, warfen jugendliche Rowdies Steine herab und erschreckten das Pferd sosehr, daß es zu galoppieren begann. Dem schreienden Mädchen glitten die Zügel aus der Hand, und sie verlor den Halt in den Steigbügeln. Sie bekam gerade noch den Hals des Pferdes zu fassen und klammerte sich verzweifelt fest.

Ein Reiter, der die Szene beobachtet hatte, galoppierte hinter ihr her und brachte sein Pferd auf gleiche Höhe mit dem ihren. Als sie nebeneinander herritten, gelang es dem Mann, das Mädchen aus dem Sattel zu heben und vor sich auf sein Pferd zu setzen. Er rechnete damit, daß das erschreckte Pferd nun davongaloppieren würde. Doch statt dessen lief das Pferd des Mädchens im gleichen Tempo neben seinem her. Schließlich kamen sie gleichzeitig zum Stehen.

Erst nachdem der Mann das Mädchen vom Pferd gehoben hatte, bemerkte er, daß sein Pferd die Zügel des anderen Tieres mit den Zähnen gepackt hatte, um es zu bremsen.

An einem kühlen Morgen in Dobbins, Kalifornien, ließ David Giles gerade in der Garage seinen Wäschetrockner laufen. Als er einen Augenblick ins Freie trat, hörte er einen seltsamen Laut, der wie ein Vogelschrei klang – und doch hörte es sich anders an als das Pfeifen der Vögel, die in dieser Gegend zu Hause waren.

Es gab kaum einen Vogel in der Sierra Nevada, den er nicht an seinem Ruf erkannte. Doch dieser Laut war ihm ein Rätsel. Er zuckte verwundert die Schultern und ging – in Begleitung seines nahezu tauben Deutschen Schäferhundes Ernie – wieder zur Garage zurück.

Bevor er eintrat, blickte er zum Rand der Wiese hinüber, wo das Gelände in eine tiefe Schlucht abfiel. Dort saß sein Kater Bustopher Jones, ein stämmiges schwarzes Tier mit weißer Brust und ebenso weißen Pfoten.

Alles an seiner Haltung ließ deutlich erkennen, daß da unten etwas nicht stimmte. Bustopher saß völlig bewegungslos da, mit gerunzelter Stirn und pfeilgerade ausgestrecktem Schwanz. Dabei deutete er mit der rechten Vorderpfote auf die Bäume, die unten am Abhang standen. Das Kunststück, mit den Pfoten auf etwas zu zeigen, hatte er sich erst kürzlich angeeignet.

Früher, in jenen Tagen, als Giles und seine Frau Marjorie gerade geheiratet hatten, war Bustopher ein wilder Geselle gewesen, der Bücher zerfetzte, sich an Vorhängen hochkrallte, Giles Sofa als Kratzbaum benutzte und seinen chinesischen Teppich als Toilette. Doch nachdem der Kater zusammen mit Giles in Marjories Haus eingezogen war, besserten sich seine Manieren zusehends. Um den Kater von seinen Flöhen zu befreien, setzte ihn Marjorie kurzerhand in ein Desinfektionsbad; außerdem ließ sie ihn draußen herumstreifen, damit er seine Krallen an den Bäumen und Sträuchern schärfen konnte anstatt an den Möbeln. Mit jedem Tag wurde der Kater artiger und rücksichtsvoller.

Nun hatte er sich die seltsame Gewohnheit zugelegt, die Pfote wie einen Zeigefinger zu verwenden. Immer wenn ein Reh in die Nähe des Hauses kam, lehnte sich Bustopher zurück und zeigte mit der rechten Vorderpfote auf den Eindringling. Bustopher zeigte aber auch auf Vögel, Ziesel und Maulwürfe, sobald er sie erblickte.

Während er die Wiese überquerte, dachte Mr. Giles, daß der Kater wohl wieder irgendein Tier entdeckt hatte, das seine Aufmerksamkeit erregte. Als er den Lärm des Wäschetrockners nur noch gedämpft wahrnahm, hörte er den seltsamen Laut ein zweites Mal.

Je näher Giles seinem Kater kam, um so deutlicher wurden die Laute.

„Hilfe, helft mir!" Es war die Stimme einer Frau, die von tief unten aus der Schlucht zu ihm drang.

Giles wandte sich von seinem immer noch sehr beunruhigt dreinblickenden Kater ab und begann – zusammen mit Ernie, seinem Schäferhund – die steile Schlucht hinunterzusteigen. Bustophers Augen folgten jedem ihrer Schritte, als sie den steilen, gewundenen Pfad hinabstiegen.

„Hilfe, Hilfe!" rief die Frau mit schwacher Stimme.

„Ich komme schon", rief Giles zurück.

„Gott sei Dank!" Die Frau begann zu weinen.

Als Giles näher herankam, sah er, daß die Frau in ein tiefes Loch gefallen war. Die vierundachtzigjährige Talma Crenshaw war in die Schlucht gestiegen, um einen Hahn ihrer Bewässerungsanlage abzudrehen. Dabei war sie gestürzt und hatte sich die Hüfte gebrochen. Über eine Stunde hatte sie hilflos auf dem kalten Boden gelegen und zeitweise sogar das Bewußtsein verloren.

Giles deckte sie mit seiner Jacke zu und rief einen Krankenwagen. Als er mit den Sanitätern zurückkam, fragte sie: „Wie haben Sie mich nur da oben gehört?"

„Ich habe Sie nicht gehört, sondern meine Katze."

Oben am Rand der Wiese saß immer noch Bustopher und beobachtete, wie die Sanitäter die Verunglückte bargen. Er schien immer noch besorgt um das Wohlergehen der fremden Frau zu sein.

Wenn Tiere Katastrophen vorausahnen

Nachdem tagelang ein Gewitter nach dem anderen über Rancho Arnaz in Kalifornien hinweggefegt war, hörte der Regen endlich auf, und die Sonne kam hinter den Wolken hervor. Sandy LaChaine und seine Freundin Leslie Harrison hatten vor, am Abend Freunde zu besuchen. Da die Unwetter vorbei waren, dachte niemand an Überflutungen oder andere Gefahren.

Sandy und Leslie fuhren mit ihrem Toyota-Kleinlastwagen auf einer Straße, die durch den San Antonio Creek führte, ein normalerweise schmales Bächlein, das Sandy schon Dutzende Male ohne Probleme überquert hatte. Als er diesmal zu der Stelle kam und vorsichtig in – wie er glaubte – seichtes Wasser fuhr, konnte er aufgrund der Dunkelheit nicht sehen, daß das Bächlein zu einem reißenden Fluß angeschwollen war. Sofort wurde der Wagen von den Fluten erfaßt und wie ein Spielzeugschiffchen von der Straße abgetrieben, bis er auf eine Sandbank auflief.

Der Wagen schwankte bedrohlich. Jeden Moment konnte er in den Fluten versinken. Zitternd saßen sie da und überlegten fieberhaft, wie sie sich retten könnten. Als das Wasser bereits bis zur Windschutzscheibe angestiegen war, wußten sie, daß sie keinen Augenblick länger im Wagen bleiben durften. Sie stiegen durch das Seitenfenster auf die Ladefläche des Toyotas, wo sie sich zusammenkauerten und so lange um Hilfe schrien, bis sie vollkommen heiser waren. Doch die rauschenden Fluten übertönten ihre Hilferufe, und niemand hörte sie.

Niemand außer Otto, einem sechs Kilo schweren Dackelwelpen. Er bellte und winselte und lief so aufgeregt hin und her, als ob Bomben vom Himmel fielen. Seine Familie, Linda und Larry Nass, hielten seine Aufregung bloß für einen seiner Anfälle von kindlichem Übermut und schenkten ihm keine besondere Beachtung. Sie dachten, er wolle wie üblich die Autos auf der Straße wegjagen und das Haus beschützen. Bestimmt würde er sich bald wieder beruhigen.

Doch diesmal wollte Otto nicht aufhören, Radau zu machen – im Gegenteil, er wurde immer aufgeregter. Auf seinen kurzen Beinchen stürmte er von einem Zimmer ins nächste und jaulte ununterbrochen. Egal, was Linda und Larry zu ihm sagten, er ließ sich einfach nicht beruhigen. Immer wieder füllte er seine kleinen Lungen mit Luft und bellte ihnen voller Inbrunst seine Botschaft entgegen.

Schließlich gab Larry nach. Er stand auf, holte eine Taschenlampe und ging nach draußen, um nachzusehen, was seinen sonst so sanftmütigen Hund so sehr verstörte. Otto watschelte vor ihm her in Richtung des angeschwollenen Baches, wobei er immer wieder eindringlich bellte.

Nass leuchtete mit der Taschenlampe in den Bach und sah schließlich Sandy und Leslie auf der Ladefläche ihres Wagens sitzen. Nass hob seinen Hund hoch – einerseits, um ihn zu besänftigen, und andererseits, um zu verhindern, daß er ins tiefe Wasser fiel – und rannte unverzüglich zurück zum Haus, um Hilfe zu holen.

Wenige Minuten später waren Feuerwehr, Krankenwagen und Polizei mit Blaulicht und Sirenen zur Stelle. Eine Leiter wurde ausgefahren, die über den reißenden Bach bis zur Ladefläche des Wagens reichte, so daß Sandy und Leslie an Land klettern konnten. Die Helfer waren vor allem begeistert von Otto, dem kleinen Dackel, der die Rettung erst möglich gemacht hatte. Sandy umarmte seinen kleinen Lebensretter voller Dankbarkeit.

Am nächsten Tag fuhr Sandys Mutter Maree LaChaine zu der Stelle, um sich den Wagen anzusehen, der immer noch mitten im reißenden Bach stand. „Oh mein Gott!" rief sie aus. „Wie leicht hätten sie in den Fluten ertrinken können!"

Glücklicherweise war es nicht so weit gekommen. Ein hellhöriger Dackel hatte das zu verhindern gewußt.

Immer wieder kommt es vor, daß Hunde und Katzen sich im Falle von Naturkatastrophen um die betroffenen Menschen kümmern. Anscheinend besitzen sie so etwas wie einen sechsten Sinn oder ein Gespür für drohende Gefahr – denn bisweilen schlagen Tiere Alarm, noch *bevor* ein Unglück eingetreten ist.

Toto, ein italienischer Tabby-Kater, miaute, kratzte und rannte so lange aufgeregt im Haus herum, bis er endlich seine Familie dazu bewegen konnte, das Haus zu verlassen. Gleich darauf brach der Vesuv aus. Totos Familie sah aus sicherer Entfernung zu, wie rotglühende Lava auf ihr Dorf zuströmte und dreißig Menschen unter sich begrub.

In *Cat Fancy* wird eine Katze namens Calliope beschrieben, die im Haus hin und her stürmte und miaute, um die Hausherrin zu wecken. Als sie nicht aufstehen wollte, sprang Calliope auf die im Bett liegende Frau und leckte ihr immer wieder über die geschlossenen Augen, wobei sie aufgeregt miaute. Drei Minuten später erschütterte ein Erdbeben das Haus.

Das Herannahen eines Tornados weckte Buddy Ben, einen Schäferhund-Mischling, der zusammen mit seiner Familie, Dave und Linda Hickam, in einem Wohnmobil in Lawton, Oklahoma, lebte. Er legte seine Vorderpfoten auf das Bett von Linda und Dick und winselte eindringlich, während er über ihre Wangen leckte, bis sie schließlich aufwachten.

Dann sprang er plötzlich auf Dave und schob ihn aus dem Bett – nur wenige Sekunden bevor der Tornado ein anderes Wohnmobil auf das ihre warf, welches das Dach durchschlug und genau an der Stelle zu liegen kam, wo noch kurz zuvor Dave gelegen hatte.

Als Hurrikan Fran die Gegend von Raleigh in North Carolina erreichte, wurden die Bäume von den Naturgewalten nur so hin- und hergeschüttelt. Nachdem auch die Wettervorhersage nichts Gutes erwarten ließ, gingen Eddie und Patti Clinton hinaus, um die Schirme und Gartenmöbel ins Haus zu bringen. Schließlich sahen sie noch nach ihrer Katze und dem Beagle Mini, die zusammen auf der überdachten Veranda schliefen. Mit einem mulmigen Gefühl gingen Eddie und Patti zu Bett.

Während draußen der Sturm tobte, sank Eddie in tiefen Schlaf, doch Patti war zu unruhig, um auch nur ein Auge zuzumachen, und nahm deshalb ein Buch zur Hand. Draußen auf der Veranda hörte sie Mini winseln.

Seit wann winselt Mini in der Nacht? fragte sie sich und legte ihr Buch beiseite. Es kam manchmal vor, daß Mini in der Nacht bellte oder heulte, aber winseln? Nein, niemals! Sicher wollte sie Pattis und Eddies Aufmerksamkeit auf sich ziehen.

Mini war einst im Wald in der Nähe ihres Hauses ausgesetzt worden und hatte sich drei Tage lang mutterseelenallein durchgeschlagen, bevor Patti das Hündchen entdeckte. Sie war damals so klein, daß sie in Pattis Handfläche paßte. Das Hündchen war völlig verlaust und hatte ein verletztes Bein und eine eitrige Wunde an der Flanke. Wochenlang fütterte Patti das geschwächte Tier mit der Pipette und ließ es auf einer Heizdecke ruhen.

Als ausgewachsenes Tier tat die Beagle-Hündin ihr Bestes, um ihrer Familie die liebevolle Fürsorge zu vergelten, die ihr zuteil geworden war. Als die Katze der Clintons ein Junges mit einer Wirbelsäulenverletzung zur Welt brachte, kümmerte sich Mini rührend um das kleine Geschöpf; in der Nacht schmiegte sich die Hündin an das Kätzchen, um es warm zu halten. Jetzt, da draußen der Hurrikan wütete, lagen die beiden sicher – wie in jeder Nacht – eng aneinandergeschmiegt auf der Veranda.

Nur daß Mini eben in dieser Nacht ein für sie ganz untypisches Winseln hören ließ, was Patti doch sehr beunruhigte. Schließlich stand sie auf und ging durch das Zimmer zur Tür, die zur Veranda hinausführte. Gerade als sie sich bemühte, in der Dunkelheit irgend etwas zu erkennen, das Minis Winseln erklärte, sah sie, wie ein Baum auf das Hausdach stürzte.

Patti schrie auf und sprang instinktiv zur Tür, um sich in Sicherheit zu bringen. Eddie rollte sich unterdessen aus dem Bett auf den Teppich – gerade noch rechtzeitig, bevor der Baumstamm durch die Decke brach und genau auf dem Bett landete.

Sie hatten keine Zeit, um sich über ihre Rettung zu freuen. Geborstenes Holz und Zweige flogen durch die Luft. Eddie sprang auf und rannte mit Patti aus dem Schlafzimmer. Doch sie waren auch in den anderen Zimmern nicht sicher, denn bald darauf krachte ein Baum durch die Küchendecke. Ein weiterer Baum verwüstete das Wohnzimmer.

Draußen wurden die Bäume der Reihe nach umgeknickt und zerstörten alles in ihrer Umgebung. Starr vor Angst klammerten sich Eddie und Patti aneinander. Doch sie konnten nicht einfach stehenbleiben und warten, was passierte. Sie mußten sich und die Tiere in Sicherheit bringen. Mini hatte ihnen gerade das Leben gerettet, und sie waren fest entschlossen, nun das ihre zu schützen und sie ins Haus zu lassen.

Patti öffnete die Tür zur Veranda, doch Mini war verschwunden. Auch auf Pattis Rufen meldete sie sich nicht. Draußen lagen überall zerfetzte Stromleitungen herum; es war zu riskant, in der Dunkelheit nach der Hündin zu suchen. Doch der Gedanke, daß Mini allein da draußen inmitten des Hurrikans um ihr Überleben kämpfte, war grauenvoll. Patti stellte sich all die schrecklichen Dinge vor, die ihrem Hund zustoßen konnten.

Außer sich vor Sorge setzten sich Patti und Eddie auf den Boden im Flur und versuchten per Handy Hilfe zu rufen. Nach vielen vergeblichen Versuchen kamen sie endlich durch.

„Sind Sie okay?" fragte der Mann von der Notrufzentrale.

„Es geht soweit", antwortete Patti.

„Na, immerhin. Das Problem ist nur – das Ärgste steht uns noch bevor."

Na wunderbar, dachte Patti. Konnte es tatsächlich noch schlimmer werden, wo ihr Haus ohnehin beinahe zerstört war, während Mini irgendwo da draußen völlig hilflos umherirrte? Konnte dieser Sturm, der sich wie ein vorbeidonnernder Schnellzug anhörte, tatsächlich noch weiter zunehmen? Würde Mini dieses Unwetter heil überstehen?

In den nächsten vier Stunden prasselte unaufhörlich der Regen durchs Dach und weichte den Teppich auf, während draußen immer mehr Bäume entwurzelt wurden.

„Das war jetzt der zehnte", sagte Eddie.

„Hör auf, die Bäume zu zählen!" rief Patti entnervt. „Ich kann das alles nicht mehr ertragen."

Insbesondere, da sie immer daran denken mußte, daß ein Baum auch Mini treffen könnte. Immer wieder stellte sie sich vor, wie die Hündin von einem umfallenden Baum erdrückt wurde. In einem solchen Unwetter konnte ihr kleiner Beagle wohl kaum überleben, sagte sich Patti. Sie mußte sich darauf einstellen, daß Mini wahrscheinlich tot war.

„Bitte stirb nicht!" flehte Patti immer wieder, während sie das Ende des Unwetters herbeisehnte.

Gegen sechs Uhr morgen schien der Hurrikan endgültig vorübergezogen zu sein. Da alle Türen von Ästen und Baumstämmen blockiert waren, mußten die Clintons aus einem der Fenster an der Rückseite des Hauses klettern, um nach ihren Tieren zu suchen. Das Kätzchen hatten sie bald gefunden, doch Mini blieb unauffindbar. Patti rief immer wieder ihren Namen, doch die Hündin kam nicht.

Patti verlor jede Hoffnung, daß sie ihren geliebten Beagle je wiedersehen würde. Doch plötzlich kam hinter der Tür zur Umkleidekabine beim Swimmingpool etwas zögernd eine schwarze Schnauze zum Vorschein. Und im nächsten Augenblick humpelte tatsächlich Mini – völlig durchnäßt, schmutzig und blutend – auf sie zu.

Ein Baum hatte die Hündin am Kopf erwischt, doch sie war am Leben. Und nach wenigen Wochen war die Wunde verheilt.

Patti denkt heute noch oft daran, wieviel sie Mini verdankt. „Seit jener Nacht verwöhnen wir sie wie eine Prinzessin", sagt Patti.

Stella, ein langhaariger Samojedenspitz mit rostbraunen Ohren, schlief wie immer auf dem Fußboden neben Myrna Huffmans Bett, als plötzlich ein Erdbeben der Stärke 6,8 auf der Richter-Skala die Gegend von Simi Valley in Kalifornien erschütterte. Auch Mrs. Huffmans Haus wackelte so heftig, daß in sämtlichen Zimmern Gegenstände zu Boden fielen.

Mrs. Huffman starrte angsterfüllt und mit weit aufgerissenen Augen in die stockdunkle Nacht. „Du lieber Himmel", flüsterte sie, „das ist das Ende der Welt! Wir werden alle sterben!"

Während das Haus ein ums andere Mal in den Grundfesten erbebte, lag sie zitternd unter ihrer Decke, unfähig, sich zu erheben. Plötzlich sprang Stella auf. Doch anstatt zur Verandatür zu laufen und sich in Sicherheit zu bringen, sprang die Hündin aufs Bett, so als wolle sie die Frau beschützen. In den ganzen vier Jahren, seit Mrs. Huffman die Hündin aus dem Tierheim geholt hatte, war Stella noch nie aufs Bett gesprungen.

Noch viel bemerkenswerter war jedoch, daß Stella sich mit ihrem ganzen Körper auf die Frau legte, um sie zu schützen. Und nur wenige Sekunden später fiel der Fernseher, der auf dem Regal oberhalb des Bettes gestanden hatte, mit lautem Krachen zu Boden. Gleich darauf löste sich auch das 120 Kilo schwere Eichenholzregal aus seiner Verankerung und fiel aufs Bett, traf aber nicht Mrs. Huffman, sondern ihren Hund mit voller Wucht.

Während die Frau ohne einen einzigen Kratzer davonkam, hatte das herabfallende Regal Stellas Pfote fast völlig abgetrennt. Pfote und Bein wurden nur noch von Haut und Fell zusammengehalten. Die Hündin wimmerte vor Schmerz, doch sie hatte es geschafft, der Frau das Leben zu retten.

Um Stella weitere Schmerzen zu ersparen, kletterte Mrs. Huffman mit großer Behutsamkeit aus dem Bett und hob vorsichtig das Eichenholzregal beiseite. Dann trug sie die Hündin ins Wohnzimmer. Um Stellas Schockzustand zu lindern, hüllte sie den Hund in mehrere Decken ein. Da Stella zu schwach war, um Wasser aus der Schüssel zu trinken, flößte Mrs. Huffman es ihr selbst ein. Es war auch für sie eine Qual, mit ansehen zu müssen, wie die Hündin litt.

Sie wußte nicht, wie sie für ihren Hund Hilfe herbeiholen sollte. Die Telefonleitungen waren aufgrund des Erdbebens unterbrochen, und es würde noch Stunden dauern, bis der Tag anbräche.

Angesichts der Schäden, die das Beben mit Sicherheit in der ganzen Umgebung angerichtet hatte, war es keineswegs sicher, ob es an diesem Tag einen Tierarzt in der Gegend geben würde, dessen Praxis geöffnet hatte.

Mrs. Huffman saß neben Stella, streichelte sie und flüsterte ihr tröstende Worte zu. Die Hündin hatte glasige Augen und zitterte vor Schmerz am ganzen Körper. Die Stunden bis zum Morgengrauen schienen nicht vergehen zu wollen.

Erst um die Mittagszeit – Stella litt nun bereits ganze zwölf Stunden – funktionierte die Telefonleitung wieder, so daß Mrs. Huffman einen lokalen Radiosender anrufen konnte, um herauszufinden, wohin sie ihr verletztes Tier bringen könnte. Man sagte ihr, daß ganz in der Nähe ein Tierarzt praktiziere, dessen Telefon jedoch nicht funktioniere. Sofort rief Mrs. Huffman ihren Schwiegersohn an, der Stella in seinem Wagen hinbrachte.

Der Tierarzt sah sich die Hündin kurz an und gab ihr sofort mehrere schmerzstillende Spritzen. Da man sie wegen des Stromausfalls nicht röntgen konnte, was aber die Voraussetzung für jede weitere Behandlung war, mußte Stella die nächsten zwei Tage in einem Käfig verbringen, bevor die Schwere der Verletzung festgestellt werden konnte. Das massive Regal hatte nicht nur Sehnen und Bänder durchtrennt, sondern auch Nerven und Blutgefäße in Mitleidenschaft gezogen.

Mit ernstem Blick wandte sich der Arzt an Mrs. Huffman: „Es wäre das beste, sie einschläfern zu lassen." Seine Worte waren für die Frau wie ein Schlag in die Magengrube.

„Es würde viel zuviel kosten, die Pfote wiederherzustellen", fuhr der Arzt fort.

„Es ist mir völlig gleichgültig, wieviel das kostet", antwortete sie mit fester Stimme. „Tun Sie alles, was in Ihrer Macht steht, um ihr zu helfen."

„Möglicherweise bringt die Operation aber nicht den gewünschten Erfolg. Dann hätten Sie Ihr Geld umsonst ausgegeben."

„Hören Sie, um diese Operation zu bezahlen, würde ich sogar mein Haus verkaufen. Ohne meine Stella wäre ich jetzt nicht mehr am Leben."

Das überzeugte den Tierarzt. Stundenlang operierte er Stellas Pfote, setzte Schrauben in die Knochen ein und nähte alles so gut wie möglich zusammen. Danach folgte eine Zeit des Bangens und Hoffens.

Drei Monate später war Stella wieder in der Lage, um das Haus zu laufen – jedoch nicht, ohne zu hinken. Ihre Behinderung würde sie von nun an jeden Tag ihres Lebens begleiten – es war der Preis, den sie für ihr selbstloses Eingreifen bezahlte.

Hatte Stella vorausgeahnt, daß das schwere Regal auf Mrs. Huffman stürzen würde? War das der Grund, warum die Hündin sich auf die Frau gelegt hatte? Auch Mrs. Huffman kann nicht sagen, ob Hunde grundsätzlich die Gabe besitzen, bevorstehende Ereignisse vorauszuahnen – doch sie neigt der Ansicht zu, daß Stella es in jenem Moment konnte.

Einfühlsam gegenüber Kranken und Behinderten

Als Jim Bird nach einer Herzklappenoperation aus dem Krankenhaus nach Hause kam, mußte er auf Anweisung der Ärzte ständig ein Kissen auf der Brust tragen, um die frische Operationswunde zu schützen. Als Jim in sein Haus in Pt. Arena, Kalifornien, eintrat, kam Kai, sein Samojedenspitz-Schäferhund-Mischling, ziemlich verhalten dahergeschlichen und schnüffelte an seinem Bein, ehe er sich hinsetzte, um ihn aus traurigen braunen Augen anzublicken.

„Was hat er denn?" fragte Jim seine Frau Pat.

Normalerweise bereitete Kai ihm immer einen stürmischen Empfang, wenn er nach Hause kam; er sprang an ihm hoch und bellte kräftig, um seiner Wiedersehensfreude Ausdruck zu verleihen. Dann schwänzelte er vor Freude um seine Beine herum. Dabei spielte es keine Rolle, wie lange Jim fort war. Kai begrüßte ihn nach einem zehnminütigen Spaziergang im Garten genauso euphorisch wie nach einem dreiwöchigen Urlaub.

„Ich glaube, Kai möchte dir ganz einfach nicht weh tun", erwiderte Pat. „Anscheinend spürt er, daß es dir momentan nicht gutgeht."

Damit hatte Pat bestimmt recht.

Es hatte Zeiten gegeben, wo auch Kai gelitten hatte. Als Pat auf ein Zeitungsinserat hin Kai nach Hause brachte, erkannten sie und Jim, daß das kleine Hündchen fürchterlich geschlagen wor-

den war. Allem Anschein nach mußte er dabei einen Schädel- und
Kieferbruch erlitten haben. Ohne Zweifel hatte ihm damals ein
guter Tierarzt das Leben gerettet.

Nicht zuletzt wegen seiner harten Kindheit wurde Kai ein
dankbarer und einfühlsamer Gefährte. Neben dem stürmischen
Empfang, den er Jim stets beim Nachhausekommen bereitete, begrüßte Kai ihn aber auch jeden Morgen mit einem richtigen Ritu-
al, auf das er niemals verzichtete. Sobald Jim die Augen öffnete,
erhob sich Kai von seinem Schlafplatz neben Jims Bett, stellte sich
auf die Hinterbeine und ließ die Vorderpfoten und die Brust auf
Jims Brust ruhen – und das mitunter minutenlang, womit die beiden ihrer gegenseitigen Zuneigung Ausdruck verliehen. Danach
machten sie für gewöhnlich gemeinsam einen kleinen Spaziergang
durch den Wald.

Doch an jenem Morgen, als Jim aus dem Krankenhaus heimkam, war alles anders. Zum ersten Mal in all den Jahren, die Kai
bei ihm lebte, sprang der Hund nicht an ihm hoch. Er versuchte
auch nicht, die Vorderpfoten auf Jims Brust zu legen. Statt dessen
trat er an Jims Bett und legte die Schnauze auf das Kissen, so daß
die Barthaare des Hundes Jim an der Wange kitzelten.

Während all der Wochen, in denen Jim sich langsam von der
Operation erholte, begrüßte Kai ihn nun auf diese sanfte Weise, so
als wüßte er, daß sein Herrchen noch geschwächt war. Er hielt
sein Temperament im Zaum und verzichtete ganz auf seine übli-
che stürmische Art der Begrüßung. Auch wich der Hund kaum
noch von Jims Seite. Pat mußte ihn rufen und ihn mit besonderen
Leckerbissen anlocken, damit der Hund in die Küche kam, um zu
fressen. Kai war zwar für gewöhnlich mit einem gesunden Appetit gesegnet, doch nun gab es für ihn offensichtlich Wichtigeres
– nämlich sein Herrchen unter keinen Umständen allein zu lassen.

Der Hund schien auch zu verstehen, was es mit dem Kissen an
Jims Brust auf sich hatte. Denn als Jims Narben schließlich so gut
verheilt waren, daß das Kissen nur noch beim Autofahren nötig
war, spürte Kai offensichtlich, daß Jim wieder besser bei Kräften
war. Und eines Morgens stellte sich Kai wieder auf die Hinterbeine und lehnte sich mit den Vorderpfoten an Jims Brust. Endlich
konnten sie einander wieder so begrüßen, wie sie es früher tagtäglich getan hatten.

Es zeigt sich immer wieder, daß Tiere oft ein erstaunliches Feingefühl für körperliche Behinderungen beim Menschen entwickeln. Immer wieder höre ich: „Tiere scheinen einfach zu wissen ...", wenn ein Mensch schwach, krank oder behindert ist.

Viele Menschen sind der festen Überzeugung, daß Tiere unter anderem auch deshalb auf der Erde sind, um behinderte Menschen zu beschützen und es ihnen zu erleichtern, ihr Schicksal zu tragen.

Dem kann ich nur zustimmen.

Als ich mir einmal bei einem Unfall vier Bandscheiben verletzte, war ich monatelang ans Bett gefesselt. In dieser Zeit lag meine Tabby-Katze Linguine stets, zu einem gestreiften Knäuel zusammengerollt, am Fußende meines Bettes, um mir Gesellschaft zu leisten. Sie verzichtete darauf, sich auf meine Brust zu legen, wie sie das viele Jahre getan hatte. Ich glaube, sie wußte, daß mir ihr Gewicht Schmerzen bereiten würde. Nun lag sie also zusammengerollt in meiner Nähe und schnurrte, wie um mir auf diese unaufdringliche Art mitzuteilen, daß sie für mich da sei.

Eines trüben Nachmittags war ich durch die ständigen Schmerzen derart erschöpft, daß ich mich auch seelisch ziemlich mitgenommen fühlte. Vor mir sah ich nur noch ein trübes Dasein voller Schmerzen, das ich noch viele Monate würde fristen müssen. Voller Selbstmitleid brach ich in Tränen aus – und es war kein gelegentliches Schluchzen, sondern ein richtiger Weinkrampf, so daß ich völlig in Tränen aufgelöst war.

Linguine öffnete ein Auge und blickte an mir vorbei, so als gebiete es die Höflichkeit, eine hysterische Kranke nicht direkt anzustarren. Dann erhob sie sich und machte einen Buckel. Vielleicht dachte sie, es wäre nicht gut, wenn sie mir sofort Trost anböte, denn dann könnte ich denken, sie traue mir nicht zu, daß ich mir selbst helfen könne. Vorsichtig stieg sie über die Decke hinweg, rollte sich in meiner Armbeuge zusammen und drückte ihren kleinen, pelzigen Körper sanft an meine Seite.

Dieses Erlebnis bestärkte meine Überzeugung, daß Tiere ein wunderbares Geschenk an uns Menschen sind. Ja, manchmal scheint es mir fast, als würden sie nur auf eine Gelegenheit warten, um uns Menschen zu Hilfe zu eilen – besonders wenn wir krank oder geschwächt sind.

Als sich eines Nachts Marie Murphies Eiserne Lunge plötzlich abschaltete, erwachte sie abrupt. Seit sie durch Kinderlähmung vom Hals abwärts gelähmt war, konnte sie ohne dieses Hilfsmittel nicht mehr atmen; nachts atmete die Eiserne Lunge für sie.

Der Grund für das plötzliche Aussetzen des Geräts war ein Stromausfall – und der für solche Fälle bereitgehaltene Generator hatte sich nicht eingeschaltet. Mrs. Murphy wußte, daß ohne Strom auch ihr Telefon und die Gegensprechanlage nicht funktionierten; zudem war ihre Stimme nicht laut genug, um ihre Schwester und ihren Schwager herbeizurufen, die ein Stockwerk über ihr schliefen.

In der Stille der Nacht ermahnte sie sich, die Ruhe zu bewahren. Um Sauerstoff in die Lungen zu befördern, versuchte sie es mit der „Froschatmung", einer Methode, bei der man bei weit geöffnetem Mund versucht, mit der Zunge Luft in die Lungen zu drücken. Unter normalen Umständen konnte sie auf diese Weise einige Stunden problemlos atmen. Doch in dieser Nacht funktionierte diese Methode nicht – zu starr war ihr Hals in einer Position, die lediglich für das Funktionieren des Beatmungsgerätes optimal war. Schon nach einer halben Stunde war sie vollkommen erschöpft.

In ihrer Angst überlegte sie fieberhaft, wie sie sich helfen könnte. Da fiel ihr Rosie ein, der rostbraune Dobermann-Labrador-Retriever-Mischling, der im angrenzenden Zimmer auf dem Sofa schlief. Rosie war ein hilfsbereites und liebevolles Geschöpf. Einmal, als Mrs. Murphy die Hündin bat, ihr einen Kuß zu geben, leckte sie ihr über das ganze Gesicht und entfernte auf diese Weise auch gleich drei Mücken, die sie selbst nicht hatte verscheuchen können.

Sie rief Rosie mit schwacher Stimme, und der Hund kam sofort zu ihr gelaufen. Durch die Angst, die in ihrer Stimme mitschwang, sowie das fehlende Geräusch des Beamtmungsgeräts erkannte das Tier, daß die Frau in Gefahr war. Und Rosie war offensichtlich entschlossen, ihr zu helfen: Sie bellte so kräftig und beharrlich, daß Mrs. Murphys Schwager in kürzester Zeit herbeigeeilt kam und das Beatmungsgerät mit Hilfe von Batterien wieder zum Laufen brachte.

Rosie blieb so lange bei der gelähmten Frau, bis diese sich wieder sicher fühlte. Dann kehrte die Hündin zu ihrem Schlafplatz auf dem Sofa zurück – bereit, zu helfen, falls Mrs. Murphy sie brauchte.

Eve, eine 50 Kilogramm schwere Rottweilerhündin, blickte aufmerksam aus dem Autofenster, während ihre Besitzerin, Cathy Vaughn, eine Autobahn in Indiana entlangfuhr. Plötzlich breiteten sich dichte Rauchschwaden im Inneren des Kleinbusses aus. Die Frau, die von der Hüfte abwärts gelähmt war, lenkte den Wagen sofort an den Straßenrand und griff nach hinten zu ihrem Rollstuhl, damit sie aus dem Wagen gelangen konnte. Eve schien jedoch zu erkennen, daß dafür keine Zeit mehr war.

Der Rottweiler packte Mrs. Vaughn am Bein und schleifte sie einige Meter vom Bus weg. Wenige Augenblicke später stand das Fahrzeug in Flammen. Die Frau kam mit Abschürfungen davon, doch der Rottweiler zog sich schwere Verbrennungen an den Pfoten zu. Eves Einsatz ist um so erstaunlicher, als die Hündin nie entsprechend ausgebildet worden war. Sie hatte nicht einmal eine richtige Grunderziehung erhalten.

Link Hill, ein Hobby-Goldschürfer, hatte seine Goldsuche am Yuba River in Kalifornien gerade beendet und stieg auf einen Felsen, um seinen Benzinkanister zu holen. Dabei rutschte er aus und stürzte in den reißenden Fluß. Die Strömung war so stark, daß es ihm nicht gelang, ans Ufer zu schwimmen. Nach Hilfe rufen konnte er auch nicht, denn er war taubstumm.

Und so riß ihn die Strömung mit sich – und zwar direkt zu der Stelle, wo Lillian McDermott gerade mit ihrem jungen, über 50 Kilogramm schweren Neufundländer Boo am Ufer spielte. Mrs. McDermott warf für den Hund einen Stock ins Wasser, worauf Boo, an eine zwölf Meter lange Leine gebunden, in den Fluß sprang, um den Stock zu holen. Mit einem zufriedenen Ausdruck im Gesicht kam er, den Stock im Maul, zu der Frau zurück. Abermals warf sie den Stock ins Wasser.

Als die Strömung den Mann näher in Boos Richtung trieb und der Hund seine Witterung aufnahm, ließ er den Stock plötzlich fallen. Obwohl er noch Augenblicke zuvor von dem Spiel begeistert gewesen war, schien er jetzt völlig das Interesse verloren zu haben. Mehrmals blickte er zurück zu Mrs. McDermott und dann wieder in den reißenden Fluß. Aufmerksam geworden, versuchte

Mrs. McDermott zu erkennen, was den Hund so fesselte. Auf den ersten Blick sah es wie ein Baumstamm aus, was da auf den schäumenden Wellen daherkam.

Boo begann aufgeregt zu bellen.

„Ist schon gut", versuchte Mrs. McDermott ihn zu besänftigen. Doch der Hund hörte nicht auf zu bellen.

Da erkannte die Frau, daß es sich keineswegs um einen Baumstamm handelte. Eine Hand, die einen Plastikkanister umklammerte, tauchte aus den Fluten auf. Doch kaum tauchte der Mann auf, da verschwand er auch schon wieder in den Wellen.

Der Blick, den Boo Mrs. McDermott zuwarf, drückte die deutliche Bitte aus, ihn von der Leine loszulassen. Sie verstand sofort, was er wollte, und ließ ihn frei, worauf Boo ohne zu zögern auf den Mann zuschwamm. Für eine Weile konnte die Frau nur noch den buschigen schwarzen Schwanz ihres Hundes erkennen.

Als Boo den Mann erreicht hatte, faßte er ihn sanft am Arm. Link hielt sich seinerseits am Halsband des Hundes fest. So gelang es Boo, den Mann durch die gefährlichen Stromschnellen ans Ufer zu bringen. Boo hatte den Fremden vor dem sicheren Ertrinken gerettet.

Schon als sie noch ganz klein war, liebte Kara Wilson nichts mehr, als auf ihrem Pferd über die Ranch ihrer Eltern in Fossil, Oregon, zu reiten. Ihr größter Wunschtraum war es, einmal eine Rodeoreiterin zu werden. Doch als sie sieben Jahre alt war, wurde sie von einer Zecke gebissen und erkrankte an der sogenannten Lyme-Krankheit. Im Alter von neun Jahren war die Krankheit bereits so weit fortgeschritten, daß sie sich nur noch im Rollstuhl fortbewegen konnte. Es schien undenkbar, daß sie jemals wieder würde reiten können.

Doch ihr Wunsch, wieder zu reiten, war so stark, daß ihr Vater ihr manchmal, wenn ihr Zustand es zuließ, einen kleinen Ritt erlaubte, bei dem er sie vor sich auf ein Kissen aufs Pferd setzte. Manchmal verursachten die schwankenden Bewegungen des Pferdes dem Mädchen so große Schmerzen, daß ihr die Tränen über die Wangen liefen. Doch sie biß tapfer die Zähne zusammen und ertrug den Schmerz.

Als Kara sechzehn war, erfuhr ein Mann in Washington durch einen Zeitungsartikel von dem großen Traum des Mädchens, einmal wieder allein auf einem Pferd reiten zu können. Der Mann war sich sicher, daß er das richtige Pferd dafür besaß: Dan, ein kleiner rotbrauner Wallach, war von äußerst einfühlsamem und sanftmütigem Wesen. Sobald Dan auf die Ranch ihrer Eltern kam, besorgte Kara sich einen speziellen Sattel, bei dem ihre Beine auf dem Sattelknopf und die Füße zu beiden Seiten des Pferdehalses ruhten. Ihre Beine sowie die Hüfte wurden durch zwei Sicherheitsgurte in der richtigen Position gehalten.

Am 30. Mai, dem Memorial Day, war es dann soweit: Zum ersten Mal seit dem Ausbruch der Krankheit ritt sie wieder allein über die Farm. Dieses Erlebnis erfüllte Kara mit großer Freude und ließ sie wieder hoffnungsvoller in die Zukunft blicken. Dan spürte , daß er besonders behutsam mit dem Mädchen umzugehen hatte, das da auf seinem Rücken saß. Immer wieder drehte er sich zu ihr um, wie um sich zu vergewissern, daß sie wohlauf sei.

Nach einigen Übungsritten konnten Kara und Dan sogar an den Rodeo-Geschicklichkeitsbewerben teilnehmen, die von Karas High-School veranstaltet wurden. Das unglaubliche Einfühlungsvermögen des Pferdes hatte es möglich gemacht, daß der sehnlichste Wunsch des Mädchens in Erfüllung ging.

Oft verhalten sich große, kräftige Pferde wie Dan – aber auch andere Tiere – so einfühlsam und rücksichtsvoll gegenüber behinderten Menschen, daß man diese Tiere schon seit längerem auch in der Physiotherapie einsetzt, um das Koordinationsvermögen, den Gleichgewichtssinn sowie die allgemeine körperliche Verfassung der Patienten zu verbessern. Natürlich werden die Tiere auf ihre Arbeit mit den Patienten vorbereitet, aber niemand kann ihnen die Fähigkeit und die Bereitschaft beibringen, sich in den betreffenden Menschen einzufühlen; diese Eigenschaften müssen angeboren sein.

Eines Tages fuhr ich zum National Centre for Equine Facilitated Therapy (Zentrum für den Einsatz von Pferden in der Therapie), das sich in Woodside, Kalifornien, befindet, um mir Java, eine prachtvolle Stute mit mahagonifarbenem Fell, anzusehen. Ihr vorheriger Besitzer hatte sie hungern lassen und sie auch mißhandelt; nun war sie eines der Tiere in diesem Therapiezentrum. Das Pferd trottete mit gesenktem Kopf dahin; die Zügel wurden von einer

Frau gehalten, die hinter dem Tier hermarschierte. Java sah aus, als ziehe sie einen Pflug, während sie mit Heather, einem siebenjährigen Mädchen, das an Gehirnlähmung litt, in der überdachten Arena ihre Runden drehte. Von Zeit zu Zeit ließen die Therapeuten Java anhalten, damit man Heather wieder richtig in den Sattel setzen konnte. Obwohl Pferde es normalerweise nicht leiden können, wenn sie stillstehen müssen, und in solchen Momenten oft recht unruhig werden, schien dies Java überhaupt nichts auszumachen. Dieses geduldige Tier blieb so lange fast regungslos stehen, bis es aufgefordert wurde, sich wieder in Bewegung zu setzen.

Am Ende der Reitstunde hielten die Therapeuten das Mädchen hoch, damit es Java auf Wiedersehen sagen konnte. Anstatt das Mädchen grob anzustupsen, wie Pferde es oft tun, kam Java vorsichtig näher, um sich streicheln zu lassen. Auch widerstand sie ihrem natürlichen Drang, einen mächtigen Bissen von dem Apfel zu nehmen, den Heather ihr hinhielt. Um das Mädchen ja nicht zu erschrecken, knabberte sie nur ein bißchen an dem Obst. Ohne Zweifel spürte die Stute, daß sie Heather besonders rücksichtsvoll behandeln mußte.

In *Dolphin Society* erzählte Linda Erb die Geschichte von AJ, einem Delphin im Dolphin Research Centre in Florida. Eines Nachmittags arbeitete AJ mit einem dreißigjährigen Mann namens Lindley, der an Gehirnlähmung litt. Sobald Lindley seinen Rollstuhl verließ und ins Schwimmbecken kam, schwamm AJ so langsam auf ihn zu, als wäre er darauf bedacht, den Mann nicht zu erschrecken. Dann wandte er seinem Schützling die Rückenflosse zu, damit Lindley sich daran festhalten und sich einige Runden ziehen lassen konnte. Doch aufgrund seiner Krankheit krampften sich die Finger des Mannes so stark zusammen, daß er die Flosse nicht festhalten konnte. Der Delphin schien das zu verstehen und wartete geduldig, während Lindley den Kopf an AJs Seite legte und versuchte, sich soweit zu entspannen, daß er seine Hand wieder öffnen konnte.

Als es Lindley schließlich gelang, die Flosse zu fassen, setzte sich der Delphin vorsichtig in Bewegung. Er schien genau zu wissen, wie behutsam er mit dem Mann umgehen mußte. Für Lindley war es wohl ein einzigartiges Erlebnis, mit dem Delphin durch das Wasser zu gleiten, denn er strahlte über das ganze Gesicht.

Der Sommer des Jahres 1995 war eine ganz besonders harte Zeit für Ray und Carol Steiner. Angesichts der rekordverdächtigen Hitzewelle, von der die Gegend um Bowling Green in Ohio nun schon seit vier Monaten heimgesucht wurde, hielten sie sich tagein, tagaus fast nur noch bei geschlossenen Fenstern in ihrem klimatisierten Haus auf.

Was die Sache noch schlimmer machte, war die Tatsache, daß Ray gerade eine dreifache Bypassoperation hinter sich hatte und Carol sich nach einer Operation am Fuß nur auf Krücken fortbewegen konnte. In ihrem Haus eingeschlossen, zeigten sich bei den beiden mit der Zeit verschiedene Symptome wie Kopfschmerzen, Gedächtnislücken, Schwindel und hoher Blutdruck. Ihr Arzt führte diese Beschwerden auf die Tatsache zurück, daß sie beide rekonvaleszent waren. Seiner Meinung nach benötigten sie noch einige Zeit, um sich von ihren Operationen zu erholen. Daß sie 19 Stunden Schlaf pro Tag brauchten, führte er ebenfalls auf ihren momentanen Schwächezustand zurück, der aber bald vergehen würde, wie er ihnen versicherte.

Am Vormittag, wenn sie ein Nickerchen machten, gesellte sich Ringo, ihr Kater, meist zu ihnen. Den Großteil des Tages verbrachte er jedoch draußen im Garten, wo er sich irgendwo in einem Blumenbeet vor der brütenden Hitze verbarg und die herumschwirrenden Kolibris beobachtete. Er war ein zwölf Kilo schwerer Tabby-Manx-Kater, der beinahe die Größe eines Rotluchses hatte, aber ein viel sanfteres Gemüt. Es kam jedoch gelegentlich vor, daß er recht heftig reagierte, wenn ihm etwas nicht paßte. Wenn Carol beispielsweise Klavierstunden gab und ihn in die Küche sperrte, trommelte er mit seinen riesigen Pfoten immer wieder gegen die Glastür, um seinen Unmut kundzutun. Er miaute nie – statt dessen äußerte er seine Gefühle durch beharrliches Trommeln, so wie sein menschlicher Namensvetter Ringo Starr.

An einem heißen Samstagmorgen nahm Ringo wie gewöhnlich sein Frühstück zu sich, spazierte in den Garten und kam dann wieder ins Haus zurück. Nachdem Carol ihm die Tür geöffnet hatte, um ihn hereinzulassen, humpelte sie auf ihren Krücken wieder zu ihrem Krankenbett, das im Wohnzimmer aufgestellt war, wo Ray auf dem Sofa döste. Statt sich wie immer zu ihnen ins Wohnzimmer zu gesellen, verweilte Ringo diesmal im Flur.

Gerade als Carol es sich im Bett bequem gemacht hatte, wurde sie von einem dumpfen Knall hochgeschreckt. Von ihrem Bett aus konnte sie in den Flur sehen, wo Ringo an der Eingangstür stand und offensichtlich dringend hinaus wollte. Was für ein eigensinniger Kater, dachte Carol. Nach dem Frühstück sollte er gefälligst wie immer sein Nickerchen machen und nicht eine gehbehinderte Frau hin- und herjagen.

Mißmutig schleppte sich Carol noch einmal zur Eingangstür und öffnete sie. Doch anstatt hinauszulaufen, blieb Ringo wie angewurzelt zwischen Tür und Angel stehen.

„Na geh schon", drängte sie den Kater.

Ringo stand wie zur Salzsäule erstarrt da.

Carol schob ihn leicht mit der Krücke an. „Na, was ist, geh endlich!"

Der Kater rührte sich nicht von der Stelle.

„Na, dann eben nicht", murmelte Carol, während sie ihn zurück in den Flur schob und die Tür schloß. Verärgert klemmte sie sich die Krücken unter die Arme und humpelte ins Wohnzimmer zurück.

Ringo lief hinter ihr her, doch gleich darauf zog es ihn wieder zur Eingangstür. Er nahm einen Anlauf, und – Rumms! – krachte er mit der Schulter gegen die Tür.

Die Katze wollte offensichtlich schon wieder hinaus. „Ich könnte dich erwürgen", drohte Carol ziemlich entnervt.

Mit mürrischer Miene stand sie abermals auf und öffnete ihrem Kater die Tür. Ringo trat aber nur mit den Vorderbeinen ins Freie. Seine Hinterbeine standen nach wie vor im Inneren des Hauses – und er schien entschlossen, sich nicht von der Stelle zu rühren.

„Ringo!" sagte Carol nun schon mit einem ziemlich drohenden Unterton. „Du gehst da weg, und zwar auf der Stelle. Hast du verstanden?"

Der Tabby-Kater hob seinen Kopf und blickte sie erwartungsvoll an. Zum ersten Mal, seit sie ihn als kleines Katzenbaby vor drei Jahren nach Hause gebracht hatte, ließ er ein deutliches Miauen vernehmen. Es war kein zarter Laut, den er da von sich gab – nein, es klang rauh und heiser und dröhnte durch den ganzen Flur. Trotzig stemmte er das linke Hinterbein in die Tür, damit Carol sie nicht schließen konnte.

„Was zum Kuckuck ist nur los mit dir?"

Ringo antwortete mit einem durchdringenden Blick. Carol erkannte, daß er sie überreden wollte, ihm nach draußen zu folgen.

„Du willst mir ja doch bloß wieder eine tote Maus zeigen", sagte sie zu ihm. „Ach, warum mußt du gerade jetzt so lästig sein, wo ich mich kaum bewegen kann?"

Doch auf seiner Stirn zeigten sich tiefe Sorgenfalten, so daß Carol sich schließlich veranlaßt sah, nachzusehen, was ihren Kater so beunruhigte.

„Ich gehe mal kurz nach draußen", rief sie Ray zu, der schlafend auf dem Sofa lag.

Erschöpft und benommen schleppte sich Carol in den Garten. Es überraschte sie, daß Ringo offensichtlich auf ihre Gehschwierigkeiten Rücksicht nahm. Er schien darauf bedacht zu sein, nicht zu nah neben ihr herzugehen, damit sie nicht über ihn stolperte – doch ging er auch nicht zu weit voraus, sondern blieb immer wieder stehen, um auf sie zu warten.

„Die Maus, die du für mich gefangen hast, muß ja ein Prachtexemplar sein", stieß Carol keuchend hervor.

Doch sie sah kein totes Tier, als der Kater neben dem Gaszähler stehenblieb. Ringo begann an den Gesteinsbrocken zu kratzen, die rund um den Zähler auf dem Lehmboden verstreut waren. Als Carol nicht reagierte, begann er so wild im Gestein zu wühlen, daß seine Pfoten zu bluten begannen. Als er damit aufhörte, warf er ihr einen verzweifelten Blick zu, als wolle er ihr etwas sehr Wichtiges mitteilen. Dabei schürzte er auffällig die Lippen.

Von ihrem Vater, der Chemiker war, wußte Carol, daß Katzen ihre Lippen dann schürzen, wenn sie einen für sie extremen Geruch wahrnehmen; dieser wird am Gaumen analysiert, von wo die Informationen über den Charakter des Geruchs ans Gehirn weitergeleitet werden. Carol war sich sicher, daß Ringo soeben einen für ihn abstoßenden Geruch wahrgenommen hatte. Und er hatte sie hierhergeführt, damit sie es auch roch.

Carol beugte sich zu ihm hinunter, um den Geruch ebenfalls wahrzunehmen. Im nächsten Augenblick blies ihr – so kräftig wie ein Windstoß – Erdgas entgegen.

„Oh mein *Gott*!" schrie sie entsetzt. „Das ganze Haus wird in die Luft fliegen!"

So schnell sie konnte, humpelte Carol zum Haus zurück, und als sie die Tür öffnete, hielt Ringo sie offen, indem er sich

mit seinem ganzen Gewicht dagegenstemmte. Sie humpelte hinein.

„Bei uns tritt Gas aus!" rief Carol ihrem Mann zu.

„Okay, ist gut", murmelte er. Nicht die Operation war also
Schuld an ihren Beschwerden – nein, das ständig austretende Gas
hatte die beiden in einen immer tiefer werdenden Dämmerzu-
stand sinken lassen. Ray war bereits so stark umnebelt, daß nicht
einmal diese alarmierende Nachricht ihn aus seiner Lethargie reißen konnte. Er drehte sich um und schlief gleich wieder ein.

Nachdem Carol bei der Columbia Gas Company angerufen
hatte, beeilte sie sich, mit Ringo wieder in den Garten zu gehen,
um auf den Techniker zu warten. Dieser bestrich zuerst den Gaszähler mit Seifenlauge.

„Wenn hier tatsächlich Gas austritt, dann bilden sich Bläschen",
erklärte er.

Aber auch nach längerem Warten waren keine Bläschen zu sehen. Daraufhin ging er mit einem speziellen Meßgerät um den
Zähler herum, wobei jedoch ebenfalls nichts Ungewöhnliches an-
gezeigt wurde.

„Mrs. Steiner, Sie haben nichts zu befürchten. Es ist alles in
Ordnung", versicherte der Techniker.

Doch Carol ließ nicht locker. „Gehen Sie mal mit Ihrem Meßgerät da hinüber, wo mein Kater steht." Sie zeigte auf Ringo, der
genau an der Stelle saß, wo er zuvor wie wild gegraben hatte.

Ringo trat zur Seite, um dem Mann Platz zu machen. Als er das
Meßgerät über die betreffende Stelle hielt, begann es wie eine Si-
rene zu heulen. Der Techniker rannte sofort zu seinem Wagen zurück, um ein anderes Gerät zu holen. Die Nadel auf der Anzeige
schoß augenblicklich in den roten Bereich.

„Ihr Haus kann jeden Moment in die Luft fliegen", rief er.

Carol spürte, wie ihr kalter Schweiß auf die Stirn trat, während
der Techniker das Gas abdrehte.

Carol und Ray ließen das Gas das ganze Wochenende über ab-
gedreht und lüfteten ihr Haus gründlich. Doch als der Klempner
am darauffolgenden Montag neben dem Gaszähler ein Loch grub
und das darunterliegende Rohr untersuchte, behauptete er, daß es
keine undichte Stelle gäbe.

„Das Rohr ist in Ordnung", versicherte er.

Carol wies ihn auf die Stelle hin, die Ringo ihr gezeigt hatte.

„Graben Sie da mal", sagte sie.

Und genau dort stieß der Klempner auf ein Verbindungsrohr, das die Gasleitung der Steiners mit jener der Nachbarn verband. Dieses Verbindungsteil war vollkommen verrostet und wies einen großen Sprung auf, aus dem ungehindert Gas ausströmte.

An diesem Abend fühlten sich Carol und Ray zum ersten Mal seit Wochen wieder so richtig wohl. Sie saßen im Wohnzimmer und sahen fern. Als Ringo es sich zwischen ihnen auf dem Sofa bequem machte, strich Carol liebevoll über sein dichtes Fell.

„Dieser Kater hat uns das Leben gerettet", sagte sie zutiefst überzeugt.

„Und das der Nachbarn", ergänzte Ray.

Da die Gasleitung der Steiners mit den Leitungen von sechs weiteren Haushalten verbunden war, hätte es unter Umständen in allen Häusern gleichzeitig zur Explosion kommen können. Mit seinem Spürsinn und seiner Beharrlichkeit hatte Ringo wahrscheinlich 22 Menschen das Leben gerettet.

Wenn Tiere einander helfen

Als eine Katze in Iowa Junge bekam, fand das Ehepaar, bei dem sie lebte, für alle jungen Kätzchen – außer einem – ein Zuhause. Einige Wochen später verschwand die Katzenmutter zusammen mit dem übriggebliebenen Kätzchen spurlos. Ihre Besitzer suchten sie überall – doch ohne Erfolg.

Als sie die Hoffnung schon aufgegeben hatten, die beiden Tiere jemals wiederzusehen, kehrte die Katzenmutter allein wieder zurück. Sie tat, als wäre sie nie weggewesen und als hätte sie niemals Junge bekommen. Nach ihrer Abendmahlzeit machte sie es sich auf dem Sofa bequem und schlief ein – so, wie sie das jeden Abend getan hatte.

Die beiden Eheleute waren zwar sehr erfreut, daß die Katze wieder bei ihnen war, doch sie hätten nur zu gerne gewußt, wo sie sich herumgetrieben hatte und was aus dem Kätzchen geworden war. Sie überlegten hin und her, bis sich das Rätsel eines Nachmittags löste, als sie zusammen mit ihrer Katze einen Spaziergang machten.

Als sie bereits relativ weit von zu Hause entfernt waren, kam plötzlich eine Frau aus einem Haus gelaufen und zeigte auf ihre Katze.

„Gehört sie Ihnen?" fragte sie.

Etwas verwundert bejahten die beiden.

„Sie hat vor ein paar Wochen ein kleines Kätzchen hergebracht. Sie veranstaltete draußen einen solchen Wirbel, daß ich sie hereingelassen habe."

Die Frau berichtete weiter, daß die Katze das Junge gepackt und auf das Bett der Frau gelegt habe. Eine Weile sei sie noch bei dem Kätzchen geblieben, ehe sie wieder verschwand.

„Ich schätze, sie war der Ansicht, daß sie ein gutes Zuhause für ihr Junges gefunden hatte", fügte die Frau hinzu. „Sie konnte das Kleine beruhigt verlassen."

Die Frau hatte der Katze offenbar längst verziehen, daß sie so überstürzt wieder aufgebrochen war, denn sie bückte sich, um das Tier zu streicheln. „Sie kommt immer noch manchmal vorbei, um ihr Kätzchen zu besuchen."

Die fünf Kätzchen, die in einem leeren Gebäude in Brooklyn geboren worden waren, stießen ängstliche Schreie aus, als dort eines Morgens ein Feuer ausbrach. Die Mutter der Kleinen eilte hin und her, um die Kätzchen eines nach dem anderen ins Freie zu tragen. Nachdem sie sie zuerst vor den Flammen gerettet hatte, trug sie die Jungen über die Straße an einen sicheren Platz.

Der Feuerwehrmann David Gianelli fand die Katze, nachdem sie gerade zwei der Kätzchen in Sicherheit gebracht hatte. An ihren Pfoten waren bereits schwere Verbrennungen zu erkennen. An manchen Stellen hatte sie sich das Fell versengt, so daß die rötliche Haut durchschimmerte; aus diesem Grund gab man der Katze den Namen „Scarlett", was soviel wie „Scharlachrot" bedeutet.

Doch trotz ihrer Verletzungen ließ ihre mütterliche Sorge um die Jungen nicht nach. Als man sie zusammen mit den Kätzchen in einen Korb setzte, konnte sie aufgrund der Blasen auf den Augen kaum noch etwas sehen; um dennoch sicherzugehen, daß keines der Jungen fehlte, zählte sie sie, indem sie sie eines nach dem anderen mit dem angesengten Näschen berührte.

Daß Tiere sich derart aufopfernd um ihre eigenen Jungen kümmern, mag nicht weiter überraschen; ein solches Verhalten könnte ja weniger auf Mitgefühl als vielmehr auf einen angeborenen Mutterinstinkt zurückzuführen sein. Doch es wird immer wieder beobachtet, daß Tiere sich auch um Angehörige anderer Arten kümmern, mit denen sie keinerlei genetische Verwandtschaft verbindet. Sie helfen, ohne daß sie selbst oder ihre Art davon irgendeinen Nutzen hätten.

Kurz bevor mein Freund Joe Backus in Honolulu an Krebs starb, fragte er mich, ob ich mich um seine Siamkatze Yin kümmern würde. Ich versprach es ihm und betrachtete es als eine Art heilige Pflicht, der Katze einen angenehmen Lebensabend zu ermöglichen.

Yin war 22 Jahre alt, nahezu taub und ziemlich launenhaft. Zudem hatte sie sich nie daran gewöhnen können, ihr Geschäft an dem Plätzchen zu verrichten, das dafür vorgesehen war. Lange vor Joes Tod hatte sie bereits aufgehört, irgend jemandem mit Freundlichkeit zu begegnen; es kam einfach nicht mehr vor, daß sie sich an den Beinen eines Menschen rieb oder einem Besucher entgegenlief. Statt dessen saß sie nur noch mürrisch und in sich gekehrt auf Joes Kühlschrank oder auf irgendeinem Regal.

Nach Joes Tod flog ich nach Hawaii, um die Katze abzuholen. Ich besorgte mir einen kleinen Transportbehälter und ging mit ihr zu einer Tierärztin, damit diese ihr ein Beruhigungsmittel gäbe, das ihr den langen Flug erleichtern würde. Die Ärztin, eine kräftige, resolute Frau, nahm Yin aus dem Behälter. Die Katze sträubte sich dagegen, indem sie sich an dem Kunststoff festkrallte.

Die Tierärztin legte Yin auf den Untersuchungstisch und klopfte ihr gegen die Rippen und den Hüftknochen, die unter dem zerzausten Fell hervorragten. Dann riß sie der Katze völlig unvermutet das kleine Mäulchen auf, so daß die wenigen verbliebenen Zähne entblößt wurden.

Yin protestierte lautstark gegen diese etwas grobe Behandlung. Ich zuckte zusammen, doch die Ärztin schien ziemlich unbeeindruckt.

„Sie wollen diese Katze im Flugzeug mitnehmen?"

„Ich habe meinem Freund versprochen, daß ich mich um sie kümmere."

„Ich gebe Ihnen einen guten Rat – lassen Sie das alte Mädchen einschläfern."

„Das brächte ich niemals fertig."

Die Ärztin zählte eine Reihe von Gründen auf, warum Yin besser dran wäre, wenn man sie sterben ließe, als wenn sie mit mir käme. In ihrem hohen Alter würde sie sich kaum mehr an eine neue Umgebung gewöhnen können. Sie würde sich sehr einsam, verwirrt und niedergeschlagen fühlen. Bestimmt würde sie schon nach einer Woche sterben.

Ich war mir nicht sicher, ob die Ärztin nur testen wollte, wie entschlossen ich war, die Katze zu behalten, oder ob sie tatsächlich der Meinung war, daß ich sie einschläfern lassen sollte. Ich weigerte mich jedenfalls, ihren Argumenten nachzugeben. Ich versuchte, meinen Ärger über die Frau nicht zu zeigen, als ich Yin wieder in den Behälter tat, für das Beruhigungsmittel bezahlte und zum Flughafen fuhr.

Es preßte mir das Herz zusammen vor Traurigkeit, als ich den Käfig zwischen den anderen Gepäckstücken auf dem Förderband verschwinden sah. Yin guckte etwas verloren zwischen den eisernen Gitterstäben hervor, und ich fragte mich, ob die Tierärztin nicht doch recht gehabt hatte. Vielleicht würde das Körbchen, das ich ihr aus Joes Flanellhemden bereitet hatte, sie doch nicht richtig warmhalten. Vielleicht würde sich das Wasser über ihr Fell ergießen, so daß sie sich verkühlen konnte. Und was war, wenn das Beruhigungsmittel nicht wirkte, wenn sie die Höhe nicht vertrug oder der Start und die Landung ihr Angst machten?

All diese Fragen beschäftigen mich während des Fluges, bis ich schließlich den Behälter öffnen konnte und Yin freiließ. Sie sah alles andere als glücklich aus. Nachdem sie sieben Stunden eingesperrt gewesen war, stand ihr Fell nach allen Seiten weg. Sie ging unverzüglich ins Gästezimmer hinüber, wo sie gleich auf den Fußboden urinierte.

Zu Beginn tat sie nichts anderes, als in die Luft zu starren – möglicherweise ein Zeichen ihrer allgemeinen Verzweiflung, vielleicht aber auch ihre Methode, der Verwirrung zu begegnen. Während der nächsten paar Tage streifte sie durch das ganze Haus, so als suche sie nach Joe oder nach irgend etwas Vertrautem. Sie schien sich in tiefer Trauer zu befinden.

Yins Anpassungsprobleme wurden noch durch die feindselige

Haltung verstärkt, die ihr meine Tabby-Katze Tigger entgegenbrachte. Tigger war bis dahin die einzige Katze im Haus gewesen, und sie war nicht gewillt, ihren Status mit diesem Neuankömmling zu teilen. Sie warf Yin einen wilden Blick zu, machte einen Buckel, und die Haare auf dem Rücken stellten sich auf, als stünden sie unter Strom. Sie zischte Yin so wütend zu, daß man meinen konnte, sie würde sich jeden Moment auf die Rivalin stürzen.

Doch bei all der Aggression, die sie Yin entgegenbrachte, schien Tigger doch zu merken, daß es sich nicht lohnte, einen Kampf mit Yin zu beginnen; die Siamkatze war offensichtlich zu alt und gebrechlich, um sich verteidigen zu können. Auch mit meinen Hunden kam Yin nicht allzugut aus. Sie scheuchten sie immer wieder durch die Gegend, so daß es in diesen ersten Wochen in meinem Haus alles andere als ruhig zuging.

Ich fragte mich unentwegt, ob die Tierärztin nicht doch recht gehabt hatte. Hätte ich Yin vielleicht doch einschläfern lassen sollen? Alles in mir sträubte sich gegen diesen Gedanken, doch ein kleiner Zweifel blieb stets bestehen.

Eines Morgens schien jedoch die Wende gekommen zu sein. Als ich mein Arbeitszimmer betrat, schien die Sonne bereits zwischen den Rolläden hindurch auf das Sofa, wo Yin und Tigger es sich Seite an Seite auf meinen Kissen bequem gemacht hatten. Praktisch über Nacht schien Tigger Yin als ihren persönlichen Schützling angenommen zu haben.

Tigger schmiegte sich an Yins Schultern und leckte ihr über das hellgraue Fell, das bald anmutig in der Sonne zu glänzen begann. Zum ersten Mal, seit ich Yin zu mir nach Hause gebracht hatte, hörte ich sie schnurren.

Mit Hilfe von Tiggers Fürsorge wurde Yin noch 25 Jahre alt.

Bei all den Vorzügen, die das Auto dem Menschen bietet, verursacht es doch tagtäglich Katastrophen, die sowohl Menschen als auch Tiere in Mitleidenschaft ziehen; in solchen Fällen können Tiere genausoviel Mitgefühl füreinander zeigen wie Menschen, die Verunglückten helfen.

Conan, ein Eskimohund-Wolfsmischling, streifte oft durch die Straßen von Randolph, Vermont, um Margo, einen langhaarigen Samojedenspitz, zu besuchen. Margo kam für gewöhnlich nicht über Marjorie Ryersons Garten hinaus, doch eines Tages verließ die Hündin den heimischen Garten und begleitete Conan auf einem Spaziergang. Doch Margo wußte nicht, welche Gefahren auf der Straße lauerten. Als sie mitten auf der Straße stand und ein Auto auf sie zugefahren kam, fiel es ihr nicht ein auszuweichen. Da eilte Conan herbei und schob sie zur Seite, wurde aber selbst von dem Auto angefahren. Er zog sich eine schwere Verletzung am Bein zu – doch Margo blieb dank seiner Hilfe unverletzt.

Ein streunender Schäferhund fand eines Tages auf einer verkehrsreichen Straße in Los Angeles eine Dobermann-Hündin am Straßenrand liegen. Sie konnte nicht mehr aufstehen, nachdem ein Auto sie angefahren hatte. Während die Autos vorüberbrausten, legte sich der Schäferhund zu der Hündin, um sie mit seinem Körper zu schützen. Estella Dvorin, die schließlich Hilfe für die beiden Hunde rief, war überzeugt, daß der Schäferhund den Dobermann davor bewahren wollte, ein zweites Mal angefahren zu werden. Die Hündin war jedoch so schwer verletzt, daß sie schließlich eingeschläfert werden mußte. Das Tierschutzamt der Stadt ließ den Schäferhund versteigern – er kam zu einem Mann, der das mitfühlende Verhalten des Hundes zu schätzen wußte und tausend Dollar für das Tier bezahlte.

Als Anne Urbanos eines Morgens dabei war, die Wäsche zu sortieren, sprang ihre Hündin Minnie von ihrem Schlafplätzchen bei der offenen Haustür hoch und lief zu der Frau hinüber. Dann sprang sie bellend aufs Bett und blickte besorgt aus dem Fenster, ehe sie wieder zu Mrs. Urbanos zurückkehrte.

Die Frau verstand, was Minnie ihr sagen wollte. „Ist ja gut", sagte sie. „Ich komm' ja schon." Sie hatte keine Ahnung, was Minnie ihr zeigen wollte, als sie zur Haustür ging.

Auf der Straße, direkt vor dem Haus, lag eine graue Katze, die offensichtlich von einem Auto angefahren worden war. Da Mrs. Urbanos erst ein paar Minuten zuvor ihren grauen Kater namens Crockett aus dem Haus gelassen hatte, befürchtete sie nun, daß er es war, der dort verletzt auf der Straße lag.

Als sie zutiefst erschrocken hinauslief, kam plötzlich Crockett unter einem Busch hervorgesaust. Mrs. Urbanos war zwar erleichtert, daß ihr Kater wohlauf war, doch ihre Sorge galt nun dem verletzten Tier. Als sie nach der Katze sah, war Crockett an ihrer Seite und begann das regungslose Tier mit der Nase anzustupsen. Als sich die Katze nicht rührte, blickte der Kater zu Mrs. Urbanos auf und miaute so herzzerreißend, als wolle er die Frau auffordern zu helfen. Er versuchte die Katze mit den Pfoten zur Seite zu schieben, damit sie nicht noch einmal von vorbeikommenden Fahrzeugen angefahren würde. Dann packte er die tote Katze am Schwanz und zog sie an den Straßenrand.

Eine Nachbarin, die aus dem Haus geeilt kam, um Mrs. Urbanos zu helfen, sagte, daß sie Crockett oft mit der toten Katze gesehen habe, wie sie zusammen in der Sonne lagen. „Crockett bewacht das Kätzchen", sagte sie mit trauriger Miene.

Tatsächlich ließ sich Crockett neben seiner Freundin am Straßenrand nieder und weigerte sich aufzustehen, als Mrs. Urbanos nach ihm rief. Crockett blieb bei der toten Katze, bis jemand kam und sie mitnahm.

Eines Nachts mitten im Sommer meldete sich Tuffy, ein schwarzer Pudel, an Arthur Martins Hintertür, indem er laut bellte und an der Tür scharrte, so daß der Mann aus dem Schlaf hochschreckte. Für gewöhnlich trieben sich Tuffy und sein zweiter Hund Sandy, ein neunzehn Jahre alter Terrier, nachts irgendwo auf seiner Farm in Medford, Oregon, herum. Es kam so gut wie nie vor, daß sie ihn im Schlaf störten. Konnte es sein, daß irgend etwas vorgefallen war?

Martin stand auf und ging nach unten zur Hintertür, um nachzusehen. Tuffy schien ziemlich außer sich zu sein und bellte unentwegt, ehe er ein Stück zu den Feldern hinlief und sich dann wieder zu ihm umdrehte. Der Mann erkannte sofort, daß Tuffy ihn aufforderte mitzukommen. Da Sandy nirgends zu sehen war, befürchtete Martin, daß ihm etwas zugestoßen sein könnte.

Martin holte eine Taschenlampe und eilte hinter Tuffy her, bis sie zu einem Bewässerungsgraben kamen, der etwa eine Viertelmeile vom Haus entfernt war. Als er mit der Taschenlampe ins Wasser hinunter leuchtete, sah er dort nur Sandys Schnauze. Er war sich fast sicher, daß sein Hund tot war, als er sich tiefer hinunterbeugte und schließlich sah, daß der alte Terrier auf den Hinterbeinen stand und sich mit den Vorderbeinen gegen die Betonwand des Grabens stützte. Wie durch ein Wunder war es Sandy gelungen, auf diese Weise viele Stunden zu überleben.

Während Tuffy durch sein Winseln erkennen ließ, wie sehr er mit dem alten Terrier mitfühlte, zog Martin den Hund aus dem Wasser und brachte ihn nach Hause, wo er ihn zuerst einmal abtrocknete. Sandy war zu erschöpft, um gehen zu können, und verbrachte die Nacht auf einem Teppich im Haus. Tuffy, der nicht ins Haus durfte, stand währenddessen draußen vor der Hintertür Wache, bis er sich schließlich am Morgen erschöpft hinlegte und sich etwas Schlaf gönnte; erst jetzt war er überzeugt, daß seine Aufgabe vollendet und Sandy in Sicherheit war.

Ranger, ein Deutscher Schäferhund, hielt sich tagelang nur noch in der Nähe eines alten ausrangierten Wohnwagens auf, der in Espanola, New Mexico, stand. Dabei bellte er fast unentwegt und verschwand immer wieder unter dem Wohnwagen. Eine Nachbarin beobachtete ihn, wie er hervorkroch, ein Maulvoll Schnee holte und wieder unter den Wagen kroch. Dieser Vorgang wiederholte sich immer wieder. Sie konnte sich sein Verhalten zwar nicht erklären, doch der Hund tat ihr irgendwie leid, weil er bestimmt Hunger hatte und einen erschöpften Eindruck machte. Sie stellte ihm etwas Thunfisch in einem Plastikbehälter hin, doch anstatt den Fisch zu fressen, packte er den Behälter mit den Zähnen und trug ihn unter den Wohnwagen.

Über eine Woche später war endlich jemand neugierig genug, um nachzusehen, was das seltsame Verhalten des Schäferhundes zu bedeuten hatte. Unter dem Wohnwagen lag eine Hündin, die in eine Kojotenfalle getappt war; ihr Bein war übel zugerichtet. Und Ranger hatte es sich zur Aufgabe gemacht, die Hündin mit dem Nötigsten zu versorgen. Trotz der schmerzhaften Verletzung überlebte das Tier, und auch das Bein heilte mit der Zeit.

Dee und Bratt Anderson aus Wheatfield, Kansas, waren sich einig, daß ihr Hund Duke ein Prachtkerl war. Er stammte von Schäferhunden und Labrador-Retrievern ab, hatte ein schwarzes Fell und braune Pfoten, während die Brust weiß gefärbt war. Kleinen Kindern war er stets ein sanfter und rücksichtsvoller Spielkamerad; außerdem bewachte er das Haus der Andersons und verjagte Kaninchen aus dem Garten. Obwohl er unter einer schmerzhaften Arthritis litt, war er doch stets ein freundlicher und gutmütiger Zeitgenosse.

Doch dieser wunderbare Hund besaß einen Makel: Er hatte einen ausgeprägten Futterneid. Als die Andersons über eine Zeitungsanzeige noch einen kleinen Hund bekamen, dem sie den Namen Midnight gaben und der Duke ziemlich ähnlich sah, wachte der ältere Hund stets eifersüchtig über sein Futter, damit der Konkurrent ihm nur ja nichts wegnahm. Manchmal kam es sogar vor, daß er Midnight von dessen eigener Schüssel verjagte und sich über das Futter des kleineren Hundes hermachte.

„Laß Midnight in Ruhe", redete Dee ihrem Duke immer wieder ins Gewissen. „Er nimmt dir schon nichts weg."

Wenn Dee ihrem Hund auf diese Weise zuredete, verschwand er wenigstens für eine Weile von Midnights Schüssel und ließ den kleinen Hund in Ruhe fressen.

Zu Weihnachten, sechs Wochen nachdem Midnight in die Familie aufgenommen worden war, verschwand er plötzlich spurlos. Sie befürchteten, der kleine Hund könnte irgendwo hilflos im Schnee erfroren sein, und suchten jeden Meter ihrer Wiesen ab. Sie fragten alle Nachbarn, ob sie ihn gesehen hätten, und hielten auch auf Straßen und Wegen nach ihm Ausschau. Die Andersons lebten in der Nähe einer Farm für Weihnachtsbäume – und so befürchteten sie, daß ein Kunde das Hündchen überfahren oder mitgenommen haben könnte. Doch so lange und intensiv sie auch suchten – von dem Hund war weit und breit nichts zu sehen.

„Sag, wo ist das Hündchen?" wandte Dee sich an Duke, in der Hoffnung, daß dieser sie auf die richtige Spur bringen könnte. „Hat vielleicht jemand Midnight gestohlen?"

Duke konnte ihre Frage zwar nicht beantworten – doch irgend etwas an seinem Verhalten war ein wenig merkwürdig. Es kam nämlich immer öfter vor, daß er bellend in den tiefverschneiten Wald lief, der an ihr Haus grenzte.

Brett meinte, daß er wohl Kaninchen jage.

Seine Frau und er sagten sich schließlich, daß sie froh sein sollten, Midnight nicht irgendwo tot aufgefunden zu haben – denn dies konnte ja auch bedeuten, daß er noch lebte. Wenn er in einer Woche nicht zurück wäre, würden sie eine Anzeige in die Zeitung geben, um auf diese Weise herauszufinden, ob jemand ihn gefunden hatte. Aber vielleicht machte er ja auch nur einen ausgedehnteren Streifzug, von dem er irgendwann wieder zurückkehren würde.

Die folgende Woche verging sehr langsam. Als Brett einige Tage nach Weihnachten in den Wald ging, hörte er plötzlich lautes Gebell, das – wie er dachte – vom Nachbarshund stammen mußte. Das Bellen klang so verzweifelt, daß Brett dachte, das Tier würde womöglich Hilfe brauchen, so daß er beschloß nachzusehen.

Doch es war nicht der Hund des Nachbarn, sondern Midnight, der da halberfroren mit den Hinterbeinen von einem Stacheldrahtzaun herabhing. Der Draht hatte sich so eng um das Bein des Hundes geschlossen, daß er jedesmal, wenn Midnight sich zu befreien versuchte, nur noch tiefer in dessen Fleisch schnitt. Eine seiner Pfoten war mittlerweile vom Blutkreislauf abgetrennt, so daß sie völlig steifgefroren war.

Trotz seiner Schmerzen ließ Midnight ein fröhliches Quietschen vernehmen, als er Brett sah. Der Mann hatte Mühe, den kleinen Hund festzuhalten, um ihn zu befreien – so sehr wand dieser sich vor Freude hin und her, wobei er Brett aufgeregt über das Gesicht leckte. Als Brett mit dem kleinen Hund nach Hause kam, war auch Duke außer sich vor Freude. Dee hatte Mühe, sich die Tränen zu verbeißen, als sie Midnights eingefrorene Pfote in kaltem Wasser auftaute. Sie brachten den Hund sogleich zum Tierarzt, der das Bein amputierte.

Doch schon nach zwei Tagen kam Midnight wieder nach Hause. Er sprang munter aus dem Wagen und trottete ins Haus, so als würde ihm nicht das geringste fehlen. Duke schien überglücklich, ihn wiederzusehen, und beschnupperte ihn vorsichtig, ehe er sich an seiner Seite hinlegte, um ihn zu wärmen.

„Wie konnte Midnight überhaupt so lange überleben?" dachte Brett laut nach.

„Ich habe keine Ahnung", antwortete Dee.

„Der Tierarzt hat gemeint, es sei ein Wunder."

Doch Brett wollte wissen, wie dieses Wunder zustande kommen konnte, und ging noch einmal zu dem Stacheldrahtzaun zurück, an dem er Midnight gefunden hatte.

Man sah noch deutlich die Stelle, wo der Hund mit den Vorderpfoten den Schnee vor dem Zaun weggescharrt hatte, um nach Nahrung zu suchen. Und direkt vor dem Zaun fand Brett den

Knochen eines Schinkens, an dem nicht die geringste Faser Fleisch mehr übrig war.

Dees Mutter hatte Duke den Schinken am Weihnachtstag geschenkt. Offensichtlich war Duke auf seinen steifen Beinen den ganzen Weg durch den Schnee gehumpelt, um Midnight den Knochen zu bringen – zusammen mit anderen Essensresten, wenn er welche auftreiben konnte. Duke hatte seinen tiefverwurzelten Futterneid überwunden und alles mit dem darbenden kleinen Hund geteilt. Fast eine Woche lang hatte Duke auf diese Weise dafür gesorgt, daß Midnight in der eisigen Kälte überleben konnte.

Dukes Tierarzt Kirk Smith meinte, daß Duke nur deshalb den Schinken zu Midnight gebracht hatte, weil er ihn als ein Mitglied seines Rudels betrachtete. „Rudeltiere helfen einander, soweit sie können", erklärte Smith.

Das hat etwas für sich. Doch es kommt auch vor, daß Rudeltiere sich um andere Tiere kümmern, die nicht zum Rudel gehören – ja, die einer ganz anderen Art angehören. Und das gleiche Verhalten wurde übrigens auch bei Tieren festgestellt, die nicht im Rudel leben.

Eines Morgens sah der Collie Buddy, der Matthew Crinkley in Budd Lake, New Jersey, gehörte, wie der Stall zu brennen begann. Der Hund lief ins Innere, um die 70 trächtigen Ziegen zu retten, die in dem Gebäude untergebracht waren. Er schob sie vor sich her und biß sie in die Beine, um sie dazu zu bewegen, ins Freie zu flüchten. Trotz der Brandwunden an den Pfoten versuchte Buddy verzweifelt, Crinkley zu wecken, indem er wie wild bellte. Als der Mann aus dem Fenster blickte, sah er, wie sein Stall niederbrannte.

Spuds, ein Dalmatiner, den seine Familie in South Carolina wohl zu Unrecht als ein wenig dumm betrachtete, saß in der Küche und sah zu, wie Dirk Tanis Öl in eine Pfanne goß, um sich Pommes frites zu machen. Da es sehr lange zu dauern schien, bis das Öl sich erhitzte, und er ohnehin ziemlich müde von der Arbeit war, machte Tanis es sich ein wenig auf dem Sofa im Wohnzimmer bequem. Schon nach wenigen Augenblicken schlief er ein. Einige Minuten später schreckte er hoch, als er einen heftigen Schmerz in der Hand verspürte.

Es war Spuds, der – fest entschlossen, den Mann zu wecken – ihn in die Hand gebissen hatte. Tanis sprang sofort auf und sah den Rauch und die Flammen von der Bratpfanne bis zur Decke hochsteigen. Er stürzte sofort in die Küche, um den Herd auszuschalten, und eilte dann aus dem Haus, um die Feuerwehr zu rufen. Aber Spuds verließ nicht mit ihm das Haus. Statt dessen lief er zu Gizmo, dem fünf Monate alten Kätzchen der Familie. Vorsichtig packte er das Tier am Nacken und trug es ins Freie.

Die Geschichte von Cream Dee, einer Kuh in England, wurde von Paul Simons in *Pet Heroes* geschildert. Eines Tages sonderte die Kuh sich etwas von der Herde ab und blieb in der Nähe eines Dachsbaus. Malcolm Dyer, der Farmer, dem die Kuh gehörte, hatte zuvor schon tagelang nach seinem Jack-Russell-Terrier gesucht und bemerkte nun, daß die Kuh ganz allein herumstand und den Boden begutachtete. Als er zu ihr hinüberging, um nach ihr zu sehen, hörte er plötzlich ein Winseln, das aus dem Dachsbau zu kommen schien. Und tatsächlich – im Inneren befand sich sein Terrier, der zwar ziemlich mitgenommen wirkte, im großen und ganzen aber wohlauf war.

Amber, eine Abessinier-Katze, deren Geschichte in *Cat Fancy* geschildert wurde, lebte bei einer Frau, die ein Aquarium mit tropischen Fischen besaß. Die Katze schien Freude daran zu haben, die Fische zu beobachten. Eines Abends miaute sie so eindringlich, daß die Frau herbeikam, um nachzusehen, was los war. Ein Fisch war durch ein Loch in der Bedeckung des Aquariums gesprungen und lag nun hilflos zappelnd auf dem Fußboden. Erst nachdem die Frau den Fisch gefangen und ins Becken zurückgeworfen hatte, hörte Amber auf zu miauen. Beruhigt ließ sie sich vor dem Aquarium nieder, um wieder dem Treiben der Fische zuzusehen.

Cameo, eine schwarz-weiße Katze, schien nicht sehr erfreut, als Ed und Toni Eames sie in ihrem Heim in Fresno, Kalifornien, aufnahmen. Ihr bisheriges Leben hatte sie bei einer älteren Frau verbracht, wo sie den besonderen Status des einzigen Tieres im Haus genossen hatte. Nun mußte sie mit zwei anderen Katzen sowie zwei Golden Retrievern unter einem Dach leben.

Zu Beginn hatte Cameo große Angst vor den anderen Tieren,

in deren Territorium sie eingedrungen war, so daß sie sich fast
ständig hinter dem Ofen oder in einem Schrank versteckt hielt.
Doch nach und nach lernte sie, die beiden anderen Katzen zu
akzeptieren; außerdem fand sie heraus, daß sie mit einem drohenden Fauchen die beiden Hunde verscheuchen konnte. Allmählich
begann sie sich in ihrer neuen Umgebung sicherer zu fühlen und
sich auch als Teil der Familie zu betrachten, wenngleich sie
ihren einzelgängerischen Lebenswandel beibehielt. Doch einen
der beiden Retriever, nämlich Ivy, konnte sie nach wie vor nicht
akzeptieren. Die beiden Tiere behandelten einander mit einer
solchen Gleichgültigkeit, als würden sie den anderen gar nicht
sehen.

Eines Tages wurde bei Ivy Kardiomyopathie, eine schwere
Schädigung des Herzmuskels, festgestellt. Mit der Zeit wurde die
Krankheit so schlimm, daß der Hund sich weigerte zu fressen –
ein sicheres Zeichen dafür, daß er nicht mehr am Leben hing. Toni
Eames mußte all ihre Kraft zusammennehmen, um den Tierarzt
anzurufen und ihm zu sagen, daß er kommen und Ivy einschlä-
fern solle. Als sie den Hörer auflegte, hatte sie Tränen in den
Augen.

Und Cameo, die sonst stets auf Distanz bedacht war, sprang in
ihre Arme und stupste sie an, als wolle sie die Frau trösten. Als
der Tierarzt eintraf und Toni sich zu Ivy auf den Fußboden setzte,
ging Cameo schnurrend zwischen ihnen auf und ab. Plötzlich
blieb die Katze vor Ivy stehen. Zum ersten Mal in all den Jahren,
die sie nun mit der Hündin im selben Haus lebte, leckte sie ihr
über ihr müdes, leidendes Gesicht, wie um ihr auf Wiedersehen zu
sagen.

Als der Tierarzt Ivy die erlösende Spritze gab, um sie von ihrem
kranken alten Körper zu befreien, lag Cameo direkt vor der
Hündin und schnurrte, als wolle sie Ivy für ihre Reise Mut zu-
sprechen.

Michelle und Dick Knutson aus Appleton, Wisconsin, bemerkten
eines Tages, daß ihr Hund Tiffany die Angewohnheit hatte, immer wieder für mehrere Stunden in einem Feld hinter dem Haus
zu verschwinden. Sie konnten sich das seltsame Verhalten der
Hündin nicht erklären, bis sie eines Tages sahen, wie Tiffany sechs
winzige Kätzchen über den Rasen zur Haustür führte. Auf ihren

wackeligen Beinchen kamen sie dahergelaufen und miauten vor Hunger.

Die Knutsons waren überzeugt, daß Tiffany sich draußen auf dem Feld um die Kätzchen gekümmert hatte, nachdem die Katzenmutter entweder gestorben war oder die Kleinen dort zurückgelassen hatte. Nun war es jedenfalls Tiffany, die sich um die Kätzchen kümmerte, indem sie sie in ihrer Hundehütte beherbergte. Zu den Mahlzeiten trieb Tiffany die Kätzchen zusammen und führte sie in die Küche der Knutsons, wo Michelle sie zunächst mit dem Fläschchen und später mit fester Nahrung fütterte. Und so überlebten die Kätzchen, weil Tiffany sich ihrer angenommen hatte.

Es kommt gar nicht so selten vor, daß Tiere sich um den Nachwuchs anderer Tiere kümmern; so wie auch im Falle von Tiffany und ihren Kätzchen müssen es nicht unbedingt Tiere der gleichen Spezies sein. Ich habe von einem Hund gelesen, der Opossum-Junge aufzog, und auch von Katzen, die Eichhörnchen, Igel, Kaninchen und sogar Spatzen adoptierten. Es kommt mitunter vor, daß die Pflegemütter eine so starke Bindung zu ihren Adoptivkindern entwickeln, daß es zur Aktivierung von Hormonen kommt, die eine Milchabsonderung hervorrufen; auf diese Weise können sie ihre Schützlinge sogar säugen.

Manchmal sind die „Pflegemütter" aber auch männlichen Geschlechts, wie Yvonne Roberts in ihrem Buch *Animal Heroes* schildert. So adoptierte etwa Pedro, ein Pyrenäenhund in England, ein verwaistes Lamm und zog es groß. Und Sidney, ein Mischling, der auf der Straße aufgegriffen und in ein Tierheim gegeben wurde, kümmerte sich um vier kleine verwaiste Stachelschweine. Als einer der Mitarbeiter die Tiere zu einem Heizkörper legte, um sie zu wärmen, ging Sidney zu ihnen hin, beschnupperte sie und legte sich dann zu ihnen – um mehrere Wochen lang als „Mutter" bei ihnen zu bleiben.

Griz, ein kräftiger, über 300 Kilogramm schwerer Grizzlybär im Tierzentrum von Wildlife Images bei Grants Pass, Oregon, war wieder einmal ganz mit seinem Mittagsmahl beschäftigt – immerhin befand sich in seinem Eimer ein wahres Festessen aus Äpfeln, Orangen, Gemüse, Hühnerfleisch und dem Fleisch eines überfahrenen Rehs. Er fraß mit solchem Appetit, daß er das sechs Wochen alte Tabby-Kätzchen gar nicht bemerkte, das unter der Umzäunung durchschlüpfte und zu ihm ins Gehege kam.

Das Kätzchen, das kaum mehr als ein halbes Pfund wog, war erst kürzlich in dem Heim abgegeben worden und hatte offensichtlich Hunger. Vorsichtig trat der kleine Kater zu dem gewaltigen Bären hin, ließ sich neben ihm nieder und miaute, weil er etwas zu fressen wollte.

Griz blickte von seinem Fressen auf und begutachtete das winzige Geschöpf. Dave Siddons, der Gründer des Tierzentrums, verfolgte die Szene mit großer Besorgnis. „Oh Gott!" dachte er. „Griz wird das Kätzchen mit Haut und Haaren verschlingen!"

Doch Siddons wußte, daß er niemals rechtzeitig zu dem Kätzchen gelangen konnte, um es zu retten. Jeden Moment würde Griz das kleine Tierchen mit einem Prankenhieb töten, um sich auf diese Weise einen willkommenen Extrahappen zu verschaffen. Siddons wünschte sich in diesem Moment, daß Bären keine Allesfresser wären.

Obwohl Griz ein außergewöhnlich sanftmütiges Tier war, konnte er doch genauso wild wie jeder andere Bär sein, wenn es um die Jagd nach Nahrung ging. Als junges Tier war er einst von einem Zug angefahren worden, wovon er eine Gehirnverletzung davongetragen hatte. Ein Indianerstamm hatte das bewußtlose Tier in einem Käfig zu Siddons geschickt, der zusammen mit seinen Mitarbeitern den kleinen Bären wieder hochpäppelte. Bald war der Bär so zahm, daß er nicht mehr imstande gewesen wäre, in der Wildnis zu überleben.

Doch obwohl Griz so zahm war, würde er sich wohl nicht davon abhalten lassen, das Kätzchen zu töten. Und so bereitete sich Siddons mit zusammengebissenen Zähnen auf das Unvermeidliche vor.

Griz blickte das Kätzchen neugierig an. Dann nahm er einen Hühnerflügel aus seinem Eimer, löste etwas Fleisch davon ab und legte es der Katze hin. Und das Kätzchen stürzte sich sofort darauf und verschlang es gierig, worauf Griz ihm noch einige weitere Bissen reichte.

Etwas später rollte sich das Kätzchen auf der Brust des Bären zusammen und machte gemeinsam mit ihm ein Nickerchen. Von diesem Tag an teilte der Bär ständig sein Futter mit seinem kleinen

Gefährten, auch als dieser längst zu einem stattlichen Kater herangewachsen war, der auf den Namen „Cat" hörte. Sie spielten
täglich miteinander und wurden dicke Freunde. Oft versteckte
Cat sich hinter den Kiefern, die in dem großen Gehege des Bären
standen, um plötzlich hervorzuspringen und seinem Freund einen
Pfotenhieb auf die Nase zu verpassen. Griz trug den Kater oft in
seinem Maul durch die Gegend oder ließ ihn auf seinem Rücken
reiten. Manchmal leckte er Cat über das Fell, um ihn zu säubern –
und nachts schliefen sie dann Seite an Seite.

Eine ziemlich ungewöhnliche Freundschaft, fürwahr. Doch dieses Beispiel zeigt, daß Mitgefühl bei Tieren genauso wie bei uns
Menschen eine gute Basis für ein harmonisches Zusammenleben
sein kann.

Mit letztem Einsatz

Oftmals sind Tiere derart bemüht, einem Menschen oder einem
anderen Tier zu helfen, daß sie dabei vollkommen ihr eigenes
Wohl vergessen. Gelegentlich bezahlen sie diesen aufopfernden
Einsatz mit dem Leben.

Zorro, ein Schäferhund-Wolfsmischling, machte mit Mark
Cooper aus Orangeville, Kalifornien, eine Bergtour, als Cooper
plötzlich ausrutschte und etwa 25 Meter tief in eine Schlucht
abstürzte, wo er bewußtlos in dem unten vorbeifließenden Fluß
liegenblieb. Sofort kletterte Zorro zu ihm hinunter, zog ihn aus
dem Wasser und zerrte ihn auf einen Felshügel. Ein Freund, der
die beiden auf der Wanderung begleitet hatte, machte sich sofort
auf den Weg, um Hilfe zu holen. Inzwischen blieb Zorro bei
Cooper, der mittlerweile das Bewußtsein wiedererlangt hatte. In
der darauffolgenden Nacht sanken die Temperaturen empfindlich
ab. Fürsorglich legte sich Zorro auf Cooper, um ihn warmzu-
halten.

Am nächsten Tag kam ein Rettungshubschrauber und holte
Cooper ab. Zorro mußte zurückbleiben. Der treue Hund setzte
sich geduldig neben den Rucksack seines Herrn und wartete. Erst
einige Tage später wurde er von zwei Angehörigen der Bergret-
tung gefunden. Völlig ausgehungert und halb erfroren saß er immer noch neben dem Rucksack. Trotz der Entbehrungen war der

Hund nicht weggelaufen, sondern hatte an der Stelle ausgeharrt, an der er Cooper wiederzusehen hoffte.

Top, eine Dänische Dogge, die Axel Patzwaldt in Los Angeles gehörte, ging eines Nachmittags mit einem kleinen Mädchen spazieren, als dieses plötzlich, ohne auf den Verkehr zu achten, die Straße überqueren wollte. Ein großer LKW kam direkt auf sie zu. Top bellte ihn an und sprang dann zu dem Mädchen hin, um es zur Seite zu drängen. Damit rettete er dem Mädchen das Leben – er selbst kam jedoch weniger glimpflich davon; der Hund wurde vom LKW erfaßt und durch die Luft geschleudert, wobei er sich Rippenbrüche sowie ein gebrochenes Hinterbein zuzog.

Sein Bein wurde in Gips gelegt, doch als man ihm sieben Wochen später den Gips entfernte, konnte er sich nur unter Schmerzen fortbewegen. Eines Nachmittags hinkte er zum Swimmingpool des Hauses, um ein Bad zu nehmen, kehrte aber rasch wieder um und rannte trotz der Schmerzen, so schnell er konnte, ins Haus zurück; dort bellte er so lange aus voller Kehle, bis Patzwaldt ihm zum Schwimmbecken folgte. Ein zweijähriger Junge lag leblos am Grund des Beckens.

Nach einem langen Krankenhausaufenthalt und einigen komplizierten Eingriffen wurde der Junge wieder gesund. Top hatte allerdings länger zu leiden. Seine Rippen, die nur zwei Monate zuvor bei dem Zusammenprall mit dem LKW gebrochen worden waren, entzündeten sich so schwer, daß er operiert werden mußte. Für seinen selbstlosen Einsatz mußte er nun sein Leben lang Schmerzen erdulden.

Der Collie-Mischling Woodie spazierte mit Rae Anne Knitter und ihrem Verlobten Ray Thomas durch ein Naturschutzgebiet.

Als sie an einem Felshügel vorbeikamen, wandte Thomas sich an seine Verlobte: „Warte einen Augenblick. Ich möchte nur rasch ein Foto von dem Felsen aus machen."

Kurz darauf verschwand er hinter einem Hügel. Die junge Frau wartete geduldig, doch Woodie fühlte offenbar, daß Thomas etwas zugestoßen war, obwohl sie ihn nicht sehen konnte. Immer wieder zerrte die Hündin an ihrer Leine, bis die Frau sie schließlich laufen ließ und hinter ihr den Hügel hinaufeilte. Oben angekommen, blickte die Frau in die Schlucht hinunter und sah mit

Entsetzen, daß ihr Verlobter mit dem Gesicht nach unten regungslos in einem Fluß lag, der am Fuße der Felswand vorbeiführte. Er mußte etwa 25 Meter tief gestürzt sein.

Woodie war bereits den steilen Abhang hinuntergesprungen und zu Thomas gelaufen. Verzweifelt versuchte sie, mit der Schnauze sein Gesicht aus dem Wasser zu heben. Zwischendurch bellte sie so eindringlich, als wolle sie die Frau auffordern zu helfen, ehe sie sich wieder dem Verunglückten zuwandte.

Durch den Sturz hatte Thomas sich den Arm sowie mehrere Rückenwirbel gebrochen. Es dauerte zwar einige Zeit, doch er wurde wieder völlig gesund. Woodie dagegen hatte sich bei ihrem mutigen Sprung in die Tiefe innere Verletzungen zugezogen und sich außerdem die Hüfte gebrochen. Trotz der starken Schmerzen, die sie mit Sicherheit hatte, war ihr allererstes Anliegen, Thomas' Gesicht über Wasser zu halten, um ihn vor dem Ertrinken zu bewahren.

Die Kindheit und Jugend des blonden Labrador-Retrievers Sparky war alles andere als glücklich gewesen. Eine verantwortungslose Frau in Tullahoma in Tennessee hatte das drollige Hundebaby mit Begeisterung zu sich nach Hause gebracht, aber schnell das Interesse an ihm verloren, als sie merkte, daß es sich zu einem großgewachsenen, bulligen Tier entwickelte, dessen Appetit offenbar unstillbar war. Die Frau gab Sparky schließlich für einen Gebrauchtwagen an einen Automechaniker weiter. Dieser wiederum überließ den Hund einem Mann, der eines Tages eine Reise unternahm und das Tier währenddessen bei seinem Nachbarn Bo Culbertson unterbrachte.

Obwohl Sparky eineinhalb Jahre lang nur herumgeschubst worden war, hatte das seinen Charakter nicht verdorben. Anstatt scheu und unsicher zu werden, zeigte Sparky ein liebevolles, sanftmütiges Wesen, und schon nach wenigen Tagen hatte Bo den Hund fest ins Herz geschlossen.

Als Sparkys Besitzer vom Urlaub zurückkam, fragte er Bo: „Wollen Sie den Hund behalten?"

Und ob er wollte. Endlich hatte Sparky ein richtiges Zuhause, wo er geliebt und geschätzt wurde.

Sparky war ein sehr dankbarer Hund, der nicht nur hungrig nach Zuneigung war, sondern auch sonst einen gesegneten Appetit zeigte. Bald wog er nicht mehr 42, sondern stolze 75 Kilogramm. Der Hund war Bo treu ergeben und schlief jede Nacht neben seinem Bett. Am Morgen unternahmen die beiden stets einen ausgedehnten Spaziergang.

Auf einem dieser Spaziergänge fühlte Bo sich plötzlich schwach und schwindelig. Alles um ihn herum begann sich zu drehen, und ihm wurde schwarz vor Augen. Er klammerte sich an Sparkys metallenes Halsband, ehe er auf der Straße zusammensackte.

Sparky wußte, daß etwas Schreckliches passiert war und daß Bo dringend Hilfe benötigte. Doch die Hand seines Herrn steckte immer noch unter seinem Halsband, so daß er sich nicht losmachen konnte, um Bos Ehefrau Dottie herbeizuholen. Sparky machte ein paar mühsame Schritte, doch die Kette schnitt ihm so in den Hals ein, daß er schon nach wenigen Metern aufgeben mußte, weil er keine Luft mehr bekam.

Also drehte sich der Hund um, damit die Kette sich nicht in seinen Hals, sondern in seinen Nacken bohrte. Auf diese Weise schleifte Sparky seinen Herrn *rückwärts* zum Haus, während sich die Kette bei jedem Schritt tiefer in das Fleisch schnitt. Was Sparky da vollbrachte, war nicht nur deshalb so erstaunlich, weil die Metallkette ihn beinahe erwürgte, sondern weil Bo etwa 112 Kilo schwer war.

Nachdem er fast 200 Meter weit geschleppt worden war, kam Bo kurz wieder zu sich und erkannte, wie schmerzvoll es für den Hund sein mußte, ihn auf diese Weise zu ziehen. Bo zog die Hand unter der Kette hervor und legte sich über den Rücken des Hundes. Und Sparky schleppte sich mühsam die restlichen 200 Meter bis zum Haus, während er den Mann, der nicht weniger als 38 Kilo schwerer war als er selbst, auf dem Rücken trug. Als Dottie gerade das Haus verlassen wollte, um zur Arbeit zu gehen, sah sie völlig konsterniert, wie Sparky ihren Mann vor der Haustür ablud.

Dottie wußte, daß es ziemlich lange dauern konnte, bis ein Krankenwagen zur Stelle wäre, so daß sie sich entschloß, ihren Mann selbst ins Krankenhaus zu fahren. Doch sie war nicht stark genug, um ihn ins Auto zu heben. Wieder mußte Sparky einspringen. Der Hund trug Bo zum Wagen, wo ihn Dottie auf den Beifahrersitz schob. Dann raste sie unverzüglich davon und ließ einen erschöpften, keuchenden Sparky zurück.

Im Krankenhaus wurde an Bos Herz eine Verengung der Arterien diagnostiziert, die sofort operiert werden mußte. Die dreifache Bypassoperation verlief jedoch nicht ohne Komplikationen, so daß Bo drei Monate lang ständig zwischen Leben und Tod schwebte. Während dieser Zeit wartete Sparky zu Hause neben seinem Bett auf ihn. Er verließ seinen Platz höchstens, um zu fressen oder ein wenig frische Luft zu schnappen. Als Bo endlich in häusliche Pflege entlassen wurde, mußte er noch ein ganzes Jahr im Bett verbringen – und Sparky wich nicht von seiner Seite.

Als Sparky älter wurde, traten an seinen Beinen Krebsgeschwüre auf. Er, der einst so kräftig war, daß er Bos schweren Körper tragen konnte, vermochte sich nun kaum noch auf den Beinen zu halten. Dreimal wurde er operiert, doch der Krebs breitete sich bis zur Lunge aus. Um seinem Hund ein qualvolles Ende zu ersparen, ließ Bo ihn schließlich einschläfern.

Noch heute zittert Bos Stimme, wenn er davon spricht, wie sehr Sparky ihm fehle. Kein noch so gelungenes Foto seines geliebten Hundes kann das weiche Fell, den wedelnden Schwanz und das liebevolle Wesen seines treuen Gefährten ersetzen. Wie so viele andere Menschen, die ein Tier fest ins Herz geschlossen haben, hofft Bo, seinen Hund irgendwann wiederzusehen.

„Wenn ich darum bete, daß ich Sparky wiedersehen kann, dann geht es bestimmt in Erfüllung", meint Bo.

Er glaubt, daß für Gott nichts unmöglich ist – auch nicht, daß er selbst irgendwann mit seinem Hund, dem er so viel verdankt, wieder zusammensein kann.

Tim Jones, ein Polizist in St. Paul, Minnesota, erfuhr eines Morgens, daß ein befreundeter Kollege im Dienst erschossen worden war. Seine Kollegen hatten die Spur des Tatverdächtigen bis in ein Waldstück verfolgt und begannen nun, das Areal systematisch zu durchforsten.

Obwohl es sein freier Tag war, beschloß Jones, mit seinem Schäferhund Laser an der Suche teilzunehmen. Er stieg in den Wagen und fuhr los, wobei Laser wie üblich auf dem Rücksitz saß und über Jones Schulter nach vorne blickte. Die beiden waren ein perfekt eingespieltes Team. Da sie nicht selten bis zu zehn Stunden täglich zusammen waren – mehr Zeit, als Jones mit seiner

Frau und den beiden Kindern verbrachte –, waren die beiden längst unzertrennlich geworden.

Im Wald angelangt, nahm Laser sofort die Fährte auf und führte Jones zu einer Fischerhütte. Von dort verfolgte Laser die Spur weiter, die ihn zu einem Schuppen ganz in der Nähe führte. Als Jones langsam die Tür öffnete, um sich im Inneren des Schuppens umzusehen, schoß der Mörder ihn nieder. Als Jones tödlich getroffen zusammensackte, rannte der Mann aus dem Schuppen – doch er hatte nicht mit Laser gerechnet. Mit einem mächtigen Satz stürzte der Schäferhund sich auf den Mann, warf ihn zu Boden und biß ihn ins Bein. Unverzüglich zog der Mann seine Waffe und schoß auf den Hund. Laser zuckte zusammen und ließ von ihm ab, was dem Mann genügend Zeit gab, um sich aufzurappeln und loszulaufen. Doch der Hund schien trotz seiner schweren Verwundung entschlossen, den Mann nicht entkommen zu lassen. Noch einmal sammelte Laser all seine Kräfte und packte den Mann am Bein, als ihn eine weitere Kugel traf. Noch einmal setzte er dem Mann nach, bis ihn eine dritte Kugel schließlich tötete.

Tim Jones und Laser wurden gemeinsam begraben – Seite an Seite, so wie sie gelebt hatten. Die Familie des Polizisten tröstete sich mit dem Gedanken, daß Tim nicht allein hatte gehen müssen.

Das Haus der Familie George und Charlotte Bradley in Dayton, Ohio, war normalerweise viel zu warm beheizt für Max, ihren schwarzen Chow-Chow-Mischling, so daß dieser es sogar in kalten Winternächten vorzog, draußen zu schlafen.

Doch eines Abends, es war Silvester, schien Max es sich anders überlegt zu haben. Winselnd saß er vor der Haustür und begehrte Einlaß. Obwohl es im Haus genauso warm war wie immer, schien Max diese Nacht unter keinen Umständen im Freien verbringen zu wollen.

Ob er wohl krank ist? fragte sich George, während er die Haustür abschloß und zu Bett ging. Warum wollte der Hund unter allen Umständen im Haus bleiben? Er konnte sich keinen Reim auf das veränderte Verhalten seines Hundes machen.

George, der von Beruf Elektriker war, hatte Max als Hundebaby von Leuten übernommen, die ihn ins Tierheim bringen wollten. Er hatte es nie bereut, den Hund aufgenommen zu haben

– im Gegenteil, der Chow-Chow erwies sich als treuer und für-
sorglicher Gefährte. Einmal, als Corrie, Georges Stieftochter,
krank war, saß Max Tag und Nacht an ihrer Seite, um sie zu beschützen und ihr Mut zu machen.

Im Morgengrauen des Neujahrstages schien sich Maxens Be-
schützerinstinkt auf George und Charlotte zu konzentrieren. Leise knurrend ging er in ihr Schlafzimmer, wobei er immer wieder
zur Tür hinaus blickte. Er bellte kurz auf, um dann wieder ein
warnendes Knurren von sich zu geben.

„Ein Einbrecher!" flüsterte Charlotte angsterfüllt.

George wollte gerade zu seiner Pistole greifen, als ihm der Geruch von Rauch in die Nase stieg. Sofort schwang er sich aus dem
Bett und machte das Licht an, welches kurz aufflackerte und dann
zunehmend schwächer wurde – ein sicheres Zeichen, daß irgendwo im Haus ein Kabel durchgebrannt war. Das knackende Geräusch von unten sagte George, daß soeben weitere Kabel ver-
schmorten. Sofort rannte er zur Treppe und blickte besorgt
hinunter. Das orangefarbene Leuchten, das durch die offene Kel-
lertür zu sehen war, ließ nur einen Schluß zu: Feuer. Da jedoch im
Haus noch keine übermäßige Hitze zu spüren war, meinte George, daß er und seine Familie sich nicht in unmittelbarer Gefahr
befänden. Das Feuer schien sich auf den Keller zu beschränken,
so daß George glaubte, genug Zeit zu haben, um die Feuerwehr
zu rufen.

Er irrte sich. Die Ursache für das Feuer war ein umgestürztes
Bügelbrett, auf dem sich ein Berg Wäsche befunden hatte, die auf
den Heißwasserbereiter fiel und sich entzündete. Das Feuer hatte
bereits auf die Küche übergegriffen und das Gestell des Mikro-
wellenherdes zerstört, so daß dieser auf den Herd gefallen war
und dabei eine Gasleitung beschädigt hatte. Das ausgetretene Gas
konnte sich nun jederzeit entzünden und das Haus in die Luft ja-
gen. Aufgrund des dichten Rauches konnte George das Gas jedoch nicht riechen.

Ahnungslos nahm er das Telefon zur Hand, um die Feuerwehr
zu rufen, doch der Brand in seinem Haus hatte sich bereits durch
die Telefonkabel gefressen. Nun blieb ihm nichts anderes übrig,
als zum Nachbarn zu laufen, um Hilfe zu holen.

„Zieht euch an", sagte George zu Charlotte und Corrie. „Ich
laufe unterdessen zum Nachbarn und rufe die Feuerwehr."

Ohne zu wissen, in welcher Gefahr sie schwebten, schlüpfte Charlotte in ihren Jogging-Anzug, während George die Treppe hinunter zur Haustür ging. Er hatte die Türklinke schon in der Hand, als ihm sein Hund einfiel.

„Max, komm mit mir!" rief er.

Der Hund blickte mit großen Augen durch das Treppengeländer zu ihm hinunter. Dann drehte er sich um und lief zurück ins Schlafzimmer.

„Max!" George versuchte noch einmal, seinen Chow-Chow zu sich zu rufen.

Doch der sonst so gehorsame Hund reagierte nicht, was genauso seltsam war wie sein Verhalten am Abend davor, als er sich plötzlich weigerte, draußen zu übernachten. Fast schien es, als wäre es ihm wichtiger, Charlotte zu beschützen als George zu begleiten. Ohne einen Blick zurück lief der Hund ins Schlafzimmer.

Max hätte sich leicht durch die offene Haustür retten können, doch er tat es nicht. Statt dessen lief er nach oben zu Charlotte und Corrie.

George ergriff abermals die Türklinke. Max konnte genausogut später zu ihm nach draußen kommen, dachte er. Dann öffnete er die Tür. Eine ungeheure Druckwelle riß ihm die Klinke aus der Hand und schleuderte ihn in den Garten hinaus. Die Küchenfenster zerbarsten mit einem gewaltigen Knall, und Glasscherben fielen klirrend zu Boden. Im nächsten Augenblick loderten die Flammen hoch und breiteten sich rasch nach oben aus, wo sich Charlotte, Corrie und Max aufhielten.

Für einige Sekunden lag George völlig benommen da. Aus dem Inneren des Hauses hörte er Charlotte und Corrie verzweifelt um Hilfe rufen. Wenn er ihnen nicht sofort zu Hilfe eilte, würden sie bei lebendigem Leib verbrennen, fuhr es George durch den Kopf. In seiner Panik sprang er auf und lief zum Haus zurück, um seine Familie zu retten, doch schon an der Haustür schlug ihm eine so gewaltige Hitze entgegen, daß ihm der Weg ins Innere versperrt war.

Inzwischen waren die Hilferufe verstummt. In panischer Angst, daß die Menschen, die er am meisten liebte, tot sein könnten, stürmte George zum Nachbarhaus, um Hilfe zu holen.

Nachdem George die Feuerwehr gerufen hatte, rannte er zum Haus zurück, holte eine Leiter und kletterte zum Schlafzimmerfenster hoch, um hineinzublicken. Doch der dichte Rauch machte es unmöglich, irgend etwas zu erkennen. Er zertrümmerte das Fenster mit einem Ziegelstein, worauf ihm eine so ungeheure Hitze entgegenschlug, daß er von der Leiter fiel.

Mit Sirengeheul traf die Feuerwehr ein.

„Sie müssen meine Frau und meine Tochter retten. Sie sind immer noch da drin!" schrie George verzweifelt.

„Wissen Sie, wo sie sich aufhalten?"

„Im Schlafzimmer, im oberen Stockwerk!"

Ein Feuerwehrmann stürmte ins Haus und fand Corrie, die ohnmächtig auf ihrem Bett lag. Ein weiterer drang zu Charlotte vor, die – ebenfalls bewußtlos – am Fußende des Bettes lag. Ihre Haut war zu 70 Prozent verbrannt. Immer noch an ihrer Seite lag zusammengekauert ihr Hund Max, der an dem Rauch qualvoll erstickt war. Bis zuletzt hatte er versucht, Charlotte Schutz und Trost zu geben. Sie und Corrie kamen mit dem Leben davon.

Mitgefühl und Selbstlosigkeit bei Tieren – kein Thema für die Wissenschaft?

Im Zuge meiner Recherchen für dieses Buch sprach ich mit insgesamt sieben Experten aus den Bereichen Veterinärmedizin, Zoologie, Evolutionsbiologie und Tierverhaltensforschung. Nur einer dieser Experten teilte meine Ansicht, daß Tiere tatsächlich zu Güte und Mitgefühl fähig sind.

Dabei wurde immer wieder das Argument vorgebracht, daß Tiere – wie wissenschaftliche Studien gezeigt hätten – grundsätzlich nicht in der Lage seien, sich in andere Wesen hineinzudenken bzw. die Welt mit unseren Augen zu sehen. Ohne diese Fähigkeit sei es einem Tier aber nicht möglich, unsere Probleme, Gefühle und Bedürfnisse zu verstehen, so daß sie auch nicht imstande seien, Mitgefühl zu zeigen. James Serpell von der University of Pennsylvania meinte dazu: „Es gibt kaum echte Hinweise darauf, daß Tiere Mitgefühl für Menschen entwickeln können."

Anhand verschiedener Untersuchungen bei Tieren, die in freier Wildbahn leben, wurden drei Theorien entwickelt, die erklären sollen, warum das Verhalten von Tieren nicht – wie man auf den ersten Blick glauben möchte – aus Mitgefühl resultiert, sondern daß sie damit nur ihren eigenen Interessen folgen. Später wurden diese Theorien etwas willkürlich so zurechtgedreht, daß sie sich auch auf Haustiere anwenden lassen.

Die Theorie von der Sippenselektion besagt, daß Tiere den Mitgliedern der eigenen Sippe nicht aus uneigennützigen Motiven helfen, sondern um den Fortbestand ihrer eigenen Gene zu sichern. Wenn ein Affe dem anderen im Kampf beisteht oder wenn eine Wölfin die Jungen eines anderen Muttertieres aufzieht, so entspringt dies nicht ihrer Hilfsbereitschaft oder ihrem Mitgefühl; vielmehr folgen sie damit nur ihrem natürlichen Trieb, die ihnen verwandten Tiere zu schützen und den Fortbestand der eigenen Gene sicherzustellen. Wenn Haustiere besondere Hilfsbereitschaft gegenüber der Familie zeigen, bei der sie leben, so tun sie dies einzig und allein deshalb, weil sie ihre „Sippe" – denn als solche betrachten sie ihre menschliche Familie – schützen wollen.

Die Theorie vom reziproken Altruismus wiederum besagt, daß ein Tier einem anderen, das nicht mit ihm verwandt ist, deshalb hilft, weil es erwartet, daß ihm in einer ähnlichen Situation ebenfalls geholfen wird. Was wie Mitgefühl aussieht, ist laut dieser Theorie ein Verhalten nach dem Grundsatz: Eine Hand wäscht die andere. Wenn ein Zebra ein anderes von seinen Flöhen befreit, so tut es das nur, weil es als Gegenleistung die gleiche Behandlung erwartet. Wenn eine Fledermaus das zuvor erbeutete Blut mit jenen teilt, die weniger Jagdglück hatten, so tut sie das nur, um sich beim nächsten Mal, wenn *sie* einmal hungrig von der Jagd zurückkommt, auch eine Mahlzeit zu sichern. Aus dem Blickwinkel dieser Theorie des „gegenseitigen Altruismus" sorgen Tiere nicht aus uneigennütziger Hilfsbereitschaft füreinander, sondern weil sie dadurch ihre eigenen Überlebenschancen erhöhen. Hunde, die Einbrecher in die Flucht schlagen und Kinder aus reißenden Flüssen retten, tun dies deshalb, weil sie als Gegenleistung gutes Futter und ein Dach über dem Kopf erwarten.

Eine dritte Theorie schließlich geht davon aus, daß Tiere, die sich scheinbar völlig selbstlos um andere kümmern, durch ihr Verhalten sozusagen auf Umwegen ihre eigenen Lebensumstände verbessern wollen. So kommt es etwa vor, daß Fledermäuse auch fremde Jungtiere säugen – jedoch nur die weiblichen Tiere, weil nur diese, wenn sie erwachsen sind, in der Kolonie bleiben. Indem man sie aufzieht, sorgt man dafür, daß die Kolonie mehr Mitglieder bekommt, so daß mehr Fledermäuse auf die Jagd gehen können und folglich mehr Futter vorhanden ist. Genauso wie die säugenden Fledermäuse spekulieren auch die Haustiere nur auf gutes Futter, wenn sie Mitglieder ihrer menschlichen Familie angesichts eines heranbrausenden Autos zur Seite drängen oder aus einem brennenden Haus führen.

Gerald Wilkinson, Professor für Zoologie an der University of Maryland, zog aus diesen drei Theorien folgende Konsequenz: Altruismus im klassischen Sinn, so Wilkinson, bedeute, daß man etwas tue, wofür man keinerlei Gegenleistung erwarte. Und Wilkinson weiter: „Meines Wissens gibt es keinen stichhaltigen Beweis dafür, daß Tiere zu Altruismus fähig wären. Die gelegentlichen Fälle, in denen es doch so zu sein scheint, gehören wohl eher ins Reich der Anekdoten."

Wilkinson und andere Experten, die ich befragt habe, sagten mir, daß all die Geschichten, die ich gesammelt habe, nicht beweisen würden, daß Tiere zu Mitgefühl fähig seien. Es handle sich lediglich um Anekdoten – banale, zufällige Ereignisse, die nichts besagen würden. Ohne kontrollierte Experimente, sorgfältige Aufzeichnungen und verläßliche Daten, die man anschließend auswerten könne, seien diese Geschichten völlig wertlos.

Weiter erklärten mir die Experten, daß ich eine allzu anthropomorphe Einstellung gegenüber Tieren hätte; indem ich nämlich aus meinen Geschichten den Schluß ziehe, daß Tiere Mitgefühl hätten, würde ich ihnen geradezu menschliche Gefühle und Eigenschaften zubilligen. Die meisten Wissenschaftler haben aber eine tiefe Abneigung gegen jede Form von Anthropomorphismus. Viele neigen grundsätzlich der Ansicht zu, daß Tiere nicht nur kein Mitleid, sondern überhaupt keine Gefühle empfinden können.

„Wie erklären Sie sich dann das mitfühlende Verhalten der Tiere in den Geschichten, die ich gesammelt habe?" fragte ich einige Wissenschaftler. Darauf erhielt ich im wesentlichen folgende Antworten:

Tiere beschützen und retten uns nicht, weil wir ihnen wichtig sind, sondern weil ihr Instinkt sie dazu treibt. „Kinder lösen bei Hunden oft einen Mutterinstinkt aus", erklärte mir Temple

Grandin von der Colorado State University. Erinnern wir uns etwa an die Hündin Sheba, die dreißig Wespenstiche erduldete, um ein Kind zu beschützen, oder an jenen streunenden Hund, der sich schützend an ein Neugeborenes schmiegte; diese Tiere handelten laut Grandin nicht aus Mitgefühl, sondern weil ihr Instinkt es ihnen befahl – ähnlich einer Hundemutter, die für ihre Jungen sorgt.

Einige Wissenschaftler vertreten die Ansicht, daß Hunde einen instinktiven Sinn für die Rangordnung besitzen, den sie vom Dasein im Rudel auf ihre jetzige Lebensform, die menschliche Familie, übertragen haben. Ist Gefahr in Verzug, so versuchen sie automatisch – und ohne jede Gefühlsregung –, das höherstehende Rudelmitglied zu beschützen. Als etwa Bailey sich mutig auf den wildgewordenen Stier stürzte, um Chester Jenkins zu retten, tat er das nicht aus Zuneigung zu dem gefährdeten Menschen, sondern folgte nur seinem Instinkt, der ihm gebot, seinen Rudelführer zu beschützen. Dasselbe Motiv hatten demgemäß auch Bruno, als er einen brennenden Feuerwerkskörper aufhob, sowie die dreibeinige Tia, als sie das Boot an die Küste schleppte.

Manche Wissenschaftler haben mir erklärt, daß Tiere uns nur deshalb vor einer Gefahr warnen, weil sie sich selbst unwohl fühlen. Die Tiere laufen zu uns, damit wir sie trösten und *ihnen* helfen. Roc, der die Türklingel betätigte, um die Familie darauf aufmerksam zu machen, daß im Haus ein Feuer ausgebrochen war, tat dies nur, weil die Flammen ihn beunruhigten – nicht weil er befürchtete, der Familie könnte etwas Schlimmes zustoßen. Er wollte nur, daß das Feuer aufhörte und die Familie ihn tröstete.

Wäre er selbst im Haus eingeschlossen gewesen, so hätte er dieser Erklärung zufolge die Familie ebenso aus einem eigennützigen Motiv heraus alarmiert. „Wenn es brennt, laufen Tiere zu einem Menschen, weil dieser weiß, wie man die Tür öffnet, so daß er ihnen den Weg ins Freie bahnen kann. Es ist ein unbeabsichtigter Nebeneffekt dieses Verhaltens, daß das Tier auf diese Weise auch den betreffenden Menschen rettet", sagt Bonnie Beaver, Professorin an der Texas A&M University. Tiere sind demnach in gefährlichen Situationen nur auf ihr eigenes Wohl bedacht.

Wenn Tiere zu einem Menschen laufen, um diesem mitzuteilen, daß ein anderer in Schwierigkeiten ist, so versuchen sie dadurch nicht etwa, Hilfe zu holen, wie mir ein Experte erklärte. In Wirklichkeit suchen sie nur jemanden, dem sie ihre Aufregung über das ungewöhnliche Verhalten dieser Person mitteilen können oder der sie in dieser ungewöhnlichen Situation tröstet. Im Lichte dieses Arguments rannte Spud also nur deshalb zur Nachbarin jenes Mannes, der gerade einen Herzinfarkt erlitten hatte, damit er jemanden hatte, dem er seine Aufregung mitteilen konnte, keineswegs aber, um den Mann zu retten. Nur um Trost und Unterstützung zu finden, versuchte das Pferd Indian Red demnach, die Aufmerksamkeit von vorbeirasenden Autofahrern auf sich zu ziehen; aus denselben Gründen führte die Katze Shoo Shoo ihre Besitzerin mitten in der Nacht zu der behinderten Frau, die gerade einen Anfall erlitten hatte.

Gemäß dieser Theorie kann es nicht sein, daß sich ein Tier an einen Menschen schmiegt, um ihn zu trösten und zu beruhigen; vielmehr ist es das Tier selbst, das Trost und Zuwendung sucht. Als Sunny, der Golden Retriever, die ganze Nacht lang die Hand von Esther Warnes hielt, nachdem er einen Einbrecher in die Flucht geschlagen hatte, tat er das nur, um selbst gestreichelt zu werden, nicht damit Mrs. Warnes sich besser fühlte.

Oder vielleicht war es die Angst der Frau, die den Hund so beunruhigte? Ein so ungewöhnliches Verhalten eines Menschen kann einen Hund verwirren und ihn dazu bringen, sich an den Menschen zu schmiegen und Unterwürfigkeit zu zeigen. Dazu Beaver: „Wenn das Tier nicht versteht, was das höhergestellte Rudelmitglied ihm [durch das unübliche Verhalten] sagen will, so nimmt es eine unterwürfige Haltung an und ersucht damit den Menschen, ihm dieses ungewöhnliche Verhalten zu erklären." Rosie legte sich demnach nur deshalb zu Cheryl Essex ins Bett, nachdem deren Ehemann gestorben war, weil die Hündin verwirrt war und die Tränen der Frau zu verstehen versuchte. Rosies Verhalten als mitfühlend zu interpretieren wäre nach dieser Theorie also völlig unzulässig.

Tiere setzen ihr Leben für uns aufs Spiel, ohne die Gefahr wirklich einschätzen zu können. „Wir haben keine Belege, die den Schluß zuließen, daß Tiere sich der Gefahr bewußt sind, der sie sich aussetzen", sagt Serpell. „Bei sehr vielen Hunden scheint der

Selbstschutzmechanismus nicht besonders ausgeprägt zu sein." Als die gebrechliche alte Spitz-Hündin Ginger den schizophrenen Eindringling angriff, ahnte sie nicht, daß er sie verletzen könnte. Ebensowenig war sich Tiree bewußt, daß sie auf dem zugefrorenen See einbrechen könnte, als sie sich – auf dem Bauch robbend – dem verunglückten Jim Gilchrist näherte.

Ein Wissenschaftler erzählte mir, daß der Rudelinstinkt eine Erklärung sein könnte, warum Hunde bereit sind, sich so großen Gefahren auszusetzen. Als niedriger gestelltes Rudelmitglied sage ihnen ihr Instinkt, daß sie vergleichsweise „entbehrlich" seien bzw. daß es wichtiger sei, einen Höhergestellten zu retten als sich selbst. Die Tiere tun dies angeblich zum Wohle ihres „Rudels", nicht aus Zuneigung zum betreffenden Menschen. Die Sorge um das Rudel war demnach auch der Grund, warum Klutz der Klapperschlange gegenübertrat, warum Yogi den Vergewaltiger attackierte und Ringo den entgegenkommenden Autos in den Weg sprang, um einen kleinen Jungen zu schützen. Nach dieser Theorie war Max, als er in dem brennenden Haus an Charlotte Bradleys Seite ausharrte, nur deshalb bereit, sein Leben zu opfern, weil er instinktiv wußte, daß sein Leben weniger wichtig war als das ihre.

Ich für meinen Teil finde diese Argumentation nicht wirklich überzeugend. Immer wieder zeigen Tiere mit ihrem Handeln das genaue Gegenteil dessen, was die Wissenschaftler mit Hilfe ihrer Theorien behaupten. Wenn wir nur unsere Augen öffnen und das Verhalten von Tieren vorurteilsfrei betrachten, dann können wir deutlich das Mitgefühl erkennen, das dahintersteht. Viele Wissenschaftler *wollen* ganz einfach glauben, daß Tiere keine Gefühle haben und daher auch kein Leid erfahren können. Nicht selten haben Forscher „durchaus ihre Gründe, warum sie an dieser Position festhalten", meint James Serpell, „denn sie setzen Tiere in Versuchen ein, die bestimmt alles andere als angenehm sind."

Mir geht es in diesem Buch nicht darum, dieses oder jenes Argument endlos zu erörtern – vor allem, weil ich finde, daß die Tiere, die ich in den verschiedenen Geschichten beschreibe, für sich selbst sprechen. Ich möchte ganz einfach an den gesunden Menschenverstand appellieren – etwa, wenn es darum geht, die zuvor erwähnten Theorien zu beurteilen, die jenes Verhalten der Tiere,

das sich mir und anderen als mitfühlend darstellt, als absolut eigennützig interpretieren. Anhand dieser Theorien könnte man
auch mitfühlendes Verhalten im zwischenmenschlichen Bereich
als vollkommen eigennützig abtun. Die Tatsache, daß wir Menschen uns mit besonderer Fürsorge um unsere eigene Familie
kümmern, hieße demnach nichts anderes, als daß wir den Fortbestand unserer Gene sichern wollen. Wir Menschen legen auch oft
„gegenseitigen Altruismus" an den Tag: So, wie ein Zebra ein anderes von Flöhen befreit, so ist auch eine Mutter bereit, das Baby
ihrer Freundin zu hüten – mit dem Hintergedanken, daß sie als
Gegenleistung einmal ihr eigenes Baby in die Obhut der Freundin
geben kann. Und auch die dritte Theorie, derzufolge jemand, der
sich um andere kümmert, sich dadurch indirekt selbst hilft, läßt
sich auf das menschliche Verhalten anwenden: Eine Frau, die eine
neue Nachbarin mit selbstgebackenem Brot willkommen heißt,
könnte doch damit indirekt versuchen, ihr Leben angenehmer
und sicherer zu gestalten, indem sie auf diese Weise vielleicht einen Menschen gewinnt, den sie rufen kann, wenn sie Hilfe benö-
tigt, oder der ihr Post aufbewahrt, während sie im Urlaub ist.

Obwohl wir sicher oft aus derartigen Motiven handeln, so sind
wir dennoch auch zu echtem, ehrlichem Mitgefühl fähig – das
heißt, wir kümmern uns um andere, ohne eine Gegenleistung zu
erwarten. Der gesunde Menschenverstand sollte uns eigentlich sagen, daß wir den Tieren dieselben ehrlichen Gefühle zubilligen
können. Es wäre ziemlich arrogant von uns zu glauben, daß wir
ein Monopol auf mitfühlendes Verhalten haben.

Doch die meisten Wissenschaftler ignorieren ihren gesunden
Menschenverstand und weigern sich, den Tieren irgendein Gefühl, sei es Mitgefühl oder sonst eine Emotion, zuzubilligen. Die
Experten meinen, daß die Geschichten, die ich gesammelt habe,
nicht stichhaltig genug seien, um zu beweisen, daß Tiere aus Mitgefühl anderen Tieren, ihrer menschlichen Familie oder völlig
fremden Menschen helfen. Bonnie Beaver formulierte es folgendermaßen: „Solange uns die Tiere nicht selbst sagen können, was
sie fühlen und denken – und zwar in einer Sprache, die wir verstehen –, so lange tappen wir wohl im dunkeln."

Doch Tiere drücken sehr wohl ihr Mitgefühl aus – zwar nicht in
Worten, aber sehr wohl in Taten. Und diese sprechen eine deutli-

chere Sprache, als Worte es jemals könnten. Wenn wir die vielen Berichte und Anekdoten mit unserem gesunden Menschenverstand betrachten, so fällt es schwer, das Mitgefühl im Verhalten der Tiere *nicht* zu sehen. Um die Wahrheit zu erkennen, brauchen wir oft nur unsere Augen und Ohren zu öffnen.

Vielleicht könnte Weela, eine Pit-Bull-Hündin in Imperial Beach an der kalifornischen Grenze zu Mexiko, uns mehr über mitfühlendes Verhalten von Tieren erzählen, als jede wissenschaftliche Theorie es vermag. Sie hat so vielen Tieren und Menschen über so viele Jahre hinweg geholfen, daß wohl niemand ihre Güte in Zweifel ziehen kann ...

Lori Watkins war keineswegs erfreut, als ihre Tante eines Tages mit fünf kleinen Pit-Bull-Hündchen nach Hause kam, die sie aus einer Mülltonne gerettet hatte. Sie sprühten zwar nur so vor Leben, wie sie da winselnd auf ihren kurzen Beinchen herumwackelten, doch Lori sah gleich, daß sie schwach und kränklich waren. Außerdem sahen sie nicht besonders hübsch aus. Wahrscheinlich waren sie aus diesen Gründen buchstäblich weggeworfen worden. Doch Lori brachte es nicht übers Herz, sie einfach ihrem Schicksal zu überlassen.

Obwohl sie sich liebevoll um die Kleinen kümmerte, konnte sie dennoch eines nicht durchbringen – es starb schon nach kurzer Zeit. Doch die anderen vier entwickelten sich prächtig, und für drei von ihnen fand Lori ein gutes Zuhause. Das vierte, Weela, ein nicht besonders hübsches Tier mit orangerotem Fell, entwickelte eine so große Zuneigung zu Loris achtjährigem Sohn Gary, daß er bettelte, das Tier behalten zu dürfen. Lori willigte schließlich ein.

Einige Monate später spielten Gary und sein Freund gerade auf der Straße, wobei sie Weela an der Leine mit sich führten, als ein größerer Junge aus der Nachbarschaft die beiden brutal packte und sie mit Flüssiggas übergoß, wie es in Feuerzeugen verwendet wird. Anschließend versuchte er, sie mit einem Streichholz anzuzünden. Während sich die beiden Jungen verzweifelt wehrten, entglitt Gary die Leine. Sofort sprang die Hündin den Rowdy an und warf ihn zu Boden, wodurch sie Gary und seinem Freund die Möglichkeit gab, sich in Sicherheit zu bringen.

Nicht allzu lange nach diesem Vorfall entdeckte Gary in einem Holzstoß etwas, das er für eine Eidechse hielt. Er griff danach, als plötzlich Weela heranstürmte und ihn beiseiteschob. Was Gary für eine Eidechse gehalten hatte, war in Wirklichkeit eine Klapperschlange, die drauf und dran gewesen war, Gary ins Knie zu beißen, und die nun statt dessen Weela an der Schnauze erwischte. Der Junge kam mit heiler Haut davon, doch der Kopf der Hündin schwoll derart an, daß ihre Atemwege tagelang beinahe blockiert waren und sie nur mit Mühe Luft bekam.

Drei Jahre später trat in dem Tal, in dem Weelas Familie lebte, der Tijuana River nach heftigen Regenfällen über die Ufer. Das normalerweise dünne Rinnsal wurde zu einem reißenden Fluß, der unter anderem auch für die Tiere eines Freundes – ein Pferd und sieben Hunde – zur Gefahr wurde. Paul, der Besitzer, befand sich gerade im Krankenhaus, als Lori und ihre Cousine Carol Kaspar beschlossen, mit Weela zu Pauls Ranch zu fahren und nach den Tieren zu sehen. Nachdem sie durch hüfthohes Wasser gewatet waren, entdeckten sie endlich die verängstigten Tiere. Doch als sie mit ihnen auf trockenen Boden zurückkehren wollten, war das Wasser bereits weiter angestiegen, so daß sie nicht mehr denselben Weg zurück nehmen konnten.

Weela, die in der Nähe herumgelaufen war, zeigte Lori, daß sie eine seichte Stelle gefunden hatte. Mit gesenktem Kopf, um die Geräusche der Strömung wahrnehmen zu können, geleitete sie Lori, Carol und die Tiere über Schlammhügel, umgestürzte Bäume und andere seichtere Stellen auf sicheren Boden.

Eine Woche später – die Überflutungen waren mittlerweile noch schlimmer geworden – entdeckten Lori und Carol fünfzehn Pferde und vier Hunde, die sich auf eine kleine Insel aus Sand, Mist und Pflanzenmaterial gerettet hatten, welche jedoch von den Fluten jeden Augenblick weggeschwemmt werden konnte. Wieder erkundete Weela für Lori und Carol das Terrain und suchte den besten Weg, indem sie nicht nur möglichst seichte Stellen auswählte, sondern auch darauf achtete, daß sie nicht in Treibsand oder Morast gerieten oder sich in Stacheldraht verfingen. Mit vereinten Kräften gelang es Weela, Lori und Carol, die Pferde in Sicherheit zu bringen.

Die vier Hunde waren jedoch so verängstigt und gleichzeitig aggressiv, daß sie niemanden an sich heranließen. Da Lori und Carol sie nicht in Sicherheit bringen konnten, kamen sie nun jeden Tag zu der kleinen Insel, um die Hunde zu füttern. Mehrere Wochen lang führte Weela – bepackt mit 25 Kilo Hundefutter – die beiden Frauen durch das Wasser zu der kleinen Insel, bis die Hunde sich an Lori und Carol gewöhnt hatten und sich schließlich wegbringen ließen. Lori band einen der Hunde mit einem Strick an Weelas Halsband, worauf diese ihn auf sicheren Boden führte. Dann kam Weela zurück und geleitete Lori, Carol und die anderen drei Hunde auf einer einigermaßen seichten Route durch den Fluß.

Einige Wochen später beschlossen die mexikanischen Behörden, den Rodriguez-Staudamm zu öffnen, ohne jedoch vorher die Bewohner an der kalifornischen Grenze zu informieren. Wieder wurde das Tal überflutet. Als Lori und Carol gerade dabei waren, einen Pferdewagen aus dem Schlamm zu ziehen, rannten dreißig illegale Einwanderer aus Mexiko an ihnen vorbei, direkt auf eine gefährliche Stelle des Flusses zu, um diesen zu überqueren.

„Halt! Sie werden ertrinken!" brüllte Lori ihnen hinterher.

Doch die Mexikaner verstanden sie nicht und wateten bereits ins Wasser.

„Gefährliches Wasser!" versuchte Lori es noch einmal. *„Peligro agua!"*

Doch die Mexikaner reagierten nicht und wateten weiter flußabwärts. Anscheinend hatten sie vor ihr mehr Angst als vor dem reißenden Fluß. Als sie sich anschickten, den Fluß zu überqueren, stürmte Weela ins Wasser, versperrte ihnen den Weg und hielt sie durch drohendes Knurren davon ab, ihren Weg fortzusetzen, bis Lori die Flüchtenden erreicht hatte und ihnen mit Gesten andeutete, sich an den Händen zu halten und eine Kette zu bilden. Dann führte Weela die Gruppe auf einem Pfad, auf dem das Wasser nur kniehoch war, vorsichtig durch den Fluß.

Daß Weela nun so viele Wochen lang Menschen und Tiere aus den Fluten gerettet hatte, wirkte sich auch auf ihren Charakter aus. Aus dem Haustier, das sorglos in den Tag hineingelebt hatte, wurde ein Hund, der ganz in seiner Aufgabe, anderen zu helfen, aufging. Der beste Beweis für ihre Veränderung war, daß Weela, nachdem die Flut zurückgegangen war und sie keine Aufgabe mehr hatte, nur noch mißmutig im Haus herumlag und Trübsal blies.

„Ich habe ein so schlechtes Gewissen", sagte Lori eines Abends zu ihrem Ehemann Daniel. „Während der Überflutungen hat Weela so viel geleistet, und jetzt lassen wir es zu, daß sie den ganzen Tag untätig im Haus sitzt und am Ende noch depressiv wird. Sie braucht unbedingt eine Beschäftigung."

Wenn Weela nicht die Möglichkeit bekam, sich für Menschen oder Tiere einzusetzen, dann, so dachte Lori, würde sie für den Rest ihres Lebens teilnahmslos herumsitzen. Also sorgte sie dafür, daß Weela eine Beschäftigung als „Therapiehund" bekam. Jeden Dienstag gingen sie und Lori zum Alvarado Hospital, um Patienten zu besuchen. Der Pit Bull schmiegte sich an jeden, der ein bißchen Zuneigung brauchte. Außerdem vollführte Weela Luftsprünge und winkte mit der Pfote, wenn sie jemanden zum Lachen bringen wollte. Wenn einem Patienten aber eher danach war, mit Lori über seinen eigenen Hund oder über andere Dinge zu reden, saß Weela geduldig auf einem Sessel neben ihnen und wartete, bis sie fertig waren.

„Sie hat es ganz einfach im Gefühl, was ein Mensch gerade braucht", sagte Lori zu Daniel.

Doch dieses Gespür hatte Weela nicht nur für Menschen, sondern auch für andere Tiere. Einmal brachte jemand ein schwächliches ockerfarbenes Pit-Bull-Hündchen namens Chloe ins Haus, das einen Herzfehler und außerdem ein verletztes Bein hatte. Weela schmiegte sich eng an das kleine Häufchen Elend und leckte das Fell des Tieres, bis es sauber war. Als Chloes Bein allmählich heilte, massierte die Hündin es mit der Zunge und stupste das Hündchen hinaus in den Garten, damit es seine Muskeln kräftigte.

Nachdem Chloe wieder ganz gesund war, brachte eine Freundin ein erst 20 Stunden altes silbergraues Ferkel ins Haus. Weela schmiegte sich schützend an das Kleine und ließ keines der anderen Haustiere an das Neugeborene heran. Auch als das Schweinchen größer wurde und im Garten herumzulaufen begann, ließ die Hündin es nicht aus den Augen. Sie begleitete das Schweinchen überallhin und war sein ständiger Bewacher, bis es schließlich zu einem großen, stämmigen Schwein herangewachsen war, das auf den Namen Graystoke hörte. Loris Sohn Gary brachte die beiden Tiere oft zu einer Schule für geistig behinderte Kinder. Weela liebte es, die Kinder zu unterhalten und sich von ihnen streicheln zu lassen.

Obwohl Weela weithin als äußerst hilfsbereites Tier bekannt war, das schon vielen Tieren und Menschen geholfen hatte, mußte

Lori immer wieder gegen die üblichen Vorurteile gegenüber Pit Bulls ankämpfen.

„Wie können Sie so einen Pit Bull nur ertragen?"

„Ist der Hund nicht zum Fürchten?"

„Haben Sie keine Angst, daß er *Sie* einmal angreifen könnte?"

Lori antwortete auf solche Fragen oft, daß man in jedem Tier auch dessen Besitzer wiedererkenne. Lori und Weela hatten beide Mitgefühl mit allen Lebewesen in Not.

Weela, die schon so vielen Menschen, aber auch Tieren geholfen hat, ist ein Vorbild an selbstloser Hilfsbereitschaft und mitfühlendem Verhalten. Anstatt Weela aufgrund ihres Aussehens als häßlichen und bösartigen Hund abzustempeln, wissen viele mittlerweile, was für ein gutes Herz dieses Tier hat, und sehen in ihr kein Monster, sondern einen Engel.

Immer wieder habe ich von Menschen, die ich für dieses Buch befragte, den Ausspruch gehört: „Mein Tier ist ein wahrer Engel!" Ohne daß meine Fragen in diese Richtung zielten, ließen viele der Befragten durchblicken, daß ihre Tiere ihrer Ansicht nach jenen Dienst versahen, den Gott seinen Engeln aufgetragen hatte. Sie hätten Botschaften überbracht und sie vor Gefahren gewarnt. Sie hätten Menschen bewacht, beschützt, getröstet, ermutigt und sogar gerettet. Gott hätte diese hilfsbereiten Tiere genau zum richtigen Zeitpunkt an den richtigen Ort geschickt, um zu helfen. Davon sind viele Menschen überzeugt, mit denen ich gesprochen habe. Für sie sind diese Tiere Engel auf vier Pfoten.

Ob man nun an Engel glaubt oder nicht, ist dabei nicht das Entscheidende; wichtig ist allein, daß man die Tatsache akzeptieren kann, daß Weela und andere Tiere in der Tat zu Mitgefühl fähig sind. Das zeigen sie uns immer wieder auf unterschiedlichste Weise – wenn wir nur bereit sind, es zu *sehen*. Manchmal scheinen Tiere geradezu zu dem Zweck auf diese Welt geschickt worden zu sein, uns zu beschützen und zu helfen und in irgendeiner Form Gutes zu tun.

Nachwort

Ich sammle nach wie vor Geschichten, die von der Hilfsbereitschaft und dem Mitgefühl von Tieren künden. Wenn Ihnen ein
Tier bekannt ist, das sich in irgendeiner Weise hilfreich oder mitfühlend verhalten hat, und Sie mir dies gerne mitteilen möchten,
so schicken Sie Ihre Geschichte bitte an: Kristin von Kreisler
c/o Prima Publishing, 3875 Atherton Road, Rocklin, California
95765. Legen Sie bitte, wenn möglich, auch Ihre Adresse und Te-
lefonnummer bei, damit ich gegebenenfalls mit Ihnen Kontakt
aufnehmen kann.

Buchanzeigen

Natur umd Umwelt bei C.H.Beck

Volker Sommer
Heilige Egoisten
Die Soziobiologie indischer Tempelaffen
1996. 301 Seiten mit 32 Abbildungen und 2 Tabellen.
Gebunden

Dezsö Varju
Mit den Ohren sehen und den Beinen hören
Die spektakulären Sinne der Tiere
1998. 285 Seiten mit 34 Abbildungen, davon 9 in Farbe. Gebunden

Tijs Goldschmidt
Darwins Traumsee
Nachrichten von meiner Forschungsreise nach Afrika
Aus dem Niederländischen von Janneke Panders
Nachdruck 1998. 349 Seiten mit 27 Abbildungen. Gebunden

Wilhelm Bode/Elisabeth Emmert
Jagdwende
Vom Edelhobby zum ökologischen Handwerk
2., durchgesehene Auflage. 1998. 318 Seiten mit 55 Abbildungen
und Tabellen. Paperback
Beck'sche Reihe Band 1242

Wilhelm Bode/Martin von Hohnhorst
Waldwende
Vom Försterwald zum Naturwald
3. Auflage. 1995. 199 Seiten mit 30 Abbildungen und 1 Tabelle. Paperback
Beck'sche Reihe Band 1024

Hansjörg Küster
Geschichte des Waldes
Von der Urzeit bis zur Gegenwart
1998. 267 Seiten mit 53 Abbildungen, davon 47 in Farbe. Leinen

Verlag C.H.Beck München

C.H.Beck Wissen

Knut Olaf Gundermann
Umwelt und Gesundheit
Wege und Ziele der Umwelthygiene
1997. 136 Seiten mit 6 Abbildungen und 7 Tabellen. Paperback
Beck'sche Reihe Band 2064

Karl Weiß
Bienen und Bienenvölker
1997. 128 Seiten mit 24 Abbildungen. Paperback
Beck'sche Reihe Band 2067

Annette Broschinski
Dinosaurier
Riesenreptilien der Urzeit
1997. 128 Seiten mit 17 Abbildungen. Paperback
Beck'sche Reihe Band 2080

Albrecht Beutelspacher
Geheimsprachen
Geschichte und Techniken
1997. 127 Seiten mit 11 Abbildungen. Paperback
Beck'sche Reihe Band 2071

Joachim Röschke/Klaus Mann
Schlaf und Schlafstörungen
1998. 111 Seiten mit 14 Abbildungen und 1 Tabelle. Paperback
Beck'sche Reihe Band 2089

Thomas Walther/Herbert Walther
Was ist Licht?
Von der klassischen Optik zur Quantenoptik
1999. Etwa 125 Seiten. Paperback
Beck'sche Reihe Band 2122

Verlag C.H.Beck München